분단 트라우마 치유를 위한
고통의 공감과 연대

‘통일인문학’은 분단된 한반도의 현실에 뿌리를 내린 인문학, 통일에 대한 새로운 패러다임을 모색하는 데에서 시작되었습니다. 기존의 통일담론은 체제 문제나 정치·경제적 통합에 중점을 두거나 그것을 전제로 했기 때문에 남북관계의 변화나 국내정세의 변화에 따라 부침을 거듭해 왔습니다.

하지만 통일은 정파적 대립이나 정국의 변화를 벗어나 있어야 합니다. 통일은 특정 정치적 집단들이 다루어야 할 문제가 아니라 한반도에 살고 있는 모든 사람의 삶과 직간접적으로 연루되어 있는, 바로 그들이 다루어야 할 문제입니다. ‘사람의 통일’이라는 통일인문학의 모토는 바로 이와 같은 정신을 표현하고 있습니다.

통일은, 여기에 살고 있는 사람들의 삶 그 자체와 관련된 문제이자 그들이 해결해 가야 하는 문제로서, 남북이라는 서로 다른 체제에 살면서 서로 다른 가치와 정서, 문화를 가진 사람들 사이에서 소통과 치유를 통해서 새로운 삶의 체계와 양식들을 만들어가는 문제입니다.

통일인문학은 이와 같은 ‘사람의 통일’을 인문정신 위에 구축하고자 합니다. 통일인문학은 ‘사람의 통일’을 만들어가는 방법론으로 ‘소통·치유·통합의 패러다임’을 제안하고 이를 중심으로 한 연구를 진행하고 있습니다.

첫째, ‘소통의 패러다임’은 남북 사이의 차이의 소통과 공통성의 확장을 모색하는 것입니다. 이것은 ‘동질성 대 이질성’이라는 판단 기준에 따라 상대를 부정적으로 규정하는 것이 아닙니다. 그것은 차이의 인정을 넘어서, 오히려 '소통'을 통해서 차이를 나누고 배우며 그 속에서 민족적 연대와 공통성을 만들어가는 긍정적 패러다임입니다.

둘째, '치유의 패러다임'은 분단의 역사가 만들어낸 대립과 마음의 상처를 치유하는 패러다임입니다. 이것은 통일된 민족국가를 건설하지 못한 한민족의 분단이 만들어내는 다양한 트라우마들을 분석하고, 이런 마음의 상처를 치유하는 과정에서 상호 분단된 서사를 하나의 통합적 서사로 만들어가는 패러다임입니다.

셋째, '통합의 패러다임'은 분단체제가 만들어내는 분단된 국가의 사회적 신체들을 통일의 사회적 신체로, 분단의 아비투스를 연대와 우애의 아비투스로 전환시키는 것입니다. 이것은 남과 북의 적대적 공생구조가 만들어 낸 내면화된 믿음체계인 분단 아비투스를 극복하고 사회문화적 통합을 만들어내는 패러다임입니다.

이러한 방법론으로부터 통일인문학은 철학을 기반으로 한 '사상이념', 문학을 기반으로 한 '정서문예', 역사와 문화콘텐츠를 기반으로 한 '생활문화' 등 세 가지 축을 기준으로 사람의 통일에 바탕을 둔 사회문화적 통합을 실현하는 데 연구 역량을 집중하고 있습니다. 통일이 남북의 진정한 사회통합의 길이 되기 위해서는 정치·경제적인 체제 통합뿐만 아니라 가치·정서·생활상의 공통성을 창출하는 작업, 다시 말해 '머리(사상이념)', '가슴(정서문예), '팔다리(생활문화)'의 통합을 필요로 하기 때문입니다.

그동안 통일인문학연구단은 이와 같은 새로운 패러다임 위에 새로운 연구방법론과 연구 대상을 정립하는 한편, 다른 한편으로 이와 같은 연구를 통해 생산된 소중한 성과들을 사회적으로 확산하기 위해 노력해왔습니다.

통일인문학연구단은 1단계 3년 동안 인문학적인 통일담론을 학문적

통일인문학 연구총서 / **024**

분단 트라우마 치유를 위한

고통의
공감과 연대

건국대학교 통일인문학연구단 기획

김종군·이범웅·이재승·한순미
김종곤·박재인·김귀옥·전영의 지음

한국문화사

으로 체계화하고 정립하기 위해 '통일인문학의 인식론적 틀과 가치론 정립'을 단계 목표로 삼고 이론적 탐색에 주력하였습니다. 이를 구체화하기 위한 방안으로 재중, 재러, 재일 코리언 및 탈북자와 한국인들 사이에 존재하는 가치·정서·문화적 차이를 규명하는 '민족공통성 프로젝트'를 추진하여 국내외에서 주목하는 성과를 산출하였습니다.

나아가 2단계 3년 동안에는 전 단계에 정립한 통일인문학 이론을 사회적으로 확산하는 한편, 다른 한편으로 민족공통성 프로젝트를 기반으로 하여 통일의 인문적 가치와 비전을 정립하는 데 주력하였습니다. 게다가 더 나아가 '통일인문학 세계포럼' 등, '통일인문학의 적용과 확산'을 단계 목표로 삼아 교내외는 물론이고 해외에까지 통일인문학 개념을 확산하고자 하였습니다.

마지막으로 지난 6년간 쉼 없이 달려온 통일인문학연구단의 성과를 3단계 4년간에는 1차적으로 갈무리하는 방향으로 목표를 설정하였습니다. '포스트-통일과 인문적 통일비전의 사회적 실천'을 단계 목표로 설정하고, 통일을 대비하여 통일 이후의 '사람의 통합', '사회의 통합', '문화의 통합'을 위한 인문적 비전을 제시하고자 합니다.

앞으로 통일인문학연구단은 '민족적 연대', '생명·평화', '민주주의와 인권', '통일국가의 이념' 등과 같은 통일 비전을 연구하는 한편, 이러한 비전을 사회적으로 실현할 수 있는 방안들을 모색하고 그 실천에 나서고자 합니다.

그동안 통일인문학연구단은 통일인문학이란 아젠다의 사회적 구현과 실천을 위해 출간기획에 주력해 왔습니다. 특히 통일인문학 아젠다에 대한 단계별·연차별 연구성과가 집약되어 있는 것이 바로『통일인문학 총서』시리즈입니다. 현재『통일인문학 총서』시리즈는 모두 네 개의 영역으로 분류되어 출간 중입니다.

본 연구단의 학술연구 성과를 주제별로 묶은『통일인문학 연구총서』, 분단과 통일 관련 구술조사 내용을 정리한『통일인문학 구술총서』, 북한 연구 관련 자료와 콘텐츠들을 정리하고 해제·주해한『통일인문학 아카이브총서』, 남북한 연구에 도움을 줄 수 있는 희귀 자료들을 현대어로 풀어낸『통일인문학 번역총서』등이 그것입니다.

　　오랜 시간 많은 연구진들이 밤낮을 가리지 않고 만들어 낸 연구서들이 많은 독자들께 읽혀지길 소망합니다. 바로 그것이 통일인문학의 사회적 확산이 아닐까 생각해봅니다.

　　마지막으로 통일인문학의 정립과 발전을 사명으로 알고 열의를 다하는 연구단의 교수와 연구교수, 연구원들께 고마움을 전합니다. 아울러 본 총서에 기꺼이 참여해주신 통일 관련 국내외 석학·전문가·학자들께도 심심한 감사를 드립니다. 또한 통일인문학의 취지를 백분 이해하시고 흔쾌히 출판을 맡아주신 출판사 관계자분들께도 감사드립니다.

사람의 통일, 인문정신을 통한 통일을 지향하며
건국대학교 통일인문학연구단장 김성민

고통의 공감과 연대,
치유의 공동체를 논의하며

처참한 죽음들 속에서 살아남은 사람들, 그것을 지켜봐야 했던 사람들, 그리고 상처의 기억을 안고 살아야 하는 사람들. 좌우 이데올로기 대립과 분단, 그리고 전쟁과 국가폭력의 시간은 온통 울부짖음과 고통의 굴레 속에서 살아온 그들의 이야기들로 채워진다. 하지만 그들의 이야기가 모두 역사로 기록되는 것은 아니었다. 분단의 논리에 따라 어떤 이들의 상처는 선별(選別)되어 역사에 온전히 기록될 수 없는 '묻힌 기억'(immemorial)으로 배제된다. 애도는커녕 혹시나 깊은 곳에서 억누르고 있던 고통의 신음이라도 토해낼 때면 그 소리는 위험한 반역(反逆)으로 번역되었다. 그 소리는 언어적 의미를 지니고 있지는 않지만 죽음과 폭력의 증언이며 상처를 대하는 현재를 고발하는 폭로라는 점에서 의미를 지니고 있었던 것이다. 그것은 역사의 균열이자 공백의 출현이었다. 분단국가와 그것의 역사는 언제나 균질적이고 동일한 것을 추구하기에, 그 소리는 다시 억압되어 역사로부터 미끄러질 수밖에 없었다. 고통의 신음이 역사의 의미를 가지는 것은 오역(誤譯)될 때뿐이었다.

그렇다고 역사의 언어를 가진 또 한편으로 선별된 상처의 기억

(memorial)이 그 기억과 관련한 사람들의 상처를 치유하는 것으로 나아간 것도 아니다. 둘로 나뉜 분단국가는 분단과 전쟁 과정에서 동족을 살해했다는 죄의식을 감추고 그 책임을 오로지 상대에게 전가한다. 그리고 분단국가의 윤리는 상대를 근본 악(the evil)으로 자신을 절대 선(the good)으로 형상화한다. 분단과 전쟁은 악이 가진 본성에 따라 행해진 선에 대한 침범과 파괴였던 것이다. 자연히 선별되어 승인된 죽음과 폭력의 피해는 악에 의한 선의 '희생'으로 숭고의 자리에 위치한다. 그러면서도 사람들에게 그 상처를 잊어서는 안 되며 기억하라고 주문한다. 공포스럽고 아픈 기억을 잊어서는 안 된다고 강조한다. 그러나 그러한 기억의 강조는 과거의 잘못을 바로잡고 상처를 치유하기 위한 목적이라고 할 수 없다. 분단국가는 상처의 기억을 악을 향한 적대적 결의와 실천을 위한 심리적 중핵으로 동원하면서 절취하고 스스로의 정체성을 유지하는 데 이용했을 뿐이다. 그래서 거기에는 생명이 살아 숨 쉬게 하는 치유가 들어설 자리가 없다. 오히려 사람들은 기억의 삽을 가지고 망각의 구덩이를 파고 그곳으로 침전되어 갔던 것이다. 그들이 망각한 것은 비극의 역사 속에서 죽어간 '사람'들의 절규와 고통 어린 얼굴이었다. 그리고 지금도 그 구덩이는 계속해서 우리를 빨아들이면서 죽어가게 한다는 사실 그 자체였다.

그래서 망각으로서의 기억은 분단과 전쟁을 경험한 사람들에게만 국한된 것이 아니다. 분단국가의 윤리는 경험자를 넘어 비경험자인 후세대에까지 강제된다. 이들은 마치 자신이 직접 분단과 전쟁을 경험한 것처럼 상처를 떠올리고 증오와 원한의 감정을 기계적이고 충동적으로 발산한다. 이는 분단과 전쟁의 상처가 전승되는 역사적이고 사회적인 어떤 무의식적 구조가 우리 사회에 자리 잡고 있다는 의미이다. 그렇다고 이때의 구조가 개인을 초월하여 외부에 존재하는 분단 이데올로기의 재생산 메커니즘만을 의미하는 것이 아니다. 통일인문학연구단이 부르디외의 아비투스(habitus) 개념을 차용하여 이미 제시했던바, 그 구조는 분단 서사를 내면화하고 또 전승하는 '분단의 신체' 그 자체이며 또 그것을 통해 전승된다. 국가가 위로부터 강제적인 힘을 작동시키지 않는다고 할지라도 분단 이데올로기가 자율적으로 재생산되고 작동하는 것은 바로 이러한 이유에서 찾을 수 있다. 우리의 신체 자체가 의식과 무의식의 차원에서 분단국가의 논리를 자기서사로 형성하고 있었던 것이다.

문제는 그로 인해 치유의 첫 번째 조건으로 일컬어지는 '안정성 확보'가 힘들다는 점이다. 물론 우리 사회가 어느 정도 민주화가 되면서 제주 4·3, 광주 5·18, 보도연맹 집단학살 등에 대한 진상규명과 특별법 제정이 이루어지기도 했으며, 또 분단 이데올로기를 재생산하는 구조들이 많이 완화된 것도 사실이다. 하지만 '빨갱이'·'종북' 등의 기표는 오늘날에도 현실 정치의 영역에서뿐만 아니라 국가정책과 시스템에 대한 시민사회의 비판을 저지하는 좋은 무기로 사용된다. 급기야 진상규명이 어느 정도 진행되어 공식적으로 인정된 국가폭력의 역사를 부인하는 사례 또한 우리는 심심치 않게 찾아볼 수 있다. 비극적인 역사가 다르게 반복되는 듯하다. 여전히 우리 사회는 치유보다는 상처를 반복하게 하거나 덧나게 하는 구조가 더 큰 힘을 발휘하는 것처럼 보인다. 어쩌면 지난 세월애써 형성해온 얇은 안정성의 벽마저 허물어지고 있는지도 모른다.

분단 트라우마의 치유가 '사회적'일 수밖에 없는 이유는 바로 여기에 있다. 안정성의 확보가 되지 않는 상태에서는 개인이고 집단이고 간에 치유를 기대할 수 없기 때문이다. 그래서 '사회적'이라는 말은 나의 이웃이 지닌 상처를 이해하고 그들이 치유 받을 수 있는 울타리를 함께 쳐주며, 그래서 상처 입은 사람들이 자신의 상처를 이해하고 공감하는 든든한 이웃이 있다는 점을 느낄 수 있도록 하는 것, 나아가 분단의 상처가 분단국가의 논리에 따라 동원되면서 더욱 상처를 키워가는 구조적 악순환의 고리를 끊고 지금보다는 더 나은 평화롭고 안정적인 미래의 삶을 공동으로 설계하는 것으로 이해할 수 있다.

바로 이러한 점에서 이 책은 '고통의 공감과 연대'라는 키워드를 제시하면서 사회적 치유와 통합을 위한 방법을 모색하고 있다. 그것은 무엇보다 분단의 역사에서 어느 일방만이 상처를 입은 것이 아니라 모두가 공동의 상처를 지니고 있다는 점을 인정하는 것을 의미한다. 오로지 자신만이 비극의 역사에서 희생되었다는 자기중심적인 피해자주의를 벗어나 타자로 인식되어 온 상대의 상처를 인정할 때만이 화해와 상생, 그리고 통합으로 나아갈 수 있다는 것이다. 그렇기에 고통의 공감과 연대는 타인이 지닌 상처를 자신의 상처와 완전히 동일시하는 것과는 관련이 없다. 그러한 동일시는 현실적으로 성공할 수 없을뿐더러 설령 그것이 가능하다고 하더라고 그것은 타인의 영역을 침범하는 결과를 낳을 뿐이다.

오히려 고통의 공감과 연대는 타인의 영역을 인정하면서도 그들이 지닌 상처에 상상적으로 접근한다는 의미에 더 가깝다. 그리고 그러한 접근을 통해 요구하는 바는 그들이 버티며 살 수 있도록 힘을 보태는 데에 '책임'을 짊어지는 것이다. 이는 일종의 '책임의 윤리'를 우리 사회에 세워내는 것이다. 하지만 그 책임은 단지 상처를 치유할 수 있는 조건을 형성하는 것에 그치지 않는다. 그 책임은 우리의 역사에서 비극의 역사가 다시 반복되지 않도록 '현재'를 바꾸어내고 '미래'를 설계하는 데에까지 나아간다.

따라서 고통의 연대와 공감은 상처를 지닌 자뿐만 아니라 자신의 삶을 구성하는 문제가 된다. 왜냐하면 우리 자신은 그들과 완전히 다른 시공간이 아니라 그들과 함께 '지금, 여기'에 살고 있으며 또 내일을 바라보며 살아가는 존재이기 때문이다. 과거의 상처가 치유되지 않는 조건이 유지되는 '지금, 여기'에서의 나의 삶은 결코 평화롭고 안정적일 수 없다. 그렇기에 고통의 공감과 연대는 어느 일방이 다른 일방에게 시혜적으로 손을 내미는 것을 의미하지 않는다. 그것은 '공감(共感)'과 '연대(連帶)'라는 두 단어를 연속적으로 이해한 의미에 따라 말하자면, 정서적으로 연결되어 책임을 함께 지는 '치유의 공동체'를 만들어가는 핵심적인 가치이자 방법이 되는 것이다.

이 책은 이러한 내용들을 총 3부에 나누어 담고 있다. 제1부 '고통의 공감과 연대를 위하여'는 고통의 공감과 연대가 왜 분단의 상처를 치유하고 통일 과정과 통일 이후 사회적 통합을 마련하기 위해 요청되는지를 논의하고 있다. 제2부 '상흔의 신체, 치유의 공동체'는 3편의 글로 이루어져 있으며, 각각의 글은 문학작품을 바탕으로 고통의 연대와 공감을 가능케 하는 주체와 공동체 형성에 대한 고민을 담고 있다. 그리고 제3부 '치유와 통합을 위한 사회적 실천방안' 역시 3편의 글로 구성되어 있는데, 이 글들은 교육의 영역에서부터 구술 연구와 문학 창작 영역에서의 구체적인 실천방안을 제시하고 있다.

제1부 '고통의 공감과 연대를 위하여'는 김종군의 「고통의 연대와 통합서사의 사회적 담론화」로 시작한다. 우선 글의 머리에서 '체제통합=사회통합'이라는 통념에 대해 문제를 제기한다. 이러한 통념은 남북 간의 사람들이 지닌 '정서적 적대성'을 민감하게 고려하지 못하고 통일이 되면 자연히 사회적 통합이 이루어질 것이라고 생각한 결과로부터 비롯된 것으로 진단한다. 70여 년 동안의 분단체제는 분단 트라우마를 바탕으로 한 정서적 적대성을 형성·유지하여 왔기에 남북이 정치·경제 차원에서 통일을 한다고 하더라도 정서적 적대성이 해소되지 않은 상태라고 한다

면 갈등과 반목은 반복될 뿐 '사람들의 통합'을 기대할 수 없다는 것이 글 요지이다. 따라서 통일 이후의 사회적 통합까지 내다본다면 지금 필요한 것은 적대적 '정서'를 바꾸어내는 것으로 보고, "버텀업(bottom-up) 방식의 통합서사 확산"을 제안하고 있다. 통합서사는 "이념적 적대 정서에서 기인한 분단서사를 완화하는 일련의 인간 활동"으로 타인의 고통에 대한 이해와 연대를 지향한다. 그리고 이러한 통합서사를 활용한 사회적 담론화 모형을 〈강도몽유록〉을 통해 도출하고자 한다. 〈강도몽유록〉은 내용상 상처 입은 사람이 고통의 사연을 '말하고' 그것을 주변 사람들이 '듣는' 구조로 이루어져 있다. 여기에서 1차적인 연대가 이루어진다. 그리고 〈강도몽유록〉은 그 자체가 그러한 내용을 기록한 것이라는 점에서 '증언의 기록'이 되며 동시에 사회적 확산을 꾀할 수 있는 물질성을 지녔다는 점에서 2차적인 고통의 연대를 가능하게 한다. 즉, 이 글에서는 〈강도몽유록〉의 분석을 통해 '말하기-듣기-기록-확산'이라는 고통의 연대와 통합의 방안을 제시하고 있는 것이다.

두 번째 글은 이범웅의 「공감 능력을 통한 남북한 주민 간의 심리적 통합 방안 탐색」이다. 이 글에서는 갈등과 대결로 점철되어온 남북관계를 벗어나 화해와 협력, 그리고 공동 번영으로 나아가기 위해서는 무엇보다 '공감 능력'이 중요하다고 강조한다. 남북은 이질화를 넘어 서로에 대한 혐오와 염증을 느끼는 데에 이르고 있는 것이 현실이라고 진단한다. 앞의 글과 마찬가지로 이러한 문제를 해결하지 않은 채 통일을 하는 것은 "한 갓 물리적 결합"에 불과하다고 보고 있다. 따라서 필요한 것은 "서로에 대한 증오, 적대감, 반감 등을 완화하고 공감대를 확산하는 노력"으로 보고, "6가지 공감 능력의 습관"을 통해 남북관계의 개선방안을 제시한다. 그 첫 번째는 "정신적 프레임을 바꿔보는 습관"으로 기존에 가지고 있던 의식의 틀을 바꾸려는 노력이다. 두 번째는 "타인의 처지에서서 그들의 인간성과 개성·관점을 인정하려고 의식적으로 노력하는 습관"으로서 상대와의 차이를 인정하고 그들의 애환에 대해 공감대를 확장하는 것이다. 세 번째는 "자신의 삶과 문화와 상반되는 것들을 직접 체험, 공감여행, 사회적 협력을 통해 탐사"하는 것으로서 상대방을 좀 더 이해하고 느끼려는 실천이다. 네 번째는 타인에 대한 호기심을 가지고 "대화의 기교를 연마"하여 상호 신뢰를 구축해가는 것이다. 다섯 번째는 문화·예술을 통해 타인의 마음속을 여행해 봄으로써 서로의 심리 세계를 확인할 기회를 가지는 것이다. 마지막 여섯 번째는 "주변에 변혁의 기운을 불어넣는 것"으로서 자기 자신의 사회 변화뿐만 아니라 경계를 넘어 서로를 포용할 수 있는 공감대의 폭을 넓혀가는 것이다. 요컨대 이 글에서는 남북이 서로 다름을 전제하고 소통하며 신뢰를 구축할 수 있는 공감 능력의 배양을 통해서만이 심리적 통합을 이끌어낼 수 있음을 피력하고 있다.

제1부가 고통의 연대와 공감이라는 키워드를 중심으로 사회적 담론화와 심리적 통합 방안을 논의했다면, 제2부에서는 문학작품을 통해 그것을 현실화하는 주체와 공동체 형성을 모색하고 있다. 첫 번째 글은 이재승의 「형이상학적 죄로서 무병(巫病)-현기영의 〈목마른 신들〉 읽기」이다. 이 글에서는 '형이상학적 죄'라는 야스퍼스의 개념을 통해 현기영의 소설 〈목마른 신들〉을 읽어내고 있다. "형이상학적 죄는 연대가 파괴된 것에 대한 인간의 상상력이나 공감 능력, 타자의 고통에 함께 울고 감응하는 인간존재의 중력, 한 마디로 인간성에 대한 규정으로 보고 있다. 그것은 깊은 슬픔, 무력감, 죄책감, 고통, 트라우마, 우울증에 이르는 다양한 심리적 징후를 포괄한다." 한마디로 야스퍼스가 말하는 형이상적 죄는 집단적 희생 앞에서 살아남은 자의 죄책감, 희생자와 운명을 함께 하지 못한 일종의 부채감 같은 것이다. 현기영의 〈목마른 신들〉에서 제주 4·3

의 가해자인 할아버지의 죄를 상속하는 손자와 백조일손 묘지는 형이상
학적 죄를 바탕으로 한 '책임의 상속'과 '지속 가능한 화해'의 모습을
보여준다. 비극적인 역사가 낳은 고통과 상처는 직접적인 경험자들만의
문제로 국한되지 않는 것이다. 진실을 발견하고 인정하는 것, 그리고 그
에 대한 책임을 이행하는 것은 죽어간 자와 살아남은 자, 그리고 오늘을
살아가는 우리 모두의 몫이 되는 것이다. 그렇기에 글에서는 트라우마의
치유가 "개인적 방어장치를 강화하는 것으로 충분하지 않"으며 그것은
"공적인 방어기제, 달리 말하면, 국가폭력이 다시는 일어나지 않도록 하
는 재발 방지의 보증"을 집단적 차원에서 확립해나갈 때 이루어질 수
있음을 강조하고 있다. 한편으로 이는 '정치적 주체'를 다시 상상하는
문제이기도 하다. 소설의 배경이 되는 제주 4·3사건만 하더라도 그것은
국가에 의해 자행된 국가폭력이었다. 그러한 점에서 필요한 것은 국가의
권위에 복종하는 양심이 아니라 "인간적인 선익이 무엇인지를 판단하고
실천하는 인간주의적 양심"인 것이다. 그리고 그러한 양심에 기반한 정
치적 행동만이 정치가 야기할지도 모르는 불행, 즉 국가폭력의 역사를
다시 반복하지 않을 수 있다고 강조한다. 필자는 한마디로 이를 "죄의
정치"라 부른다.

　두 번째 글은 김종곤의 「분단국가주의와 그에 맞선 저항적 주체 형
성」이다. 이 글은 조선족 작가인 류연산의 소설 〈인생숲〉을 바탕으로 분
단국가주의를 넘어서는 주체에 대해 논하고 있다. 이 글에서는 작가 류
연산이 단테 알레기에리의 『신곡』에서 묘사되는 '숲'의 이미지를 주인공
이 처해있는 상황에 대비시키는 등 많은 부분에서 유사한 플롯을 지니고
있다고 보았다. 하지만 『신곡』의 주인공 단테와 류연산의 소설에 등장하
는 주인공은 다른 주체이다. 주인공 단테는 연옥과 지옥을 여행하면서
고통받고 있는 이들에 대해 이성적이고 관조적이지만 류연산의 소설 속

주인공은 이를 거부하고 고통에 참여하는 주체로 등장한다는 것이다. 그렇기에 그 주체는 이성적 언어가 아닌 오로지 흐느낌과 떨림과 같은 '증상'으로만 표현될 뿐이다. 중요한 점은 그러한 주체가 분단국가가 지닌 숭고함을 추락시키고 새로운 담론을 생성하는 분열적 주체로 나아간다는 것이다. 그 주인공은 끔찍한 전쟁을 항미원조전쟁이니 조국해방전쟁·호국·순국과 같은 국가의 언어로 부르는 것을 거부한다. 그는 죽은 자가 말하는 증언의 영역으로 휘말려 들어가면서 오로지 저항의 말을 생산할 뿐이다. 따라서 필자는 그러한 주체가 바로 상징적 질서의 균열을 만들고 그로부터 새로운 담론을 생산한다고 본다. 또 한편으로 그 주체는 새로운 담론을 생산한다는 점에서 역사의 예언적 주체가 된다. 새로운 담론 주체는 분단국가에 의해 만들어진 역사-기억의 틀을 폐기한다는 점에서 현재에서 과거의 역사를 다르게 읽고 말하는 자이다. 그것은 곧 과거를 통해 형성되는 현재를 소급적으로 예언하는 주체에 다름 아닌 것이다. 필자는 분단의 적대성을 생산하는 분단국가주의를 넘어서기 위해서는 바로 그러한 주체의 형성이 필요하다고 보았다. 그래서 필자는 끝으로 고통과 폭력에 민감하게 반응하는 '감정 공동체'의 형성을 하나의 대안으로 제시하고 있다. 이러한 점에서 앞의 글과 맥락을 같이 한다고 할 수 있다.

제2부의 마지막 글은 한순미의 「주변부의 역사 기억과 망각을 위한 제의: 임철우의 소설에서 역사적 트라우마를 서사화하는 방식과 그 심층적 의미」이다. 이 글은 임철우의 소설 〈붉은 산, 흰 새〉·〈그 섬에 가고 싶다〉·〈백년여관〉을 중심으로 작가가 주변부의 역사적 트라우마를 서사화하는 방식과 그 심층적 의미를 살펴보는 것을 목적으로 하고 있다. 임철우 소설에서 희생된 죽음은 색채·소리·냄새 등과 같은 감각적 이미지의 언어로 변형되어 살아있는 사람들의 삶에 충격을 가한다. 역사적 트

라우마는 단지 희생자에게 끝나는 것이 아니라 현재진행형으로서 살아 있는 사람에게까지 지속된다는 점을 서사적으로 보여주는 것이다. 그래서 "산 자들은 살아 있는 것도 죽은 것도 아닌 중음(中陰)의 유령들처럼 삶과 죽음의 경계영역에 불안하게 거주하며, 그들은 늘 재앙의 위기에 처해 있다. 망각된 기억은 이들의 몸의 징후로 끊임없이 되살아난다." 그들은 역사적 고통을 몸 그 자체로 증언하는 '말하는 몸'인 것이다. 필자가 보기에 임철우의 소설은 종국적으로 "역사적 살해와 폭력이 아직 끝나지 않았다고 묵시적인 어조로 경고"하는 것이자 지배권력 담론이 소외시킨 변두리의 기억을 복원하는 '대항기억'의 서사화이다. 그것은 일종의 제의적 글쓰기이지만 임철우는 구원과 화해를 끊임없이 연기하고 있는 것이다. 그러면서 주변부적 존재들의 아픔을 반복해서 다룸으로써 역사적 트라우마를 공동체 전체의 기억으로 신화화한다. 여기에서 필자는 임철우의 서사화 방식이 지니는 하나의 역설을 발견한다. 임철우는 고통스러운 기억을 진정으로 망각하기 위해서는 그것을 새롭게 기억해야 한다고 말하는 것처럼 보이기 때문이다. 종합하자면 필자는 공동체가 낭만적인 화해와 용서에 대항해 공동체가 억압된 고통의 역사를 기억할 때만이 과거를 과거로 남겨둘 수 있는 일말의 가능성이 열린다는 메시지를 임철우의 작품을 통해 전하고 있다.

이처럼 제2부의 필자들은 역사적 트라우마를 낭만적인 '화해와 용서'라는 용광로 속에 녹여버리는 것을 거부한다. 오히려 이들은 산 자와 죽은 자, 상처 입은 자와 주변의 이웃들 간의 경계를 넘어 고통을 매개로 한 상처의 공동체를 요구하며, 또 한편으로는 그 고통의 무게를 함께 짊어지고 나아가야 할 치유의 공동체로의 전환을 요구하고 있다.

제3부는 이를 위한 구체적인 실천 방안을 모색하는 글들로 구성되어 있다. 첫 번째 글은 박재인의 「서사적 상상력과 통일교육」이다. 필자는

오늘날 미래세대의 통일교육이 강조되고 있으며 사회적 인프라도 확장되고 있다는 점을 감안하면서 우리가 '통일교육의 전환기'에 서 있다고 파악한다. 하지만 기존의 통일교육은 그러한 전환기에 어울리지 않게 주입식 교육형태를 지니거나 분단체제를 강화하는 내용을 담고 있는 등많은 한계점을 지니고 있다고 지적한다. 특히 기존의 통일교육이 통일을 자기 삶의 문제로 생각하고 능동적으로 사유하도록 이루어지지 못했다는 점에 주목한다. 그래서 '서사적 상상력을 통한 통일교육'을 대안으로 제시한다. 그것은 "통일 과제를 '나'와 '삶'의 문제로 인식하는 것, 그리고 분단과 통일에 유관한 여러 가치를 새롭게 조합하여 통일 한반도를 설계할 수 있는 능동적인 상상력을 함양하는 것"을 교육 목표로 한다. 하지만 서사적 상상력을 통한 통일교육은 단지 통일교육의 형식과 내용을 바꾸어내는 문제에만 국한된 것이 아니다. 그것은 분단의 역사를 살아온, 그리고 살아가는 사람들의 이야기를 서사적으로 상상하면서, 매킨타이어가 말하는 '서사적 자아(narrative self)' 혹은 리쾨르의 '서사적 정체성(narrative identity)'을 확립해나간다는 의미를 지닌다. 분단의 역사 속에서 사람들이 경험한 고통에 공감하게 하며, 또 타인과의 소통·상생 등의 가치를 자기화하는 과정이 되는 통일교육의 모델을 제시하고 있는 것이다. 그렇기에 이 글에서 제안하는 통일교육은 그 자체로 분단의 신체를 통합의 신체로 바꾸어가는 실천 방안으로 보인다.

두 번째 글은 김귀옥의 「말과 역사, 그리고 치유: 트라우마 치유의 가능성과 구술사 방법을 성찰하며」이다. 이 글은 크게 두 가지 물음을 중심으로 구술사와 연구를 통한 개인적이고 사회적인 치유 가능성을 타진하고 있다. 첫째는 구술사는 해방적이냐는 물음이다. 비록 구술사 방법론은 연구자 중심주의를 근본적으로 벗어나지 못한다는 한계를 지니지만 구술 과정을 통해 기존에 알지 못했던 지식과 기억·경험이 표출된다. 그것은 문자기록을 배제당한 사람들의 기억을 말하게 하는 것이라는 점에서 구술자에게 역사적 타자로부터 주체의 지위를 부여한다. 즉, 구술자가 지닌 억압적 기억을 해방하는 역할을 한다는 것이다. 그렇기에 구술사 방법은 '해방적 지식에 접근하는 방법론'이라고 할 수 있다. 물론 기억은 항상 사실일 수 없다. 특히 분단국가에서의 자기검열기제는 기억을 왜곡·삭제하면서 불확실하다는 문제를 지니고 있다. 필자 역시 이 점을 인정하고 있다. 하지만 그 기억을 "고통에 찬 기억들, 수많은 '말줄임표'와 '몸짓', 추측으로만 표현되는 알 수 없는 기억 저편의 기억, 망각과 합리화, 거짓말 등으로 얼룩진 기억"으로 읽어낸다. 필자는 사람들의 기억 속에 담겨 있는 "트라우마의 흔적"을 발견할 수 있다고 보는 것이다. 여기에서 구술사가 개인이나 사회적인 트라우마를 치유할 수 있는가 하는 두 번째 질문을 던진다. 이에 대해 우선 개인적인 차원에서 연구자가 구술자를 존중하고 진정성 있게 다가가면서 신뢰를 형성한다면 치유 가능성이 열린다고 말한다. 그러나 이는 어디까지나 개인적인 차원이라는 점에서 사회적 치유는 층위를 달리하여 고민할 문제이다. 그래서 필자는 사회적 치유로 나아가기 위해서는 또 다른 노력이 있어야 한다면서 연구자가 기울여야 하는 4가지 노력으로, ①사회적 의제화와 공감대 형성 모색 ②과거청산을 위한 주제화 ③과거청산의 정당성과 필요, 정책적 대안 제시 ④사회적 화해와 관용심을 형성하는 데에 기여를 덧붙이고 있다.

제3부의 마지막 글은 전영의의 「역사적 트라우마 치유를 위한 문학생산론-조정래의 〈태백산맥〉을 중심으로」이다. 이 글은 문학생산을 통한 역사적 트라우마의 치유 가능성을 타진해보는 것을 목적으로 한다. 텍스트가 문학생산물로서 가치를 가지기 위해서는 루카치가 말하는 '객체의 총체성'을 지녀야 한다. 즉, 문학은 그 자체로 자립적인 것이 아니라 "인간과 인간, 인간과 세계 상호간의 관계를" 담고 있을 때만이 예술적 자율

성을 지닌다는 것이다. 그런 이유로 텍스트에는 작가가 살아오면서 겪은 내외적 사건과 그 사건으로 인해 발생한 개인적이고 사회적인 트라우마가 내재되어 있을 수밖에 없다. 문학의 생산주체인 작가가 문학생산 활동을 한다는 것은 '인간이란 무엇인가?', '인간의 바람직한 삶과 인간이 추구하려는 가치는 무엇인가?'라는 인문학적 물음에 충실하면서 그러한 트라우마를 들추어내고 그것과 마주하는 것이다. 한편으로 문학의 소비주체로서 독자는 텍스트를 읽으면서 인물들에 감정적으로 공감하고 카타르시스를 느낄 수 있다. 나아가 우리의 실제적 삶을 반성하는 가운데 현대사회의 문제를 과거로부터 단절된 것이 아니라 연결된 것임을 깨닫거나 사회가 가진 상처를 반추해볼 기회를 가질 수 있다. 여기에서 문학생산이 지닌 인문치유적 성격을 발견할 수 있다. 이러한 관점을 바탕으로 필자는 〈태백산맥〉이 지닌 인문치유적 성격과 가치를 논의한다. 필자가 보기에 이 소설은 여순사건과 한국전쟁이라는 실제 역사적 사건을 다루는 역사소설이자 사회소설이라는 가치를 지니면서 민중성의 원리를 실현하고 있다. 독자들은 이 작품 통해 한국사회의 중층적 모순구조, 전쟁과 분단의 트라우마, 1980년 오월 민주화를 외치던 민중적 주체들의 목소리를 들을 수 있다. 독자들은 텍스트를 읽어나가면서 인물들의 모습에 자신을 투영하고 자신들의 처지를 대변하는 듯한 이들의 고백에 후련함을, 그리고 함성에 카타르시스를 느끼면서 치유를 받을 수 있는 것이다. 따라서 타자에 대한 혐오와 분단으로 인한 남남갈등이 심화되고 있는 오늘날 문학을 생산한다는 것은 서로의 상처를 치유하고 화합의 공동체를 만들어 가는 데에 기여할 수 있는 충분한 가능성을 지니고 있다고 보는 것이다.

이 책이 제기하는 '고통의 공감과 연대는 어떻게 가능한가?'라는 물음은 다소 도발적일 수 있다. 왜냐하면 스스로 던진 물음에는 답변이라는 의무가 따르기 때문이다. 더욱이 답변으로 제시하고 있는 이러저러한 방법이 현실적인 무게감을 가지는 것이 답변 성공의 관건이 되기 때문이다. 그래서 이 책이 얼마만큼 시원하게 답을 하고 있는지에 대한 독자들의 평가가 한편으로는 두렵고, 또 한편으로는 가슴 설레게도 한다. 하지만 이 책은 분단 트라우마의 치유와 통합 논의를 정서적 공감과 연대의 차원으로 옮겨 몇몇 실천방안을 고민하고 실험적으로 제시하고 있다는 점에서 의미가 있다고 자평한다. 그래서 독자들이 이 책을 우리 사회에 분단 트라우마의 치유 방안을 마련하는 것이 무엇보다 시급하다는 점에 '공감'해줄 것을, 그리고 함께 '연대'하여 그 논의를 발전시켜 나갈 것을 제안하는 것으로 이해했으면 한다.

끝으로 이 책을 기획하고 출판하는 데까지 조언과 도움을 주신 분들께 감사의 말을 전하고 싶다. 우선 기획의도에 동의하시고 선뜻 소중한 글을 보내주신 필자 선생님들께 감사하다. 그리고 이 책을 출판하기까지 노고를 아끼지 않으신 한국문화사 관계자분들께도 감사의 말을 전한다.

2016년 12월
건국대학교 통일인문학연구단 정서문예팀장 김종군

‖ 차례 ‖

제**1**부

고통의 공감과 연대를 위하여

고통의 연대와 통합서사의 사회적 담론화 모형

김종군*

1. 사회 통합 장치로서 통합서사

분단 70년이 넘어선 지금까지 우리 민족에게 주어진 사명이 '통일'이 아닌 적은 없었다. 분단 이후 지금까지 여전히 '우리의 소원은 통일'이라고 외치는 상황이다. 통일만 되면 지금까지 드러난 분단체제에서의 모든 부조리와 상처, 갈등은 일순간에 사라질 것으로 인식하는 경우가 일반적이다. 그래서 우리는 통일에 다가가는 연습을 지금껏 수많은 시행착오를 거치면서 진행하고 있다. 그러나 막상 남북과 우리를 둘러싼 주변국들의

* 건국대학교 통일인문학연구단 HK교수.

동의로 통일에 합의된 이후의 상황에 대해서는 실질적인 고민이 많지 않다. 영토의 분단을 걷어내고 서로 섞여 살면서 하나의 체제가 구축되었을 때 통일체제는 순항할 것인가?

그에 대한 대답은 다분히 회의적이다. 영토와 체제의 통합은 지극히 피상적인 통일의 단면일 수 있다. 실상 통일체제 속에 살아가는 사람들은 더 큰 혼란에 휩싸일 가능성이 크다. 우리는 통일 이후의 상황에 대해 개인 차원에서 실질적으로 고민해 본 적이 별로 없기 때문이다. 통일이 되었다는 사실에 남북 7천만이 한동안 열광할 것은 분명하다. '동포애'로 서로를 보듬기도 할 것이다. 그러나 그 이후의 상황은 어떠할 것인가? 70년 넘게 적대적 시선으로 상대를 보아왔고, 서로 다를 것이라는 이질화를 당연하게 받아들인 입장에서 남과 북의 주민들은 서로를 길게 보듬을 수 있을 것인가? 갈등의 요인들이 하나둘 드러날 때마다 우리는 서로를 자극할 가능성이 크다. 굳이 그 상황을 상상하지 않더라도 국내에 2만 9천이 넘게 섞여 사는 탈북민들을 대하는 우리의 자세를 돌아보면 어느 정도의 답을 찾을 수 있다. 이질화는 있어도 적대성은 없었던 조선족들을 대하는 우리의 자세에서도 비슷한 답을 찾을 수 있다고 본다.

가장 큰 문제는 통일체제 속에서 구성원들의 서열화가 이루어질 가능성이 크다는 점이다. 본토에 거주한 남과 북 주민, 재중조선족 등의 국내 거주 코리언 디아스포라, 결혼 이주나 귀화한 다문화 가정 등을 일등국민, 이등국민, 삼등국민으로 차등하는 시각들이 팽배할 수 있다. 특히 북한에서는 우리의 다문화정책에 대한 비판이 노골적인 상황[1]이므로 통일

---

1   "최근에 남조선에서는 우리 민족의 본질적특성을 무시하고《다민족, 다인종사회》화를 추구하는 반민족적행위들이 로골화되고있다. 《다민족, 다인종사회》론은 민족의 단일성을 부정하고 남조선을 이질화, 잡탕화, 미국화하려는 용납못할 민족말살론이다. 더우기 제국주의자들의《세계화》책동이 더욱 로골화되고있는 오늘날 그에 대처하여 민족성을 더욱 내세우고 그를 보호하는것은 민족의 운명개척에서 매우 중요한 문제로 나서고있다."(강명옥, 「조선민족의 피줄의 공통성을 부인

의 주체가 된 국민들 사이에 서열화 논쟁은 불가피할 것으로 예측된다.

이에 통일 과정과 통일 이후의 사회 통합 과업은 실질적인 통일체제를 구축했는가를 진단하는 척도가 될 것이다. 합리적인 방식으로 통일이 이루어진다면 법적으로는 주민들을 서열화하는 일이 일어나지 않을 것이다. 그러나 국가가 사회 통합의 법적인 장치들을 올곧게 제정한다고 해도 그 준수 여부는 여전히 사람의 문제로 남는다. 서로를 이해하고 포용할 마음이 결여된 상태에서 법이나 규정이 사회 통합을 온전히 주도하지 못할 가능성이 크다. 결국 정서적인 측면에 호소하는 방식으로 사회 통합을 이끌어내는 방안이 실질적인 대안이 될 수 있다. 더군다나 분단체제 속에서 우리는 상호 비난과 적대를 일삼는 갈등에 길들여진 상태이므로, 이러한 정서적 적대성을 해소하는 방안이 마련되어야 온전한 통일이 가능할 것이다.

정서적 적대성은 분단체제 속에서 가해진 전쟁과 학살·국가폭력 등이 개인과 공동체에 끼친 상처와 공포감에서 기인한 분단 트라우마를 바탕에 깔고 분단서사로 표출된다. 분단서사는 개인의 차원에서 비롯되지만 이것이 사회적으로 확산되는 가운데 사회 전체 구성원들을 잠식하는 마력을 가지고 있다. 그래서 분단체제를 공고히 하는 데도 기여하면서 더욱 강도가 더해진 분단서사들이 재생산되기도 한다.[2] 결국 분단 트라우마의 치유 없이는 분단서사에서 벗어날 수도 없으며, 정서적 적대성을 떨쳐내기 위해서는 분단서사를 넘어선 통합서사가 요구되는 구조이다.

이 글은 통일 이후 사회 통합의 본질이 될 정서적 통합을 위한 장치로 통합서사의 사회적 확산에 대한 고민에서 시작한다. 70년 분단체제 속에서 탑다운(top-down) 방식으로 강요되어, 굳건한 틀을 갖춘 분단서사를

하는 사대매국행위」, 『민족문화유산』, 2009년 1호.)

2 이병수, 「분단 트라우마의 유형과 치유 방향」, 『통일인문학논총』 제52집, 건국대학교 인문학연구원, 2011.

극복할 통합서사가 통일의 시점에 자연스럽게 확산되지는 않을 것으로 보인다. 통일체제 속에서 사회 통합을 위한 또 다른 탑다운 방식의 통합서사 확산을 기대할 수는 있지만 그 효과를 기대하기에는 너무 긴 시간이 요구되고, 관 주도의 시책에 주민들이 적극적으로 부응할지도 의문이다. 그래서 통일을 준비하는 과정에서, 통일 이후까지 지속적으로 버텀업(bottom-up) 방식의 통합서사 확산 노력이 필요하다. 그 구체적인 방안은 정서적인 측면에 호소하는 것인데, 분단 트라우마의 실상을 파악하기 위해 피해자들이 구술의 형식으로 상처를 증언하도록 하고 이를 경청하면서 그 고통에 공명하는 가운데 치유의 효과를 얻을 수 있다. 그리고 개인적 차원의 고통의 연대가 가능한 증언을 통합서사로 보고, 이를 모아서 출판이나 기사화하는 사회적 담론화 과정을 거친다면 공동체 차원의 고통의 연대가 가능할 것이다. 이러한 통합서사에 담긴 고통에 공동체가 연대하는 가운데 사회적 통합은 알지 못하는 사이에 이루어질 것이다.

고통의 연대를 사회적으로 담론화하는 모형을 우리의 역사적인 문화 장치에서 찾을 수 있는데, 전쟁 후에 출현한 〈강도몽유록〉과 같은 작품이 그것이다. 이 글에서는 우리의 비극적 역사인 병자호란에서 여성이라는 이유로 철저하게 짓밟혀 죽은 원귀들의 하소연을 담은 〈강도몽유록〉을 통해 고통의 연대 양상과 기억서사의 사회적 담론화 모형을 도출하고자 한다. 그리고 이를 현대사의 분단 트라우마 증언담 사례에 적용해 봄으로써 사회 통합 장치로써 활용 가능성도 제시하고자 한다. 전쟁 속에서 가해진 고통을 호소하는 이야기나 소설 등을 사회적 확산 장치로 보고, 서사 속 고통에 대중이 연대하는 가운데 치유가 가능하고 이를 통해 사회 통합이 가능하다는 모형을 제안하고자 하는 것이다.

〈강도몽유록〉에 대한 기존 논의 중 이 글의 고민과 연계되는 것은 정충권[3]과 김정녀[4]의 연구이다. 전자는 〈강도몽유록〉에 나타난 역사적 상처의 형상화 방식에 대해 치밀하게 분석하고 있다. 이 작품이 여타 몽유록과 다른 방관자적 몽유자를 설정하고, 여성들이 겪은 비극적인 사실에 대한 고발적 서사가 전개되는 가운데 작가의 의도가 작품 속 세계에 압도당하는 특징을 가진다고 진단하고 있다. 이는 필자가 고민하는 고통의 연대의 결과로 연결되는 지점이라 할 수 있다. 작가의 창작 의도를 넘어선 증언문학의 효력이라고 감히 말할 수 있겠다. 후자는 〈강도몽유록〉이 공적 기억에 맞서는 대항기억의 의미를 가진다고 진단하면서 이 작품이 역사와 기억의 관계, 기억의 역사 문화적 기능을 탐색하는 데 유용한 작품으로 평가하고 있다. 국가나 관 주도의 공적 기억과 다른 아래로부터의 대항기억이 이 작품을 통해 확산된다는 논의는 서사의 사회적 담론화에 대한 필자의 고민과 상통한다고 볼 수 있다.

2. 고통의 연대와 통합서사의 사회적 확산 구조

분단체제가 지속되는 가운데 그 폐해와 공포·피로감을 해소하는 방안이 통일이라는 인식에는 우리 사회는 대체로 동의했다. 그래서 다양한 통일담론이 제기되었고, 분단체제 속에서 심각한 비판을 불러온 경우도 많았다. 이런 중에 사람을 중심에 둔 통일담론으로 인문학적인 통일담론이 제기되었다. 통일인문학은 기존의 통일담론과는 결을 달리한다. 사람의 통일·과정으로서의 통일·통일 이후의 사회 통합까지를 고민하고 연구하는 담론으로 시작했다. 그리고 그 연구 방법론으로 소통·치유·통합

---

3   정충권, 「〈江都夢遊錄〉에 나타난 역사적 상처와 형상화 방식」, 『한국문학논총』 제45집, 한국문학회, 2007.

4   김정녀, 「병자호란의 책임 논쟁과 기억의 서사: 인조의 기억과 '대항기억'으로서의 〈강도몽유록〉」, 『한국학연구』 제35집, 고려대학교 한국학연구소, 2010.

을 내세웠다. 분단체제 속에서 서로 달라진 생각이나 가치관을 소통할 방법을 찾고, 분단과 전쟁의 상처에서 비롯된 분단 트라우마를 치유하고, 떨어져 살아온 사람들이 서로를 이해하고 보듬기 위해 생활문화의 통합을 연구 방법론으로 제시한 것이다. 소통·치유·통합이 특수한 학문분야에 한정하여 적용되는 방법이 아니며, 소통-치유-통합이라는 단계를 순차적으로 거치는 과정도 아니다. 학문 영역에 따라 적합한 방법을 적용하고, 그 결과가 사람의 통일·온전한 통일·실질적인 통일에 기여한다면 그 효용성은 입증되는 것이다.

20세기 격변의 현대사에서 좌우 이데올로기가 대립하는 가운데 몇몇 분단국가가 희생양처럼 발생했다. 그 가운데 세기를 넘겨서도 분단을 해결하지 못한 국가는 우리가 유일하다. 그도 그럴 것이 분단 이후 통일을 위한 무력 전쟁이 대규모로 이어졌고, 종전이 아닌 휴전이라는 상황으로 분단체제가 유지되는 가운데 서로를 죽인 피의 복수심은 적대감으로 고스란히 남았다. 이런 적대감은 서로 하나가 되는 데 결정적 방해 요인이다. 서로가 서로를 죽인 전쟁의 상흔은 시간이 지난다고 사그라지지는 않고 대를 이어 확산되었는데, 분단 트라우마가 강력한 자장을 발휘한 결과인 것이다. 그러므로 분단체제를 넘어서 통일로 나아가기 위해서는 이 분단 트라우마의 치유 노력이 필수적이다. 결국 전쟁으로 분단이 고착화된 우리의 현실에서 통일을 위한 가장 절실한 인문학적 연구 방법은 치유에 있다고 해도 과언이 아니다.

필자는 분단 트라우마의 치유 방안에 대해 고민하면서 가장 먼저 그 실상을 알기 위해 분단과 전쟁 상황에서 겪은 피해 상황을 증언하게 하는 구술조사를 시작했다. 그리고 피해자들이 체험한 생생한 증언을 통해 분단 트라우마의 양상을 도출하고자 했다. 피상적으로 알고는 있었지만 상상을 초월한 비극적인 피해담[5]을 듣는 상황에서 그 참상에 경악하기도 했고, 피해자와 함께 울기도 했다. 구술의 과정에서 피해자는 자신의 상처와 트라우마를 토로하면서 후련하다고 했고, 그 상태가 일정 정도의 치유의 효과를 보인 것으로 진단했다. 그리고 조사가 진행되는 가운데 필자 스스로가 그들의 증언에 동의를 표하고, 그들이 겪은 참혹한 고통에 연대하는 모습을 발견할 수 있었다.[6] 피해자의 증언을 듣고 그 고통을 이해하고 함께 아파하는 조사자의 모습이 그들에게 위안으로 자리 잡는 것도 직접 확인할 수 있었다.

그리고 타인의 기구하고 처절한 이야기를 제3자의 입장에서 전하는 과정에서 고통의 연대는 통합의 메시지와 함께 전달되는 양상도 살필 수 있었다.[7] 그래서 이런 일련의 과정을 분단 트라우마에 대한 구술 치유 방법으로 제안했다.[8] 더 나아가 구술조사 과정에서 체험한 고통의 연대를 사회적으로 담론화하여 확산시키는 방안에 대해 고민하면서 증언의 양상들을 유형화하여 통합서사의 개념으로 묶고자 했다.

---

5   아우슈비츠 생존 작가인 엘리 비젤(Eliezer Wiesel)에 따르면 "고대 그리스를 상징하는 장르가 비극이고 근대 유럽의 시민 사회를 상징하는 장르가 소설이라면 현대를 상징하는 장르는 증언"이며 그 배후에는 "세계 전쟁의 폭력"이 있다고 한다. '세계 전쟁의 폭력'이 낳은 20세기의 '증언문학' 또는 '생존자문학'은 재일 조선인 지식인 서경식 교수의 말에 따르면 "단순히 살아남은 자들의 문학을 의미하지 않는다. 이해할 수 없는 경험을 이해하고, 묘사할 수 없는 상황을 묘사하고, 전달할 수 없는 상념을 전달하도록 운명 지워진 문학, 태생적으로 갈가리 찢긴 문학"이다.(http://rocking83.tistory.com/1)

6   구술 현장에서 피해자와 조사자 사이의 이러한 공명의 경험은 비단 필자에 국한되지 않는다. 구술 조사 현장에서 일반적으로 이루어지는 현상이다.(김귀옥, 「구술사와 치유－트라우마 치유의 가능성을 모색하며」, 『통일인문학논총』 제55집, 건국대학교 인문학연구원, 2013.)

7   제3자의 입장으로 피해자로부터 전해 들은 이야기를 구술하는 과정에서 고통의 연대를 강렬하게 확인할 수 있는 경우는 탈북 여성들의 인신매매에 관한 이야기들이다.(김종군·정진아, 『고난의 행군시기 탈북자 이야기』, 박이정, 2012, 199~204쪽.)

8   김종군, 「구술생애담 담론화를 통한 구술 치유 방안」, 『문학치료연구』 제26집, 한국문학치료학회, 2013; 김종군, 「한국전쟁 체험담 구술에서 찾는 분단 트라우마 극복 방안」, 『문학치료연구』 제27집, 한국문학치료학회, 2013.

분단 사건과 한국전쟁·분단체제 속에서 표출되는 상호 적대적 정서를 분단서사라고 할 때 그 서사의 사건에는 질시·억압·폭행·죽음·복수 등의 광범위한 폭력이 기본적으로 개재하고 있다고 볼 수 있다. 이에 대비되는 통합서사의 개념은 분단체제 속 한국 사회 구성원들이 갖는 이념적 적대 정서에서 기인한 분단서사를 완화하는 일련의 인간 활동으로, 사회를 통합시키는 장치라고 포괄적으로 접근하고자 했다.[9]

그리고 분단서사를 넘어서 통합서사로 가는 데는 몇 단계의 완화 과정이 필요하다고 보았다. 이 과정은 인간관계의 갈등이 해결되는 일반적인 단계로 설정해 보는 것이 타당하다는 생각이다. 통합서사가 결국 갈등을 안고 있는 인간관계의 통합을 의미하기 때문이다. 그래서 구술 자료들 가운데 분단서사를 넘어서서 전쟁의 비극상을 고발하는 이야기들을 해원의 서사로, 적대적 대상을 동정의 시선으로 보는 이야기를 포용의 서사로, 적을 보듬은 요소가 포함된 화해의 이야기를 통합의 서사로 보고, 이 모두를 통합서사의 범주에 두었다.[10]

그러나 여전히 의문으로 남는 부분은 그러한 통합서사들이 사회적으로 확산되었을 때 사회 통합이 가능한가이다. 그 실효성을 찾기 위해 우리의 지나온 역사 속 이야기에 주목했다. 서사는 전 인류에게 공통적으로 감응을 일으키는 보편적인 내용이면서도 동질의 문화권에서 반향을 일으키는 특수성도 내포하고 있다고 판단했기 때문이다. 우리 역사에서 분단과 통일·전쟁의 사건 이후에 사람과 사회의 통합을 위한 문화사적인 장치들을 문학작품 속에서 찾고자 한 것이다. 그래서 삼국통일 이후의 사회 통합의 장치로서 〈만파식적〉이야기의 등장, 외적의 침입으로 유린당한 여성들의 삶을 다룬 고소설 작품들의 창작과 유통을 통해 사회적

---

9 김종군, 「통합서사의 개념과 통합을 위한 문화사적 장치」, 『통일인문학』 제61집, 건국대학교 인문학연구원, 2015, 269쪽.
10 김종군, 위의 논문, 270~272쪽.

확산 효과에 주목하고자 했다.

그런데 신라가 삼국을 통일한 후 발생한 〈만파식적〉의 이야기와 이후 신라의 혼란시기마다 이루어진 그에 대한 호명(呼名)은 국가 차원에서 사회 통합의 장치를 확산시킨 혐의를 떨칠 수 없다. 곧 신라가 문무왕 대에 통일을 완성했다고 했지만 피상적인 영토 통합의 단계였고, 진정한 사회 통합은 이루어지지 않아 신문왕 대에 많은 혼란이 일어나기 시작한 다. 이를 해결하는 방안으로 통일의 주역이었던 문무왕과 김유신이 사후 에도 신라의 호국신이 되어 힘을 합치고 있다고 하면서, 그 상징물로 모 든 국가 근심을 잠재우는 피리인 만파식적을 창안한 것이다. 이를 통해 민심의 동요를 막고 국가적으로 강력하게 사회 통합을 강제하겠다는 의 지를 보인 것이다. 그리고 신라는 위기 때마다 만파식적을 언급하여 후 에는 '만만파파식적'으로까지 격상시키는 노력을 보인다. 그러나 그 과 정은 국가 차원에서 위로부터 하달된 사회 통합 메시지로서 실효성이 적어 보인다.

그에 비해 〈이생규장전〉에서 홍건적의 겁탈 위기에 강력하게 반항하다 죽은 최낭자의 해원을 소설화한 김시습은 고려 말 홍건적의 난에 희생당 한 여성들의 원한에 공명하고, 그 고통을 연대한 결과로서 의미를 지닌 다고 볼 수 있다. 그러나 그 해원이 열렬했던 이생과의 미진한 사랑을 이루기 위한 애절함에서 비롯된 것으로 그리고 있어, 개인적 차원을 벗 어나지 못한 한계를 지닌다.

3. 〈강도몽유록〉에 나타난 고통의 연대와 담론화 구조

(1) 고통의 연대 장치로서 몽유록 구조

〈강도몽유록〉은 1636년 병자호란 중 강화도에 피난 중이던 여인들이 강화가 함락되면서 자살 혹은 타살당한 후 몽유자인 청허선사의 꿈에 나타나 집단적으로 자신들의 원한이나 사연을 처절하게 하소연하는 몽유록계 작품이다. 이 작품에서는 전쟁 중 남편이나 아들·손자에게 보호받지 못해 자결한 경우, 남편이나 아들·손자로부터 자결을 강요받은 경우, 적군의 겁탈 위기를 모면하기 위해 투신한 경우 등 갖가지 기구한 사연들이 토로되고 있어, 전쟁의 상황이 얼마나 비극적인가를 생생하게 전달하고 있다. 그 내용적인 측면도 전쟁 중 여성들이 겪는 반인륜적인 상황을 폭로하고 있으므로 현대의 상황과 결부할 때도 보편성을 확보한다고 할 수 있다.

우선 몽유록이라는 서사 형식에 주목을 요한다. 몽유록은 몽유가 이루어지는 공간을 꿈이라는 비현실계로 택했을 뿐이지 서사의 진행 방식은 현실에서 행해지는 증언의 현장과 같다고 볼 수 있다. 몽유자는 꿈속에서 억울한 사연을 들어줄 만한 이해심이 깊은 사람이나 세상에 대한 비판적 시각을 가진 지식인으로 설정되는 경우가 일반적이다. 현대 사회에서 심각한 역사적 피해에 대해 문제의식을 가지고 이를 취재하는 르포의 리포터나 연구자와 같은 존재라고도 볼 수 있겠다. 이 작품에서는 청허선사(淸虛禪師)가 몽유자로 등장하는데, 그 천성이 어질고 착하며, 불쌍한 사람을 보면 참지 못하는 측은지심의 소유자로 그려진다. 그러므로 함락된 강화도에서 무수히 죽은 사람들의 시신을 수습하기 위해 적군이 처음 강화에 상륙하여 피난민을 도륙한 현장인 연미정(燕尾亭) 근처에 움막을 짓고 시신을 거두어 묻어 주는 법사(法事)를 행하는 존재로 그려진다. 청허선사는 증언자들의 원한에 찬 증언을 들어주기에 적임자라고 할 수 있다. 억울한 사연들을 듣고 함께 공명하며 고통을 연대할 수 있는 품성을 가진 존재로 설정된 것이다.[11]

  그리고 몽유의 현장은 억울함을 간직한 존재들이 담론을 펼치는 장으로 마련되는 것이 일반적이다. 같은 사건이나 사연 때문에 원한을 가지고 죽은 존재, 원귀들이 둘러앉아서 각자 돌아가면서 자신들의 원정(冤情)을 쏟아내는 형식을 취하고 있다. 더러 자신들끼리 증언하는 내용으로 논쟁이 일어나는 경우도 있지만, 담론의 장에 참석한 사람들은 이내 서로의 사정을 이해하면서 동조하는 모습을 취하는 경우가 일반적이다. 이러한 형태는 역사 경험담의 구술 현장과 매우 흡사한 구조라고 할 수 있다. 누군가가 먼저 전쟁 중 겪은 자신의 고통을 토로하면 서로 앞다투어 자신의 사정을 쏟아내고 싶어 하고, 구술의 내용이 사실과 위배되면 주변에서 개입하여 바로잡으려고 하는 구술 현장의 특성을 그대로 보이고 있다. 이 작품에서는 15명의 각기 다른 신분과 처지의 여성들이 원정에 임하는 가운데, 그 죽은 내력도 다르고, 사연도 기구하여 서로 타박하는 경우도 있지만 결국에는 서로의 사연을 경청하고 마지막에는 통곡함으로써 증언에 참여한 모두가 서로의 고통에 연대하는 모습을 보이고 있다.

  또한 입몽과 각몽이라는 구조는 현실과 꿈이라는 구획을 나누는 표시

---

11 몽유자를 청허라는 이름의 '승려'로 설정한 것은 그러한 부담을 의식했다는 증거이다. 사대부가 아니며 뇌락불기한 성격이 아니라는 점에서 몽유자의 일반적인 성격에서 벗어난 인물이지만 오히려 그렇기 때문에 사건을 편견 없이 전달할 수 있는 인물일 수 있다고 생각했을 것이다. 또한 〈강도몽유록〉의 몽유자는 철저히 곁에서 지켜보기만 한다. 그는 꿈속 사건에 거의 관여하지 않으며 꿈을 깨고 난 뒤에도 사건에 대한 비판이나 소감을 피력하지 않는다. 어디까지나 목격자로서 상황을 전달하는 데 이용되고 있을 뿐이다. 이렇게 하는 것이 감추어진 진상을 드러내는 데 효과적이라고 생각했기 때문일 것이다. 그렇게 함으로써 작자는 자신의 모습을 최대한 감추고자 했다. 〈강도몽유록〉이 독자에 의해 실기처럼 읽히기를 원했던 것이다.(정충권, 앞의 논문, 81쪽.)

로 설정되는데, 이는 현실계의 존재가 입몽을 통해 몽중 담론의 장을 엿보면서 고통의 사연들을 모두 듣고 1차적인 연대를 확인하고, 각몽을 통해 현실계로 돌아와서 몽중사를 생생하게 기억했다가 기록으로 남긴다는 구조를 띠고 있다. 그 기록이 사회적으로 확산되면서 직접 전해 들은 몽유자가 아닌 사회 대중에게 2차적인 고통의 연대를 유도하는 구조라고 할 수 있다. 결국 몽유록은 그 서사의 틀이 고통의 연대를 통해 서로 위로받고 치유를 거두는 담론의 장 구조라고 할 수 있다.

(2) 〈강도몽유록〉의 담론 속 고통의 연대 양상

이제 〈강도몽유록〉의 구체적인 서사 내용으로 들어가서 살피기로 한다.

순서	화자	형상	원정내용
1	영의정 김류의 아내	눈물을 흘리며 진술	- 영의정인 남편이 공론을 무시하고 아들 경징에게 강도검찰사를 맡김 - 아들 경징은 술과 여자에 빠져 지내다가 강화가 함락되자 도망치고, 전쟁이 끝난 후에 사사 - 자신은 떳떳하게 자결했지만 자식이 더러운 이름을 남긴 것에 원한이 쌓였음을 호소
2	강도검찰사 김경징의 아내	단정히 앉아 진술	- 남편이 능력도 없이 강도검찰사를 맡아 강도가 함락당한 것은 죽어 마땅함 - 부장 이민구, 도원수 김자점, 심기원도 강도를 버리고 도망했으나 은총이 깊음 - 홀로 문책 당해 죽은 남편과 아들을 잃고 대가 끊긴 시아버지 처지의 원통함 호소
3	왕후(王后)의 조카딸, 김씨의 아내	젊은 미인으로 얼굴을 숙이고 슬픈 회포 하소연	- 부귀영화를 누리다가 억울하게 죽었다고 호소 - 눈이 멀어 홀로 살아남은 남편을 걱정

순서	화자	형상	원정내용
4	왕비(王妃)의 언니, 대신의 아내	얼굴이 시들고 바짝 말라 탄식하며 진술	- 적군이 닥치기 전에 불량한 자식의 강권으로 자결 - 억지 정절을 만들어 정려를 받아 세상의 웃음거리가 됨을 호소
5	왕의 총신 후처	미간을 찌푸리고 개연히 탄식하며 진술	- 남편이 싸워보지도 않고 성문을 열고 항복 - 자신은 화를 당하기 전 자결하여 염라대왕이 칭찬하는데, 남편은 비겁한 항복으로 지옥에 떨어짐을 호소
6	김경징의 며느리, 김진표의 처	앞섶에 붉은 피 낭자, 뜨거운 눈물을 쏟으며 하소연	- 시아버지의 죄과 사죄, 무능력과 게으름, 불충에 대해 며느리로서 부끄러워 함 - 시아버지가 홀로 탈출하면서 도움을 청한 강진흔을 버린 것 사죄
7	과부 여인	귀밑털이 희끗한 늙은 여인이 훌쩍이며 진술	- 아들의 그릇된 처사로 백발로 자결, 젊은 이들도 적에게 죽임 당한 것을 호소 - 육지에서 피난할 수 있었음에도 아들을 따라 강도에 들어와 죽게 되니 김경징과 장신의 무능과 불충, 비겁함 비난
8	적에게 비겁하게 투항한 남편의 아내	빼어난 여장부 풍채로 강개하여 토로	- 자신은 자결로서 정절을 지킨 것이 마땅하다고 주장 - 국은을 크게 입고 적에게 투항하여 종이 된 구차한 남편 비난
9	전란 중 남편과 떨어져 혼자 피난 온 여인	젊은 미인이 조용히 진술	- 적군에게 함락된 강화도의 참상을 보고 바다에 투신
10	지휘관의 아내	앞의 여인이 전하는 방식	- 쉰의 나이에 며느리, 딸과 함께 투신하면서 부끄럼이 없다고 하소연 - 자신의 자결이 남편의 무능함에서 왔다고 비난 - 명관의 아내로 적군에게 훼절한 동생을 비난함

순서	화자	형상	원정내용
11	벼슬도 못한 서생의 아내	얼굴이 뭉개지고 해골이 깨져 피가 낭자하여 눈물을 주체하지 못하고 하소연	- 마니산 바위굴에 숨었다가 절벽에서 투신한 처신을 잘한 일이라 스스로 위로 - 벼슬도 못하고 시세도 살피지 못하면서 강화도로 피난 와 고관들과 같이 죽은 남편이 애달프다고 하소연
12	선비의 아내	절세미인으로 비단 옷이 젖고 뱃속에 물을 가득 머금음	- 남편과 만난 지 두어 달만에 환란을 만나 의리를 지키기 위해 바다에 투신하여 떠다님 - 자신의 곧은 정절을 남편은 모르고 호지로 끌려갔는지, 길바닥에 죽어 누었는지 의심함을 호소 - 외로운 혼으로 낭군을 찾아 꿈속에서 회포를 풀고 싶으나 구천이 아득하여 서러움
13	척화파 윤황(尹煌) 의 며느리	미인으로 절개가 추상같고 말마다 의리가 사무쳐 지금까지 여러 사람 중 으뜸	- 좁은 강화도를 금성탕지라 믿고 대비를 못한 강화도 지휘부 모두를 비판 - 미련 없이 자결하여 이름을 세상에 떨쳤다고 자긍 - 척화를 주장하다 유배 후 병사한 시아버지 윤황과 더불어 옥황상제가 의열을 높이 사 천당에서 영원히 살게 했다고 자긍
14	선비의 아내	난초 같은 그윽한 기품, 송죽 같은 자태	- 남편을 만난 지 반년 만에 전란을 만났고, 강화에 피난 와 남편이 역질에 걸리자 간호하다 적들에게 죽임을 당함 - 염라왕이 광해군 때 고귀하게 살다 죽은 할아버지의 지조와 자신의 절재를 높이 사 천당에서 영원히 살도록 해 젊은 나이에 죽은 것은 한이 없음 - 늙은 부모와 어린 남편을 두고 온 것은 불효이고 현숙하지 못하다고 자책

순서	화자	형상	원정내용
15	기생	선녀 같은 형상	- 빼어난 기생으로 뭇 사내와 인생을 즐기다가 정절을 생각하여 마음을 가다듬고 규중에서 정숙하게 지냄 - 난리를 만나 적병에게 죽임을 당함 - 회합에 참여한 것이 영광이라 치사하며 전란에서 충신 절사가 하나도 없었는데 부녀자들의 정절만이 높았다고 위로

〈강도몽유록〉에 등장하는 15명 여인들의 원정(冤情)

　　작품에 등장하여 원정을 토해내는 15명의 여인의 신분은 고관 귀족의 아내가 6명, 지휘관급 아내가 3명, 척화파 며느리 1명, 한량의 아내 1명, 선비의 아내 2명, 전란 후 남편과 헤어져 홀로 피난 온 여인이 1명, 기생이 1명이다. 이들은 모두 죽은 원혼들로서 죽을 당시의 상황으로 형상을 하고 증언에 나서고 있다. 목을 매서 죽은 여인들은 그나마 평탄한 형상이지만 물에 빠져 죽어 떠다니는 여인은 뱃속에 물이 차서 불룩한 형상이고, 절벽에서 투신한 여인들은 머리가 박살 나 있고, 장도로 자결은 한 경우는 선혈이 낭자하다고 표현하고 있다. 15명의 여인이 둘러앉은 담론의 장에서 그 형상만 보아도 어떻게 죽었는지를 짐작할 수 있도록 묘사하고 있다. 이러한 묘사 방식은 담론의 장에 앉은 여인들끼리 시각적으로 고통을 나누는 1차적인 장치라고 할 수 있다. 그리고 이들의 죽은 사연과 하소연하는 내용은 신분에 따라 다양한 양태로 증언된다. 이들 15명 여인의 증언 내용은 병자호란 전란기 강화도에서 죽은 여성들의 수많은 양상을 유형적으로 드러낸다고 볼 수 있다.[12]

---

[12] 비록 발화하고 있는 여성은 15명이지만 뒤섞여 앉은 여인들의 수는 훨씬 많다. 여인들의 구체적 경험을 하나씩 풀어내며 작자가 의도한 것은 공적 기억과의 부딪힘이다. 공적 담론의 장에서 이야기되던 '사실'과는 또 다른 기억을 전쟁의 최대 피해자라 할 수 있는 부녀자들의 입을 통해 들려주고 있는 것이다.(김정녀, 앞의 논문, 216쪽.)

고관 귀족 여인 중 3명은 병자호란 당시 영의정 지위에 있던 김류의 아내와 며느리·손자며느리이다. 김류는 전란이 나자 급하게 강화검찰사를 임명하는 과정에서 자신의 가족을 우선 보호하기 위해 아들 경징을 천거하게 된다. 그리고 김류를 제외한 모든 식솔이 봉림대군이나 소현세자빈보다 우선적으로 강화도에 안주하는 패악을 저지른다.[13] 강화에 입성한 김경징은 섬이 험하여 적병이 범접할 수 없는 금성탕지(金城湯池)의 요새로 믿는다. 이에 군무를 챙기지 않고 술과 여자로 나날을 보낸 것으로 기록되어 있다. 그리고 강화에 정탐을 나온 적선 두 척에 섬이 맥없이 점령당하자 모든 식솔과 강화도를 버리고 홀로 배를 타고 도주하는 무능과 비겁함을 보였다. 김류의 아내와 그 며느리인 김경징의 아내, 그리고 그 며느리인 김진표의 아내는 아들이고 남편이며 시아버지인 김경징의 이 같은 패륜에 대해 절절히 성토하고 있다. 그럼에도 김경징의 아내는 재상 자리를 보존하고 있던 시아버지 김류에 대해서는 동정하고 변론하는 입장을 유지하고, 남편의 부장이던 이민구와 도원수 김자점 등

---

13 경징이 강화도에 들어갈 때 어머니와 아내는 각각 덮개 있는 가마에 태우고 계집종은 전모(剪帽)를 씌웠으며, 짐바리가 50여 바리나 되었으니 경기도의 인부와 말이 거의 다 동원되었다. 가는 도중에 한 계집종이 말의 발이 겹질리는 바람에 땅에 떨어지는 사건이 있자 수행하던 배리(陪吏)를 노상에서 곤장을 때렸다.『병자록』
　경징이 배를 모아서 그의 가속과 절친한 친구를 먼저 건너가게 하고 다른 사람들은 함께 건너지 못하게 했다. 때문에 사족 남녀(士族男女)가 수십 리나 뻗쳐 있었으며, 심지어 빈궁 일행이 나루에 도착해도 배가 없어서 건너지 못한 채 이틀 동안이나 밤낮을 추위에 떨며 굶주리고 있었다. 빈궁이 가마 안에서 친히 소리 질러 급히 부르기를 "김경징아, 김경징아, 네가 차마 이런 짓을 하느냐." 하니, 장신(張紳)이 듣고 경징에게 말하여 비로소 배로 건너도록 하였다. 그때 사녀(士女)들이 온 언덕과 들에 퍼져서 구해 달라고 울부짖다가 적의 기병이 갑자기 들이닥치니 순식간에 거의 다 차이고 밟혀 혹은 끌려가고 혹은 바닷물에 빠져 죽어, 바람에 휘날리는 낙엽과 같았으니 참혹함이 차마 말할 수가 없었다.(이긍익,『연려실기술』제26권 인조조 고사본말, 강화도가 함락되다.)
http://db.itkc.or.kr/itkcdb/text/nodeViewIframe.jsp?seojiId=kc_mk_h006&bizName=MK&gunchaId=av026&muncheId=01&finId=001

은 도망을 했는데도 벌을 받지 않고 있다고 항변하여 비난의 여지를 안고 있다.[14] 그나마 김진표의 아내는 시아버지가 도망갈 때 항전을 하면서 군사적인 도움을 청하는 강진흔의 청을 거절한 것에 대해 사죄하는 증언을 쏟아내고 있어, 시어머니가 김류와 김경징을 두둔하는 행태에 대한 좌중의 비난을 누그러뜨리는 역할을 하고 있다. 이들은 모두 자결을 한 것으로 그려지고 있다. 작품 속의 형상으로는 김류와 김경징의 아내는 목을 맨 듯하고, 김진표의 아내는 장도로 가슴을 찌른 것으로 형상화되어 있다.

① 김류의(金瑬)의 아내 유씨(柳氏)·근(根)의 딸, 경징의 아내 박씨·효성(孝誠)의 딸, 진표(震標)의 아내 정씨·백창(百昌)의 딸 및 김류의 첩 신씨·경징의 첩 권씨가 같은 날에 목을 매어 죽었는데, 아울러 정려하였다. 『강화지』

② 그때 경징과 장신의 어머니가 모두 성 안에 있었는데, 두 사람이 모두 자기 어머니를 돌아보지 않고 달아나 그 어머니가 마침내 적중에서 죽었다. 경징의 아들 진표는 그 아내를 다그쳐 자진하게 하고, 그 할머니와 어머니에게 말하기를, "적병이 이미 성 가까이 왔으니 죽지 않으면 욕을 볼 것입니다." 하니, 두 부인이 이어서 자결하고 일가친척의 부인으로서 같이 있던 자들도 모두 죽었는데, 진표는 홀로 죽지 않았다.

③ 일찍이 경징의 아내 박씨가 경징이 자기 할 일을 하지 않는

---

14 작품 속 여인들의 비판 시각에 대해서는 이견이 존재한다. 김정녀는 이 작품이 척화파의 절의를 찬양하고, 종전 후에도 패배의 책임을 지지 않고 고위직을 유지하는 주화파들에 대한 항변이라고 보았는데, 이 시각이라면 김류의 부인이 아들인 김경징에 대해 냉정하게 비판하는 것은 당연해 보인다. 그러나 정충권은 김경징의 아내가 시아버지를 동정하고 남편만 죽임을 당한 것에 대해 불만을 토로하는 상황을 두고, 작가의 강력한 비판 의지와 작중인물의 인간적 정리 사이에서 간극이 생긴 것으로 이해하고 있다.(김정녀, 앞의 논문; 정충권, 앞의 논문 참조.)

것을 보고 자주 간하니, 경징이 노하여 말하기를, "여자가 무엇을 아느냐." 하자, 박씨는 울면서 말하기를, "나라가 깨치고 집이 망하면 또한 여자라 하여 스스로 모면할 수 있는가." 하더니, 과연 이때에 이르러 한 집안의 부녀가 모두 목을 매어 죽었다. 혹자는, "진표가 다그쳐 죽게 하였다."고 일컬었다. 대개 인심이 경징에 대한 분노가 쌓여서 그 어머니와 아내의 절개까지 아울러 깎아 없애려고 한 것일 뿐이다. 정씨는 백창의 딸이니, 그 친정의 혈통을 증험해 보더라도 남에게 닦달을 받아 죽을 사람은 더욱이 아니다. 『강화지』[15]

그런데 이들의 죽음에 대해서는 논란이 있다. 김류 집안의 모든 여인이 스스로 목을 매 죽었다는 ①과 같은 『강화지』의 기록과는 달리 ②의 『연려실기술』과 『인조실록』에서는 손자인 김진표가 집안의 모든 여인에게 자결을 강요한 것으로 기록하고 있다.[16] 이들의 죽음이 스스로의 선택에 의한 행위인지 김진표의 강요에 의한 것인지에 대해 논란이 있다. 그래서 ③과 같이 『강화지』에서는 김경징에 실책에 대한 분노를 가진 사람들이 그 집안 여성들의 절개까지 깎아내리려는 의도에서 그런 말을 만들었다고 이들을 변론하고 있다.[17] 중앙의 기록은 남편의 행적에 따라 비명

---

15 이긍익, 『연려실기술』 제26권 인조조 고사본말, 순절한 부인들.
http://db.itkc.or.kr/itkcdb/text/nodeViewIframe.jsp?seojiId=kc_mk_h006&bizName
=MK&gunchaId=av026&muncheId=01&finId=004

16 적병이 갑곶진(甲串津)을 건너자 김경징은 늙은 어미를 버리고 배를 타고 달아났다.(중략) 김경징의 아들 김진표는 제 할미와 어미를 협박하여 스스로 죽게 했다. 『인조실록』

17 조혜란은 아들의 강박에 의해 죽었다는 것은 여자로서 공적 명예를 이룰 유일한 기회마저 빼앗겨버린 셈이므로, 이 부분은 인륜마저 저버리는 아들의 행위를 통해 정절이데올로기의 허구성을 드러낸다고 보았다.(조혜란, 「〈강도몽유록〉 연구」, 『고소설연구』 제11집, 한국고소설학회, 2001, 348~350쪽.) 이 부분의 궁극적인 의미해석은 정절이념의 허구성으로 집약할 수 있기는 하나, 최소한 이 부분에 있어 작자의 의도는 그러한 구설수에 대한 부정적 견해를 내세우는 데 있다고 보아

에 죽은 여성들의 진심까지도 폄하하는데, 현장의 기록에서는 그런 그릇됨을 바로잡고자 하는 의도를 드러냈다고 볼 수 있다. 곧, 비극의 실상을 곁에서 목도한 사람들은 그 남편들은 무도하다고 미워하면서도, 여인들의 절개를 훼손해서는 안 된다는 분리된 시각을 드러내고 있다. 이 역시 민초들에게서 나타나는 고통의 연대로 읽을 수 있는 부분이다.

　그러나 전쟁의 상황에서 집안의 공명을 어머니의 목숨보다 높이 사는 패륜이 자행된 경우가 빈번했던 것으로 보인다. 왕실의 인척이면서 고관의 아내인 네 번째 여인은 불량한 아들에 의해 자결을 강요받았고, 아들은 어머니의 자결을 억지 정절로 꾸며 정려(旌閭)를 받아 주변 사람들의 비웃음을 사고 있다고 하소연하고 있다. 그리고 또 다른 왕실의 인척인 세 번째 여인은 고귀하게 살아온 자신의 삶이 전란으로 억울하게 죽음으로써 무화되었다는 투정식의 하소연을 쏟아내고 있다. 결국 전쟁은 신분의 귀천을 용납하지 않고 죽음으로 몰아가고, 철저한 남성 중심의 폭력이 자행되고 있음을 증언하고 있다. 더불어 노모를 강화도로 피난시켰다가 전란이 나자 버리고 자신만 떠난 아들에 대한 비난을 쏟아내는 과부 노모의 사연도 강화에서는 빈번했던 사실이었다.[18]

　야 할 것이다.(정충권, 앞의 논문, 77쪽.)

18　장신의 어머니 □씨 □ 역시 죽었다. 처음에 강을 건너는 날을 당하여 내관(內官)이 봉림대군에게 고하기를, "장 판서의 대부인이 이곳에 있으니 어찌해야 합니까?" 하니, 대군이 말하기를, "저(장신을 말한다)가 어머니를 모시지 않았는데 나 역시 어찌하겠는가." 하였다. 마침내 얼고 굶주리다가 강변에서 죽었다; 정선흥(鄭善興)의 아내 권씨 염(濂)의 딸 가 청병이 이미 닥쳐온 것을 보고 달려서 회은군(懷恩君) 앞에 나아가 말하기를, "영감은 내 아버지와 절친하니, 나를 살려주소서." 하니, 회은군이 말하기를, "내가 장차 어찌하겠는가." 하였다. 선흥이 눈을 부릅뜨고 꾸짖기를, "빨리 죽는 것이 옳다." 하였다. 권씨가 칼을 가지고 문으로 들어가니, 회은군이 선흥에게 가서 보라고 하였는데, 가보니 죽어 있었다. 선흥(善興)은 백창(百昌)의 아들이다; 윤탄(尹坦)의 형제가 어머니를 모시고 강화도로 향하여 가다가 윤탄이 어머니를 아우에게 맡긴 채 아내를 데리고 달아났는데, 어머니와 아우는 사로잡혀서 굶어 죽었다. 『조야첨재(朝野僉載)』(이긍익, 『연려실기술』 제26권 인조조 고사본말, 순절한 부인들).

http://db.itkc.or.kr/itkcdb/text/nodeViewIframe.jsp?seojiId=kc_mk_h006&bizName

그런데 고관이나 지휘관급의 죽은 아내들은 자신들을 보호하지 못한 남편의 무능함이나 비겁함을 비난하는 한편으로 적군에게 투항하여 종이 된 지휘관, 자신들처럼 정절을 지키지 못하고 적장의 품에 안긴 여인들에 대한 비난을 거침없이 쏟아내고 있다. 고통을 함께하지 않고 저 홀로 살길을 찾아간 배신자에 대한 응징과도 같은 증언이라고 할 수 있다.

○ 민구의 아내는 윤휘(尹暉)의 딸로, 오랑캐 병사에게 사로잡혀서 그 손자와 여종을 데리고 따라갔는데 서울을 지나가다가 길거리에서 민구의 형 성구(聖求)를 만났으나 조금도 부끄러워하는 모습이 없었다. 그해 여름에 성구가 심양(瀋陽)에 사신으로 갔다가 돌아왔는데, 민구가 칭하기를, "그 형이 심양에서 그 여종과 손자를 만났는데, 여종이 말하기를, '주모(主母)가 자산(慈山)에 이르러 적을 꾸짖고 죽었으므로 제가 관을 얻어다 염습하여 아무 곳에 임시로 매장하였다.' 하므로, 그 여종의 말에 의하여 찾아가서 물으니 과연 관에 넣은 시체가 있는데 뒤늦게 온 적병이 관을 들춰내 옷을 가져가고 시체는 버리고 갔더라." 하였다. 그 사위 신승(申昇)이 상여를 호송하여 원주(原州)에 반장(返葬)하고, 또 심양에 잡혀갔던 그 손자를 속바치고 돌아오게 하니, 듣는 사람들이 모두 의심하였다. 뒤에 들으니, 이기축(李起築)이 무고 별장(武庫別將)으로서 동궁을 호위하여 압록강을 건널 때에 민구의 아내가 적을 따라 심양으로 들어가는 것을 눈으로 보았다고 한다.

○ 선비 집안의 부녀 중에 사로잡힌 사람이 하나가 아닌데, 이민구의 아내와 두 며느리의 일은 사람들이 모두 침을 뱉으며 욕을 하였다. 민구가 자기의 아내가 가산(嘉山)에서 죽은 것을

=MK&gunchaId=av026&muncheId=01&finId=004

절개를 위해 죽었다 하여 묘지문(墓誌文)을 지어 훌륭함을 칭
찬하고 동양위(東陽尉) 신익성(申翊聖)에게 글씨를 청하니, 사
람들이 모두 비웃었다.[19]

강도검찰사의 부장이던 이민구의 아내가 강화가 함락되었을 때 자결
하지 않고 심양으로 끌려가는 것을 목격했다는 진술이 이어지자, 훼절에
대한 비난을 염려하여 이민구의 집안에서 헛장을 하고 절개를 지키다가
죽은 것으로 묘지문을 지어 세상 사람들의 웃음거리가 되었다는 이야기
가 『연려실기술』에 두 건의 기사로 수록되어 있다. 이는 남성들의 허영
과 위선이 빚어낸 사실 왜곡에 대한 증언으로, 남성적 세계관을 비웃는
것으로 읽힌다. 그러나 전쟁 전 이민구의 아내에 얽힌 일화는 이와는 다
른 차원에서 그 훼절을 바라보고 있어서 주목하게 된다.

○ 일찍이 병자년 여름에 여러 경대부(卿大夫)의 부녀들이 서평군
(西平君)의 집 잔치에 많이 모였는데, 그때 청나라와 우리나라
의 불화가 날로 심해져 민심이 흉흉하고 두려워하였다. 어떤
사람이 이에 대해 언급하면서 눈물을 흘리니, 민구의 아내가
몸을 빼어 자리에서 나와 말하기를, "죽기를 결심할 뿐이다.
이런 일을 어찌 헤아릴 여지가 있는가." 하였다. 김류(金瑬)의
아내 유씨(柳氏)가 은근히 비웃기를, "말은 쉽게 할 것이 아니
다." 하니, 민구의 아내가 얼굴빛이 붉으락푸르락해지고 말 소
리가 빨라지므로 자리에 있던 사람들이 모두 시선을 모으고
쳐다보았다. 이미 성취함에 미쳐 꼿꼿한 체하던 자가 과연
어떻게 되었는가. 『강화지』[20]

---

19 이긍익, 『연려실기술』제26권 인조조 고사본말, 순절한 부인들.
http://db.itkc.or.kr/itkcdb/text/nodeViewIframe.jsp?seojiId=kc_mk_h006&bizName
=MK&gunchaId=av026&muncheId=01&finId=004

위 기사는 병자호란이 일어나기 전 〈강도몽유록〉에 등장하는 제1여인 김류의 아내와 이민구의 아내가 언쟁을 한 이야기이다. 전쟁이 일어날 조짐이 보이자 잔치에 참석한 모든 여인이 두려움에 눈물을 흘리자 이민구의 아내는 당당하게 절개를 위해 죽으면 그뿐이라는 입장을 밝히고 있다. 이에 대해 김류의 아내가 타박하고 비웃었다는 내용이다. 사람이 자신의 목숨을 소중히 여기는 것은 당연한 일인지 모른다. 그리고 그 죽음을 생각할 때 두려움이 앞서는 것도 인지상정이라고 할 수 있다. 그래서 그럴 위기에 처하게 될 때 자신이 어떤 결정을 내리고 처신을 할 것인가에 대해서는 섣불리 장담할 수 없는 것이다. 이민구의 아내는 전란 전에는 이렇게 당당하게 절개를 위해 죽을 것을 선언했지만 실제에서는 그러지 못했다. 앞의 기사와 뒤의 『강화지』 기사는 모두 이민구 아내의 훼절에 대해 비난을 뜻을 담고 있다. 그러나 그 비난의 결은 다르다고 판단된다. 앞서의 비난은 훼절한 사실과 그 훼절을 감추기 위한 남성들의 위선에 대한 것이라면, 뒤의 비난은 여성들의 입장에서 절개를 두고 부리는 위선에 대한 비난이라고 볼 수 있다. 이는 동일한 처지에서 고통을 함께하기를 거부한 배신자에 대한 비난이라고도 볼 수 있다.

전쟁 중 목숨을 잃을 것이 두려워 적군에게 항복한 비겁한 남성들, 절개를 지키지 못한 여성들에 대한 적나라한 이야기 한편이 『연려실기술』에 전해지고 있다.

> ○ 17일에 적병이 능한산성(凌漢山城) 곽산(郭山)에 이르러 성을 둘러보고 부르짖기를, "성중의 장수와 군사들이 성을 버리고 나와 항복하면 우리 대군(大軍)은 놔두고 지나가겠다." 하니,

---

20 이긍익, 『연려실기술』 제26권 인조조 고사본말, 순절한 부인들.
http://db.itkc.or.kr/itkcdb/text/nodeViewIframe.jsp?seojiId=kc_mk_h006&bizName
=MK&gunchaId=av026&muncheId=01&finId=004

성중에서 답하기를, "조정의 명을 받아 성을 지키니 마땅히 목숨을 바치겠다." 하였다. 적이 군사를 휘몰아 진격해 들어오는데 긴 사닥다리를 가지고 와서 차례로 성에 걸치고 풀로 사람 형상을 많이 만들어 사닥다리 위에 줄지어 세웠다. 성중에서 죽음을 각오하고 막아 이미 비 오듯이 화살을 쏘았으나, 얼마 안 가서 군졸은 힘이 다하고 병기가 떨어지니 적이 성으로 올라와 마구 죽였다. 곽산 군수(郭山郡守) 박유건(朴有建)(『촬요(撮要)』에는 유건(由槵)으로 되어 있다.)과 정주 목사(定州牧使) 김진(金搢)은 집안 식구들과 함께 사로잡히자 항복을 애걸하고 머리를 깎았다. 적은 그의 처첩을 간음하고 항상 장막 속에 두고 행군할 때에는 곧 유건과 김진에게 각각 처첩의 말고삐를 잡게 하였다. 유건이 아내의 부정을 책망하니 처첩들은 남편의 불충을 꾸짖었다고 한다. 『조야기문』 『일월록』[21]

이 이야기는 정묘호란 중에 벌어진 사건으로, 전쟁에 대한 공포가 인간 본성의 밑바닥까지를 얼마나 유린하는가 되새기게 한다. 남편들은 죽을 것이 두려워 적군에게 항복하면서 변발(辮髮)로 머리를 깎아 오랑캐의 종이 되고, 그 아내들은 남편의 앞에서 적장 품에 안기는 기구하고 비극적인 상황이다. 문제는 이야기 속의 남편이나 아내는 서로에 대한 기본적인 예의마저도 저버리고 부정과 불충을 들어 서로를 비난하고 있다. 전쟁의 공포 앞에 어쩔 수 없는 나약한 인간이었음을 고백하는 정도로 서로를 이해하는 수준이었다면 덜 비극적이었을 것이다.

〈강도몽유록〉에서도 남편이 항복한 여성이 등장하여 임금의 은혜를 저버린 남편의 비겁함에 대해 비난하고 있다. 자신은 절개를 지키다가 죽

---

21 이긍익, 『연려실기술』 제25권 인조조 고사본말, 정묘년의 노란.
   http://db.itkc.or.kr/itkcdb/text/nodeViewIframe.jsp?seojiId=kc_mk_h006&bizName
   =MK&gunchaId=av025&muncheId=01&finId=001

어서 사후에 천국으로 가게 되었는데, 적에게 비겁하게 항복한 남편은 지옥으로 가게 되었다는 하소연이다. 이 여인들의 남편에 대한 비난과 하소연은 적어도 자신은 위기의 상황에서 비겁하지 않게 죽음을 선택했다는 당당함으로 읽힌다. 그러므로 위의 이야기와는 달리 고통의 증언으로 이해해줄 만하다.

이 외에 벼슬도 하지 못하고 고관에게 빌붙어 지내다가 강화도로 피난을 따라와서 죽게 된 한량 남편을 원망하는 여인도 있다. 혼인 두어 달 만에 전란을 만나 남편과 헤어졌고, 적군의 겁탈 위기에서 남편과의 신의를 지키기 위해 바다에 투신했음에도 자신의 행방을 찾지도 못하는 남편이 그 행실을 의심한다고 토로하면서, 남편의 어리석음을 원망하는 선비의 아내도 등장하고 있다.

갖가지 사연들을 서로 토로하는 가운데 담론의 장에서는 논쟁도 잇따르고 있다. 남성들의 무능과 비겁함을 비난하면서도 절개를 지켜 자결한 자신의 선택에는 조금도 원한이 없다고 단호하게 선언하는 강경한 여장부의 추상같은 말은 고관 아내들의 변론과 지휘관 아내들의 비난, 선비 아내들의 소박한 투정들을 모두 제압하고 있다.

그리고 열네 번째 여인은 소박한 선비의 아내로, 혼인 반년 만에 전란을 만나 강화로 피난을 오고, 피난 중 역병에 걸린 남편을 지극 정성으로 병간호하던 중 적군에게 죽임을 당했는데, 저승에서 그 갸륵함을 보상받아 영원히 살게 되었다는 사연을 소개하고 있다. 자신은 갸륵한 죽음에 대한 보상으로 억울함이 없으나 이승에 남은 늙은 부모와 어린 남편에 대한 도리를 다하지 못함을 자책하는 하소연에서는 좌중의 여인들이 모두 숙연해진다. 억울함을 울부짖으며 호소하기도 하고, 살아남은 자들을 비겁자로 비방하기도 하며, 또 죽은 자신의 행방을 찾지 못하는 남편을 원망하기도 하고, 여린 여성들의 갖가지 절규를 당당함으로 나무라기도 했던 여인들은 이 선비 아내의 소박한 원정에 일제히 반응을 보인다. 자신들의 거창한 원정들이 이 여인의 애틋함만 못하다는 심정이었을까? 이 지점에서 각자가 겪은 고통을 되돌아보는 시간을 가진 것으로 이해된다.

한참의 시간이 흐른 후 월궁항아와 같이 아름답게 생긴 기생이 등장하여 생전의 자신은 화려한 화류생활을 반성하고 규중에 안주하여 한 남편만을 섬기다가 전란을 만나 죽게 되었다고 내력을 이야기한다. 그리고 자신처럼 미천한 처지로 오늘 같은 자리에서 숭렬한 이야기를 듣게 되어 감탄했다는 위안을 전한다. 강도가 함락되고 임금이 욕됨을 당했는데도 충신 절사가 만에 하나도 없는데, 부녀자들의 정절만이 늠름했고, 우리의 죽음은 영광스러운 것이니 그리 서러워 말라고 말을 마친다. 이 지점에서 담론에 참가한 모든 여성은 일시에 통곡하는 것으로 그려진다.

15명의 여인은 각자의 신분과 처지에 따라 자신의 죽음에 대해 원망을 표출했고, 그 양상들은 서로 달랐다. 그 가운데서 논쟁이 있기도 했다. 그런데 마지막에 등장한 미천한 신분의 기생이 그들에게서 들은 모든 사연은 숭고하고 영광스럽다고 위로한다. 더불어 그들이 대체로 비난해 마지않았던 남성들에 대해서도 한목소리로 비난을 쏟아낸다. 결국은 앞선 14명의 여인의 고통스러운 사연에 연대를 표하는 가운데 이들의 원한은 1차적으로 위로받는다고 볼 수 있겠다. 기생은 담론의 장 내부에서 모두의 이야기를 듣고 연대를 추동한 인물이라고 할 수 있다. 다른 몽유록 작품에서 작가에 의해 설정된 비판적 지식인인 몽유자가 수행할 역할을 이 작품에서는 기생이 대신하도록 설정하여 강렬한 치유 효과를 얻고 있다. 그 치유의 효과는 같은 전란에서 함께 죽은 기생이 좌중 여인들의 고통에 강한 연대감을 표출하는 가운데 더욱 배가되고 있는 것이다.[22]

---

22 기생의 작중 역할에 대해서는 정충권의 견해가 적실해 보인다. "기생은 여러 여인들의 말을 듣고 '이런 죽음은 영광이라(是死榮矣)'라며 위로한다. 이 기생은 실제

(3) 〈강도몽유록〉의 고통의 연대와 사회적 담론화 모형

〈강도몽유록〉의 몽유 구조와 작품의 내용에는 고통을 연대하는 장치가 곳곳에 배치되어 있다. 그리고 작가에 의해 작품이 집필되고 전파되는 시스템은 고통의 기억이 서사화되어 사회적 담론화를 통해 더 폭넓은 고통의 연대를 이루는 구조라고 할 수 있다. 이를 모형으로 제시하면 다음과 같다.

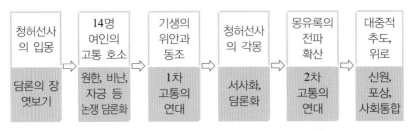

〈강도몽유록〉의 고통의 연대와 사회적 담론화 모형

몽유자 청허선사가 꿈속으로 들어가는 과정은 전란에서 억울하고 참혹하게 희생당한 여성들의 담론의 장을 엿보는 계기가 된다. 꿈속에서는 강화도에서 비참하게 죽은 14명의 여인의 원정이 쏟아지면서 논쟁이 벌어지고 담론의 장이 마련된다. 이들은 서로의 사정을 호소하는 가운데 각자가 겪은 고통에 대해 서로 연대하게 되고, 최종적으로 기생의 위안과 동조 속에서 1차 고통의 연대가 작품 속에서 일어난다. 이 상황을 몰래 숨어서 지켜본 청허선사는 꿈에서 깨어나 꿈속 사연들을 담은 이야

의 인물을 모델로 했을 다른 여인들과 달리 작가의 분신이자 가공의 인물일 가능성이 높다. 그녀를 내세운 것은, 철저한 방관자로 일관하는 몽유자를 대신하여 자신의 목소리를 담을 또 다른 인물이 필요했기 때문일 것이다. 게다가 희생자 여인들에 대한 평가는 다른 어느 누구도 아닌, 그들과 함께 죽음을 당한 또 다른 여인에 의해 내려져야 한다고 생각했기 때문이기도 할 것이다."(정충권, 앞의 논문, 84쪽.)

기를 주변에 전하고, 그 결과물로 〈강도몽유록〉이 완성된 것으로 볼 수 있다. 이것이 사회적으로 전파되면서 더욱 확대된 2차 고통의 연대가 이루어지고, 그 반향으로 대중의 추도와 위로가 이어지면서 죽은 자의 고통에 대한 신원과 포상이 뒤따르며, 그 결과 사회적인 통합이 이루어진다는 모형을 제시할 수 있겠다.

이 작품이 대중에게 전파되어 2차적인 고통의 연대를 추동하고, 더 나아가 신원과 포상을 통한 사회 통합을 이끌었는지는 명확한 근거로 확인할 수는 없다. 다만『연려실기술』에서는 작품에서 문제를 삼은 이민구와 김자점 등이 전쟁 후 몇 년의 시간이 흘러 치죄를 당하는 기사를 찾을 수 있다.[23] 더불어 강화에서 죽어간 천민들의 아내까지를 정려한 기록이『강화지』에 수 없이 기록되어 전해지고 있다.[24] 패전의 책임이

---

23 이긍익,『연려실기술』제26권 인조조 고사본말, 여러 장수의 사적. http://db.itkc.or.kr/itkcdb/text/nodeViewIframe.jsp?seojiId=kc_mk_h006&bizName=MK&gunchaId=av026&muncheId=01&finId=005

24 ○ 무거(武擧) 최필(崔弼)의 아내 정씨와 무거 이중언(李仲言)의 아내 양씨는 젊은 남자들이 모두 종군하자 그 시어머니를 지키고 떠나지 않다가 모두 스스로 목을 찔러 죽었다. 참봉 황식(黃寔)의 아내 구씨·충의(忠義) 변경(卞慶)의 아내 이씨·이사성(李嗣聖)의 아내 이씨·학생 하함(河艦)의 아내 이씨·김계문(金繼門)의 아내 박씨·황탁(黃) 대곤(大坤)의 아들 의 아내 최씨·보인(保人) 한경문(韓景文)의 아내·무거 한충남(韓忠男)의 아내 ㅁ·구혈(具翓)의 아내 김씨·사과 남궁훈(南宮薰)의 아내 문씨·학생 안선도(安善道)의 아내 서씨·보인(保人) 조헌민(曺獻民)의 아내 예환(禮環)·사노(私奴) 김희천(金希天)의 아내 대숙(大淑)·내비(內婢) 고온개(古溫介)·무학(武學) 윤득립(尹得立)의 아내 염씨(廉氏)·사비(私婢) 애환(愛還)·사노 검동(儉同)의 아내 분개(分介)·무학 반일량(潘日良)의 아내 차씨(車氏)·수군 홍청운(洪淸云)의 아내·양녀(良女) 말덕(㐐德)·진사 이성진(李成震)의 아내 ㅁ·주부 안응성(安應星)의 아내 이씨·첨지 최덕남(崔德男)의 아내 박씨는 모두 스스로 목을 매어 죽었으며, 도사 김수(金婺)의 아내 ㅁ는 언덕에서 떨어져 죽었는데, 아울러 경진년(1640)에 정려했다.
○ 학생 송순(宋淳)의 아내 유씨는 언덕에서 떨어져 죽었는데, 신사년(1641)에 정려했다.
○ 무학 이춘남(李春男)의 아내 정씨는 가위로 스스로 목을 찔러 죽었는데, 정려했다.
○ 학생 유인립(劉仁立)의 아내 안씨는 적병이 갑자기 이르러 끌고 가려고 했으나 끌고 갈 수 없자 서로 다투어 쏘아 죽였는데, 몸의 살이 온전한 곳이 없었으나

남성들에게 있으므로 남성들과 이로 대변되는 국가는 그 과실을 의도적으로 덮어버리고 싶었을 것이다. 그러나 〈강도몽유록〉에 설정된 15가지 원정들은 이러한 공적 기억의 은폐 의도에 문제를 제기하면서 억울하게 죽어간 피해 여성들의 신원과 해원을 이루는 장치로 작동한 것으로 볼 수 있다. 그렇다면 이 작품은 치유와 통합서사로서 위상을 가지며, 전란 후 사회 통합에 일정 정도는 기여했다고 평가할 수 있을 것이다.

4. 분단체제 속 통합서사의 사회적 담론화 모형

분단과 한국전쟁으로 비롯된 피해 양상은 매우 다양하게 조사되고 있다.[25] 그 가운데 앞에서 다룬 〈강도몽유록〉과 층위를 맞추기 위해 여성들의 수난담을 대상으로 삼아 현재 분단체제 속의 고통의 연대를 통한 통합서사의 담론화 모형을 제시해 보고자 한다.

분단과 한국전쟁에서의 여성 수난담 양상이 전란을 겪은 조선의 상황과 같을 수는 없다. 그리고 성적 유린의 위기에서 자결이 절대적인 가치로 자리매김할 수도 없다. 우선 여성 수난담 가운데서 지면의 고려하여 제한적으로 성적 유린에 대한 증언이나 피해담의 양상을 살피고자 한다. 그리고 분단이나 한국전쟁은 단일한 사건으로 보기에는 그 기한이 길고 가해자가 다층적일 수 있으므로 특징적인 사건과 대상에 제한하여 논의

꼿꼿하게 선 채 끝내 넘어지지 않자 적병이 괴상하게 여겨 버리고 가버렸다. 이상은 모두 『강화지』에 있다.(이긍익, 『연려실기술』 제26권 인조조 고사본말, 순절한 부인들.)
http://db.itkc.or.kr/itkcdb/text/nodeViewIframe.jsp?seojiId=kc_mk_h006&bizName=MK&gunchaId=av026&muncheId=01&finId=004

25 한국전쟁체험담을 국가 지원으로 3년에 걸쳐 전국적으로 조사한 신동흔 교수팀은 전쟁체험담을 참전담·고난담·갈등담·미담 등으로 분류했다. 이 가운데 고난담과 갈등담에는 전쟁과 피난살이에서 체험한 수많은 피해 양상이 포함되어 있다.

를 진행해야 할 것이다.

그 특징적인 사건과 대상은 전쟁 전의 상황에서 우선 제주 4·3 사건을 들 수 있다. 제주 4·3을 겪은 여성들에게 성적 피해를 가한 존재는 서북청년단으로 대표되는 토벌군이라고 할 수 있다. 그리고 여순 사건 이후 빨치산 토벌과정에서는 군경 토벌군과 산에서 내려온 빨치산이라고 조사되고 있다.[26] 한국전쟁 발발 후에 여성들의 성폭력 피해는 인민군이나 국군에 의해 자행된 경우보다는 주로 미군으로 대표되는 연합군이었다. 특이한 사항은 중공군 개입도 있었지만 그들에 의한 성폭력 피해담은 거의 찾아볼 수 없다는 점이다. 중국 공산군은 식량을 수탈하고 민가를 점유한 경우는 있지만, 부녀자와 같은 공간에 거처하더라도 성폭력을 야기한 경우는 드물었다. 그리고 정전을 거친 후 1990년대 중반 이후 북한의 극심한 식량난으로 탈북한 여성들의 중국에서의 인신매매 사건을 들 수 있다.

일반적인 성폭력에 관련된 이야기들은 담론의 장을 만들어 피해자들이 집단적으로 함께 증언을 하기에는 적합하지 않은 측면이 있다. 전문적인 치료자의 치료 행위가 아닌 이상은 실상을 끌어내기에도 무리가 있으며, 피해자 역시 자신의 이야기를 남들 앞에서 주저 없이 풀어 놓기에는 특별한 용기가 필요하기 때문이다. 그래서 이러한 증언들은 피해자와 조사자가 일대일 상담의 형식으로 이루어지는 경우가 일반적이다. 이 경우 1차적 고통의 연대 효과는 크지 않을 것으로 예상된다. 그런데 한국전쟁 시기나 그 이전에 이루어진 성폭력 피해담은 대체로 제3자의 입으로 증언되는 경우가 많다. 제보자들이 '내가 겪은 이야기'라고 직접 이야

---

[26] [조사자: 반란군들이 처녀들을 건드리나요?] 아 처녀야 뭐, 환장을 하지. 군인이나, 전투순경이나 군인들이나 반란군이나 마, 처녀 있는 집이야 하면 고만, 집중을 하는 거이라 거그서 고마.(신동흔 외, 『시집살이 이야기 집성』 7, 박이정, 2013, 254쪽.)

기를 하는 경우는 드물고, '내가 들은 이야기', '내가 본 이야기'로 전하는 경우가 일반적이다. 물론 제보자의 말이 사실일 수도 있다. 그러나 증언의 구체적인 정황을 따져보면 제보자 자신이 피해자로 읽히는 경우도 많다. 결국 전쟁에서 벌어진 성폭력 피해에 대한 증언은 제3자가 구술하는 방식을 띤다는 경향성을 인정하고 접근해야 할 것이다.

> 6·25 때 내가 하도, 하도 엄청난 얘기라서 내가 한번 하고 싶네. 이건 어데서 내, 언제 어디 가도 내가 공개하고 싶었는데. 6·25 때 말하자면은 미군들이 많이 안 들어 왔어요? 6·25 전쟁 때. 그래 미국 놈들 처음 들어올 때 아이구, 여자들하고 마 강탈을 온다고 막 난리가 났는데 한 삼십 명 여자들 막 한집에 모아놓고 밤에 자고 그랬거든? 그랬는데 막 혼차 있는 영감들은 있으면 가면 막 가서 배를 푹 찌르고,
>
> "여자 내놓으라."
>
> 고. (조사자: 미군들이요?) 예. 아, 미군들이 그랬지 처음에는. 그랬는데 (청자: 미군들이 첨에 그랬어요?) 예. 그랬는데 난중에는 막 돌아댕기, 이 한 이십 일간 숨어가 있으니까 살 수가 없어요.
>
> (중략)
>
> 그래도 미군이 그래 들어오고. 우리 참 대동아 전쟁을 해줬기 때매 우리가 이렇게 지끔 발전하고 살지 (청자: 맞어.) 그분들 무시하면 안 돼지. (웃음) 안 그래요? (조사자: 아, 그런 일이 있었구나.) 아이고. 무셔라. 별 일 다 있었어요.[27]

한국전쟁 중 미군이 대거 주둔하면서 인근 마을의 여성들을 성폭행하는 사건들이 빈번했다. 그래서 여성들은 개인행동을 삼가고 한 공간에

---

27 신동흔 외, 『도시전승설화자료집성』 2, 민속원, 2009, 421~423쪽.

30여 명씩이 숨어 지냈다는 이야기이다. 제보자는 서두를 떼면서 '내가 하도, 하도 엄청난 얘기라서'라고 60년 넘게 숨겨온 비밀을 털어놓는 심경을 드러냈다. 그러나 이야기 중간에서 실제로 미군에게 끌려간 사람은 함께 있던 친구였다고 거듭 강조하고 있다. 그러나 그 사실은 중요하지 않다. 우리는 제보자가 말하고 싶어 하는 피해의 진실을 읽어내는 방식으로 증언에 임해야 한다.

이처럼 성폭력 피해담은 타인의 이야기를 제3자의 입장에서 전하는 형식을 띠고 있으면서 '나는 위기를 피했지만 친구는 당했을 것이다'고 추측하면서, 제보자가 전하고 싶은 피해 사실을 담아내는 형식을 취한다.

그래갖고는 이 인자, 뭐 떤 거를 인자 이고 가제, 날 보고. 그때는, 긍께 결혼해서 얼마 안 되는 갑서. 머리가 좋아갖고 머리가 막 (머리 묶는 시늉을 하며) 낭갤 이렇게 끄댕기 억지로 해논께, (귀 뒤를 만지며) 요런 디가 부르키서 험하도 안해.

근디 반란군이 막 꺼내대, 질질질질 끄내믄서 이고 가자고.

'으이. 호랭이 물어갈 노무 거, 우애야 되겠는디.'

배겉에 장작, 장작을 요래 비늘을 재났어. 장작자발로 마, (오른발을 차내며) 탁! 차뿠응께, 지법 맹랑했던 모냥이라, 인 새각시. 타악 자빠지미 와그르르 어그러져, 내가 치일 거 아인가? 그라고,

"(다리를 만지며) 아이고-, 죽었다."

고,

"다리가 뿌러졌는가. 아이고 죽었다."

고 마, 고마 요래갖고 얼짔어. 그런께,

"씨발년. 저거, 거시기, 억찌 쓴다."

그믄서 (발로 차며) 투욱! 차비리고 가드라고.

가고 난 안 잡혔는데, 그 이튿날 아침에 봉께 시방, 기호마누래.

그전에 저-거 저, 재무댁이 미느리하고 참- 이뻤었고만. 그 사람허
고 둘이는, (앞에서 뒤쪽을 가리키며) 저-기 상불 어디꺼정 인저
밥을 이고 따라 갔다드라고. 따라 갔다 왔어. 그래 나는 못 갔지.
그라고 엄살해갖고 피했지, 몬 가고.[28]

제보자는 빨치산들이 보급투쟁을 나와서 모아둔 식량이나 음식을 마
을의 젊은 여자들을 차출하여 머리에 이게 하여 깊은 산중으로 옮겼다는
사실을 증언하면서 그들에게 끌려가는 순간 성폭력이 가해질 것을 익히
알고 있었다. 그래서 그 위기를 벗어나기 위해 머리채를 낚여 끌려나가
는 순간에 방문 앞에 쌓아둔 장작더미를 발로 걷어차 쏟아지게 해 부상
을 입도록 했다는 것이다. 결국 자신은 끌려가지 않았는데, 아침에 보니
이웃의 아주 예쁘게 생긴 젊은 여성은 산에 갔다 왔더라는 이야기로 끝
을 맺는다. 그런데 그 말미에 여전히 '나는 못 갔지. 엄살해갖고 피했지'
라고 자신을 변론하는 입장을 거듭 드러내고 있다. 젊은 여성들이 빨치
산에게 끌려갔다 돌아왔을 때 실상은 아무 일도 없었을 수 있다. 그러나
이를 지켜본 주변인의 시선은 그렇지 못했을 것이므로 이에 대해 강력하
게 변론을 덧붙이는 방식을 취하고 있다.

전쟁 시기 성폭력 피해담의 가장 일반적인 양상은 미군으로 대변되는
연합군에 의한 피해담이다. 이러한 이야기들은 곳곳에서 수집이 되는데,
고발의 형식으로 널리 확산된 이야기라고 볼 수 있다.

여기 아군이 들어오니까 하이튼 무서워 못 살아. 색시 붙들러
댕기는 거. 그냥 아군이 색시 붙들러 댕기구 우리 바깥 사랑이 폭
격을 맞고, 우리 친척 집이가 아랫간에 하나 웃간에 하나 아래 웃
간인데, 거기 들었는데, 나는 그때 못된 옘병이라고도 그래지, 그

---

28 신동흔 외, 『시집살이 이야기 집성』 7, 박이정, 2013, 256~257쪽.

이 탄피에 그게 오염이 되가지구 그거를 앓았어요. 아주 그냥 안방에서 이불을 폭 씨고(쓰고) 정신도 모르고 앓는데. 그 우리 아부지 고모의 아드님들이 두 분이 아랫간에 하나 웃간에 하나. 이 웃간에는 딸을 둘을 데리고 인제 와 있는데. 그 딸들을 건넌방에 데려가서 미군이 데리구 자는 거야. [조사자1, 2: 어머-.] 총을 안방에다 이렇게 들이 대구 남자들 죄 안방으로 들이 몰고, 또 한 놈이 나오믄 또 교대를 해서 또 그렇허구. 아유, 그렇게 했어. 그러니까 우리 친정아부지가 나를 보고

"너 병 난 짐에(김에) 아주 죽어라. 이 세상에 살 수 읎다. 저렇허구 살아 뭐 허니."

그랬어. 아- 그래다 나니까 그렇허구 한 번 가더니 우리집이가 무슨 영업집이가 된 거야. 날-마다 떼로 미군이 찾아오구 베길 수가 없어. 아주 죽겠는데 억-지로 머릴 들구 저 검병산이라고 있어. 이불을 하나 우리 동생이 싸서 지구 나를 그 호랭이 굴에, 거기를 많이들 피난을 갔어요. 색시 붙들러 댕길 제(때) 걸루 피난을 갔는데, 거기 가 있어. 너-무 아파 죽겠으니까 들어가자마자 씨러졌는데, 천장에서 비가 떨어지구 자기네는 비 안 떨어지는 데 딱 앉구 나는 너무 아픈 사람이니까. 하이튼 이불두 다 젖구, 옷도 다 젖은 거야. 그렇허구서 사변을 그렇게 치렀어요, 내가.[29]

제보자는 춘천 인근에 살면서 중공군과 미군의 주둔을 모두 지켜본 경험을 가지고 있다. 중공군에 의한 피해는 식량 수탈 수준이었는데, 미군들은 여성들을 성적으로 유린했다는 이야기를 사실적으로 진술하고 있다. 한 집안 울타리에 피난을 와 있던 친척 아저씨의 딸들이 미군들에게 성폭행을 당한 후 거의 매일 미군이 그 방을 찾아들더라는 내용이다.

---

29 신OO(여·80세·1933년생) 구술, 강원도 춘천시 경로당, 2013년 2월 18일, 오정미·이원영·남경우 조사.

자신은 때마침 염병(장티푸스)에 걸려 이 모든 난행을 피할 수 있었다는 위안과 더불어 당한 여성들의 참상을 고발하는 입장을 취하고 있다. 이러한 미군에 의한 피해담이 가장 일반적이므로 전쟁의 비극을 고발하는 전쟁소설에도 자주 삽입되는 특성을 갖게 된다.

뒤꼍 장독대를 보살피고 있는데 안쪽에서 뭔가 심상찮은 기척이 났다. 난생 처음 보는 외국 병정들이 대여섯 마당 한가운데 서 있었다. 시어머님이 그들에게 잡혀 시커먼 손아귀에 입을 막힌 채 대청으로 끌어올려지고 있었다. 어느 한 순간 시어머님의 눈길이 내 눈길과 부딪쳤다. 애원과 절망과 공포와…… 그런 모든 것을 한꺼번에 내쏘는 눈빛이었다.

나는 그 자리에 얼어붙은 채 온 몸의 힘이 싸악 빠져 내리는 느낌이었다. 시커먼 짐승 셋이 다가오는 것을 멀거니 바라보며 그 자리에 주저앉았다.

안방으로 끌려들어가면서 나는 내가 할 수 있는 온갖 힘을 뻗쳐 발버둥쳤다. 나는 무심결에 내 배를 그러쥐며 애원하는 손짓도 해 보았다. 있는 힘을 다해 소리를 질렀다. 넓적한 손아귀가 내입을 막았다. 나는 그 짐승들의 냄새를 맡았다. 그것은 노린내였다. 짐승들의 흰 이빨이 보였다. 그들은 낄낄낄 웃음소리를 내고 있었다.[30]

전쟁 중 상중의 시어머니와 며느리가 연합군에게 유린당하는 장면을 비극적으로 그리고 있다. 작가 전상국 역시 소년시절을 홍천에서 보냈다. 작가는 자신이 보고 들은 전쟁의 참상을 고발하고 싶었다는 창작 의도를 밝히고 있다.[31] 이 작품을 읽으면서 드는 의문은 미군으로 대변되는 연합

---

30 전상국, 〈아베의 가족〉, 『제3세대 한국문학』 11, 삼성출판사, 1987, 41쪽.

군에 의한 성폭력 사건이 전쟁문학에서 많은 부분을 차지하는 이유가 무엇인가이다. 한국전쟁 중 여성들이 당한 성폭력이 연합군에 의해 자행된 사례가 가장 빈번하기 때문에 소설화된 것이라고 보는 시각은 제한적이다. 전쟁 통에 이성을 잃은 남성들의 욕망은 곳곳에서 표출될 수 있기 때문이다. 국군이나 토벌대 등에 의해 자행된 폭력은 분단체제 속에서는 아직 노골적인 고발의 대상이 될 수 없는 현실의 반영일 수도 있다는 진단이 가능하다. 미군은 아군의 범주에 속하지만 전쟁 후 시야에서 사라져 저만큼에 존재하기 때문에 야수로 치부해도 괜찮다는 의식이 바닥에 깔렸다고도 볼 수 있다. 이러한 분단체제 속의 제약을 벗어난 고발이 가능한 세상, 고발문학이 널리 확산되는 가운데 실질적인 고통의 연대가 가능할 것이다.

자신이 겪었던 입에 담기 힘들었던 처절한 성폭행의 고통은 제3자의 입장에서 고발하는 방식을 택하는 경향과 더불어 60년 이상의 시간이 흐른 지금쯤에는 감각의 무뎌짐이나 기억의 망각으로 고발할 용기를 내는 경향도 찾을 수 있다. 이것을 자연 치유라고 이름 붙이기에는 주저되는 바가 크지만 앞서 예시한 사례처럼 이제는 언제 어디서라도 한번을 말하고 싶다는 용기를 내는 경우가 더러 발견된다. 전쟁 시기 성적 위협을 당한 여성들은 이제 80세를 넘긴 노령이다. 자신의 삶을 뒤돌아보고 정리를 하고 싶은 마음에 지금껏 꽁꽁 감추어 온 당시의 충격을 고발을 통해 풀고 가겠다는 용기를 내는 것이다. 이를 적극적으로 수용하여 고통에 공명하고 위로를 표시하는 가운데 더 나은 치유가 가능하다고 판단된다.

60년이 넘은 전쟁 때의 고통은 담론의 장으로 끌어낼 수 있는 시점이 된 듯하다. 그러나 분단체제 속에서 탈북민 여성들이 겪은 성적 유린은

---

31 김종군 외 작가 인터뷰(강원도 춘천시 김유정문학촌, 2015.11.)

아직 담론의 장으로 끌어들이기에는 무리가 있어 보인다. 이들의 고발은 대체로 제3자의 입장에서 증언하는 방식을 여전히 유지하고 있다.

그러면 그 이튿날 나가는 날이 됐단 말이야. 근데 그게 1월 16일 날인가 19일인가, 근데 춥잖아. 여기까지 얘가 울지 않고 그냥 말하더라고. 그 이튿날에 다 이 남편을 배웅해줘야 하는데 이케 약간 언덕이 진 마을이 있었다는 거야. 근데 그러더라고. 얘가 그때 울더라고. 날 보고 그러더라고.

"아지미 있잖니, 나는 이 사람들 앞에서 이거 오빠티를 내야 된다. 절대 남편인 티를 안 내야 된다."

이 생각을 하고, 남편도

"야 탄로 나겠다. 그러지 말라, 그러지 말라."

자꾸 이러던 거라는 겨(울먹거리면서). 자기가 막 울면서이, 막 이렇게 지금 남편 내보내는 게, 이게 뭐 반 정신 다 없지 뭐, 그때. 그래 자기는 막 그러니까 남편이 자기를 위로하면서

"야 눈치채게 그러지 말라. 왜 그래. 그러지 말라."

이러더란 거여. 근데 자기는 '잘 가라.' 하는데 있잖아요. 자기는 '잘 가라.' 하면서 자기는 섰는데 자기 발이, 나는 섰는데 자기 발이 가더래. 남편이 지금 막 '잘 있으라.' 하고서 가는데.

"내 발이 막 가드나."

그 말할 때 막,

"내 발이 막 가드나"

하면서, 그때 막 내 앞에서 이때까지 안 울던 아이가 글쎄,

"내 발이 막 가드나"

하면서 막 울더라고. 내 앞에서 그래. 내가 그때 막 같이

<u>"야, 이건 어디 UN에 가서 말해야 되니? 어디가 말해야 되니?</u>
<u>이거는 이렇게 우리를 돌봐주는 나라는 이렇게도 없고, 우리는 이</u>

렇게 아무것도 없냐, 우리는."

내가 그 여자하고 그렇게 말했지.[32]

식량난으로 굶어죽을 위기에 처한 젊은 부부가 노모와 네 살 아들을 북에 두고 두만강을 건너 중국인 민가를 찾아들면서 오누이 행세를 하기로 한다. 밥을 한술 얻어먹고 아내는 그길로 한족 노총각에게 인신매매를 당하고, 남편과 같은 방에서 천 하나를 사이에 두고 첫날밤을 보낸 사연을 직접 들은 제3자가 증언하는 내용이다. 인신매매 당한 여성은 지금껏 눈물 없이 이야기를 하다가 남편과의 이별의 상황에서 설움에 복받쳐 울더라는 것이다. 이 이야기를 구술하는 상황에서 제보자도 점점 감정이 격해지면서 결국은 울음을 터뜨렸다. 그리고는 자신들의 처지를 어디에다 하소연해야 하냐고 눈물로 위로했다고 끝맺고 있다. 탈북 여성들의 성적 유린 이야기는 최근의 사건들이다. 그래서 그 아픔에 대한 공명은 탈북 여성 전체에게 파급되고 있다. 자신이 겪은 일이 아니라도 유사한 고통의 환경에 노출된 공통의 경험을 가진 동지로서 갖는 연대감이라고 볼 수 있다. 동병상련의 심중은 결국 같은 위기의 상황에 처해 본 사람들에게서 가장 설득력을 갖게 되는 것이다. 그래서 그들에 대한 비난에 대해서도 공동으로 방어하는 자세를 갖기도 한다.

그리고 여기 우리 교수님이 우리 같이 있는 교수님이 재작년에
내가 막 와서 처음에야 날 보고 그러더라고 어제 저녁에 들어와서
"야 우리가 탈북자들을 앉혀 놓고 좀 이거 뭐야 이성에 대한
관계 같은 거 좀 정절에 관한 개념에 같을 걸 좀 배워주고 싶어줘
야 되겠어. 너무나 북한에서 온 여자들이 북한에도 남편이 있고,
중국에 와서도 또 남자랑도 살다가, 여기 와서는 흔하게 남편을

32 김종군·정진아, 앞의 책, 202~203쪽.

또 하고 그렇게 사는데, 그게 참 우리 조선 여자들로서는 안 되는 일이야. 너무나 지금 북한 여자들이 그걸 몰라."

그러더라고. 그래서 내가 우리 교수님 대단한 분 아니에요? 그래도 나는 앉아서리 단 바람에 우리 교수님 보고 그랬다고.

"교수님, 그런 말씀 하지 마세요. 어디다가 그 정절에 관한 그런 개념을 강요하자고 하는가고. 그 모에 띄아봐라(너도 그런 상황이 되어봐라). 그 모에 띄아보지 않고(너도 그런 상황이 되어보지 않고) 어떻게 감히 그런 말을 하냐. 너무 정절에 관한, 그게 사치다. 목숨이 오락가락하는 사지 판에, 어? 자기도 똑같은 상황에 취해 보지 않은 사람이 나서서 그 입장에 당했던 여자들 앞에서 그런 말 할 때 그 말이 마음에 들어가겠냐? 귀에 들어가겠냐? 그건 오히려 그 여자들을 욕되게 하는 거다."(중략)

내 한국 사람들보고 다 그 말해요.

"절대 그렇게 함부로 교양할라고 하지 말라."

내 말이 맞아요? 틀려요? 내 여기 와서는 정말 내 마음에 있는 말을 다 하니까 하지. 알아듣고 들어주니까 내가 이 말을 하지. 어떤 여자들은이 형제가 몇이가 다 홀애비로 사는 집에 드가서 오늘은 이 형이, 내일은 저 동생이, 그래 동거생활 했대. 중국에서 그렇게 팔려 당겨요, 여자들이.[33]

탈북 여성들의 정절을 문제 삼는 국내 탈북 지원 독지가에 대해 강력하게 반발했다는 이야기이다. 굶어죽을 처지에서 여성의 정조가 뭐가 그리 절실한가, 어린 자식이 배를 곯아 죽어가는 장면을 눈앞에서 본 사람이라면 이렇게 이야기할 수 없을 것이라는 하소연이다. 탈북이라는 특수한 상황에 처한 여성끼리 강력한 연대감을 다시 한 번 확인할 수 있는

---

[33] 김종군·정진아, 위의 책, 206~207쪽.

증언이라고 할 수 있다. 탈북민들이 겪은 고통의 상황은 분단체제 속에서 가장 현안이라고 할 수 있다. 그들이 탈북과정에서 겪었던 처절한 고통은 탈북 트라우마라는 개념을 만들어 낼 정도로 심각하다. 그러나 우리는 그들의 상황이 되어 보지 못한 입장에서 그들만의 특수성으로 몰아붙이는 경향이 있다.

탈북민들의 상황을 특수성이 아닌 보편성으로 인식하는 전환이 요청된다. 우리는 탈북민을 '미리 온 통일세대'라고 부르며, 다가올 통일체제의 시금석으로 추켜세우는 경향이 있다. 그러나 그들이 탈북과정에서 겪은 고통에 대해서는 그들만의 특수성으로 밀쳐두고 우리의 입장에서 그들이 국내에 적응을 하도록 유도하기도 한다. 한국전쟁기 한국의 여성들이 연합군에게 성적 유린당한 상황을 그려보면 그들의 처지도 크게 달라 보이지 않는다. 탈북민들만의 특수성을 보편적 고통으로 인식하고 연대하는 노력이 없다면 통일체제 속에서의 고통의 연대도 쉽지만은 않을 것이다.

분단체제와 한국전쟁 속에서 여성들이 겪은 성적 유린에 대한 증언을 고통의 연대 차원에서 사회적으로 담론화하는 일은 앞서 살핀 〈강도몽유록〉의 담론화나 확산 구조와 동일할 수 없다. 단일한 사건과 가해자에 의해 발생한 고통이 아니고, 그 고통이 성적인 수치심을 바탕으로 하기 때문에 피해 당사자들끼리의 담론 장 마련은 불가능하다. 그리고 아직 우리 세계는 분단체제 속에서 지체하고 있으므로 피해 사실을 자유롭게 고발할 수 있는 안전성도 확보되지 않은 경우가 많다. 이러한 상황을 고려하여 분단체제 속 통합서사의 사회적 담론화 모형을 다음과 같이 그려 볼 수 있다.

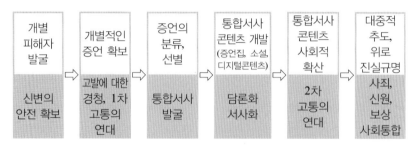

분단체제 속 통합서사의 사회적 담론화 모형

피해 당사자나 제3자로서 증언에 나설 제보자를 발굴하는 일이 우선
되어야 한다. 이 과정에서 신변의 안전은 반드시 확보되어야 할 조건이
다. 제보자들에게서 개별적인 증언을 확보하는 가운데 이루어지는 고발
을 경청하면서 1차 고통의 연대가 가능하다. 증언의 내용을 분류하고 진
실 여부를 확인하는 과정을 거치면서 통합서사를 발굴한다. 이를 원천소
스로 삼아 통합서사콘텐츠를 개발하는데, 활용도가 높은 다양한 콘텐츠
유형이 있을 수 있다. 1차적으로는 증언자료집·소설 등의 출판콘텐츠,
이를 2차 가공한 웹툰·영화·다큐멘터리 등의 디지털콘텐츠 등이 그것이
다.[34]

이를 통해 좀 더 확대된 사회적 담론을 형성하면서 보다 많은 피해자
를 담론의 장으로 끌어낼 수 있을 것이다. 통합서사콘텐츠가 사회적으로
전파 확산되는 과정에서 2차 고통의 연대를 이끌어낼 수 있다. 이를 통해
대중의 추도나 위로가 이루어지고, 더 나아가 국가 차원의 진실규명도
가능할 것이다. 그리고 그 결과로서 가해자의 사과를 통해 오해와 억압
속에 살아온 피해자는 신원의 효과를 얻을 수 있고, 보상까지도 도출할

---

[34] 이러한 통합서사콘텐츠 과정을 필자는 2014 인문브릿지 사업 "통합서사 구술아
카이브 구축 및 통일문화콘텐츠(웹툰) 개발"에서 추진한 바 있다. 분단 트라우마
를 간직한 구술 이야기에서 통합서사를 발굴하고 이를 2차 가공하여 웹툰 〈희希
스토리〉를 개발하였다.

수 있을 것이다. 이러한 일련의 과정이 곧 사회 통합의 한 모형이 될 수 있다.

통일을 염두에 두었을 때 우리는 통일 독일의 사례를 가지고 구성원들의 치유와 사회 통합을 논의하는 경향이 크다. 그러나 역사문화적인 차이가 크고, 정서적인 기질이 다른 독일의 사례를 우리의 통일에 적용하기에는 무리가 있다. 오히려 우리의 역사 속에서 사회 통합을 위한 문화적인 장치들을 발굴하여 현재의 통일문제에 적용하는 편이 보다 효과적으로 보인다. 우리의 역사에서 민족 내부의 분단이 있었고, 이를 통합하는 과정에서 전쟁도 치열했다. 외침에 따른 전쟁의 피해도 극심하여 피해 받은 사람들의 상처와 트라우마를 치유하려는 노력들이 필수적으로 잇따랐다. 이런 치유와 통합을 위한 역사문화적인 장치를 현대에 적용하는 일은 우리 고전의 가치를 드높이고, 우리의 서사 전통 속에서 사회 통합의 단초를 찾는 작업으로서 의미가 크다고 하겠다.

공감 능력을 통한
남북한 주민 간의 심리적 통합 방안 탐색

이범웅*

1. 공감 능력과 남북한 주민의 심리적 통합의 모색

　남북관계는 하루도 편안한 날 없이 진전과 퇴행, 정체와 교착, 화해와 불신의 롤러코스터를 되풀이했다고 해도 과언이 아니다. 대북포용정책 시기에도 일시적으로 화해 협력이 증진되었지만 남북관계 개선이 결코 순탄하지 않았다.[1] 갈수록 남북관계는 더욱더 꼬이고 있으며, 남북한 간

---

* 공주교육대학교 윤리교육과 교수.
1 김근식, 「남북관계의 제도화를 위한 근본적 접근: 포괄적 평화」, 『2014 한국정치학회 국제학술회의 자료집: 한반도 평화통일, 어떻게 만들 것인가?』, 한국정치학회, 2014, 277쪽.

의 적대의식이 더욱 팽배하고 있으며, 한반도 평화의 좌표가 표류하고 있다. 남북관계는 화해와 협력 대신 갈등과 대결로 점철된 지 꽤 오래됐다. 공동 번영 대신 항구적인 남북대결 구조 속에 빠져 있다.[2] 이제는 대북정책과 대북인식의 전환이 불가피한 때에 이른 것이다.

우리는 통일 그 자체보다 좋은 통일을 추구해야 한다. 좋은 통일은 준비 없이 찾아온 통일보다는 점진적인 통일로써 가능하다. 점진적인 통일은 남북한 주민이 통일을 위한 적응 기간을 갖도록 하는 것이다. 그리고 그동안 남한의 제도와 국민 의식도 통일 친화적으로 바뀌어야 한다. 통일이 점진적으로 이루어진다면 통일비용은 기하급수적으로 낮아지고 통일 이후의 사회 갈등도 크게 줄 것이다.[3] 통일은 개개인의 삶의 질과 행복을 키워주는 것이라는 인식을 가져야 한다. 통일은 대박이지만 작은 실천이 중요하다. 남북한 주민의 공감에 기초한 남북 대화와 협력만이 이를 가능케 한다. 우리는 이런 비전을 가지고 표류하는 한반도의 좌표를 다시 설정해야 하며, 어렵더라도 남북 대화와 협력의 길을 모색해야 한다.

이는 곧 분단 상황에서 분열되었거나 분열했던 개인들이 '한 마음'을 공유하는 일이다. 분단된 남북한은 그동안 적대적 관계로 서로 다른 체제에 적응해 오면서 어느새 화합하기 어려운 이질적 문화를 형성하고 말았다. 남북한이 이질적인 문화를 화합하는 일이 매우 중요하다. 우리 국민 중 다수는 통일 재원 마련을 통일 준비의 핵심으로 생각한다. 그러나 돈 문제가 통일의 가장 큰 걸림돌은 아니다. 모자라는 재원은 해외에서 차입할 수도 있고, 국채 발행을 통해 미래 세대와 비용을 나눌 수도 있다. 더욱이 장기적으로 통일의 이익은 비용을 초과할 것이기 때문에 부채 상환도 큰 문제가 되지 않는다. 그러나 누구에게도 빌릴 수 없지만

---

2 이종석, "한·미의 대북정책, 안녕한가?", 《중앙일보》, 2014.9.30.
3 김병연, "북한 경제 어디로 가나", 《중앙일보》, 2014.6.11.

통일에 결정적으로 중요한 것은 바로 공감 능력이다.[4]

우리 주변의 많은 조직이 효율성과 결과 위주의 조직 운영으로 서로 돕고 배려하는 문화와 공동체 정신의 결여, 개인주의적 성향 등으로 인한 공감 능력의 상실과 더불어 일부 지도층의 '공감 결핍 장애'의 위험성이 큰 것 또한 작금의 현실이다.[5] 크르즈나릭(Roman Krznaric)은 "이제까지 많은 사람들이 소비주의와 물질주의에 기반을 두고 뒤를 돌아보지 않고 살아왔지만, 이젠 그것이 자신의 행복을 보장해주지 않는다는 것을 조금씩 깨닫기 시작하면서 물질로 채울 수 없는 부분을 채워주는 것이 곧 공감"이라고 했다.

또한 공감은 협동과 팀워크를 원활하게 만들어 조직을 변화시키는 중요한 요인이다. 그러나 공감을 당연한 것으로 받아들이고 어느 정도 공감을 간과하고 무시했다. 그리고 학교에서나 사회에서 공감을 육성하는 데 시간도, 노력도 거의 투자하지 않았다. 또한, 남의 아픔이나 어려움을 그저 '무능'으로 치부해 버리고, 상대의 마음도 전혀 읽지 못하고, 부적절한 언행으로 상대를 불편하게 하거나 무시하면서 원활한 인간관계를 맺지 못하며 살아가고 있는 것이 현실이다.

그리고 인간 사회는 어쩔 수 없이 서로 갈등하며 살아갈 수밖에 없고, 양보와 타협은 곧 패배라는 인식이 있어 왔다. 메아리 없는 나 홀로의 권리 주장이 난무하고 서로를 배려하는 마음이 부족했다. 이제 공감의 회복은 우리 시대의 요청이다. 공감은 사회의 근본적인 변화를 이끌어내고 우리 삶에 더 큰 깊이를 주고 의미를 부여할 수 있는 강력한 기제이다. 또한 공감은 지난 세기가 우리에게 유산으로 물려준 자기 몰입적 개인주의를 바로잡아줄 치료약이다.[6] 공감은 직업적 치료사나 상담사만의 전유

---

4 김병연, "통일은 돈이 아닌 공감에서 시작된다", 《중앙일보》, 2014.8.14.
5 김무영, "우리 사회 '공감' 물결 넘치길", 《대전일보》, 2014.11.6.
6 로먼 크르즈나릭, 김병화 옮김, 『공감하는 능력』, 더 퀘스트, 2014, 30쪽.

물이 아닌, 일상생활에서 모든 사람이 실천해야 하는 능력인 것이다.

공감은 아주 극단적인 맥락에서도 생길 수 있을 뿐만 아니라 개인의 삶을 변모시키고 사회변화에 기여하는 힘이기도 하다. 이 '공감'의 메커니즘은 우리가 우리와 닮은 사람들에게 더 쉽게 공감하도록 만든다. 앞서 언급했던 것처럼 많은 것을 공유하다 분단된 남북한 간의 통일을 위해 그리고 통일 이후 심리·문화적 통합을 위해서도 공감 능력은 필수적이다. 이런 전제하에 본고에서는 공감에 대한 전반적인 의미와 내용을 한 장으로 다룰 것이며, 남북한의 통일 노력과 남북한의 이질화 현상을 또 다른 장으로 다룰 것이다. 마지막으로 공감 개념과 남북한 이질화 실상의 탐구를 통해 남북한 통일의 기초가 되는 심리적 통합 방안을 도출하고자 한다.

2. 공감에 대한 의미와 내용 탐색

(1) 공감 개념의 어의와 공감 윤리학

공감 개념은 19세기 말 독일어 Einfühlung에서 처음으로 나왔는데, ein(안에)과 fühlen(느끼다)이 결합된 말로, 미학에서 '들어가서 느끼다'라는 의미로 사용되었다. 영어에서는 독일어 Einfühlung을 처음에는 그리스어 empatheia로 번역했는데, 나중에는 empathy로 바뀌었다. empatheia는 안을 뜻하는 em과 고통이나 감정을 뜻하는 pathos의 합성어로, 문자 그대로는 안에서 느끼는 고통이나 감정을 의미한다. 이 용어는 1972년에 피셔(Robert Vischer)가 최초로 사용했다.

결국 공감이란 '아, 그럴 수 있겠다.', '이해가 된다.', '이심전심(以心傳心)' 등의 표현에서 나타나는 바와 같이 상대방의 느낌, 감정, 사고 등을 정확히 이해하고, 이해된 바를 정확하게 상대방과 소통하는 능력을 말한다.[7] 사실 공감(empathy)이라는 용어 자체는 미술 분야에서 나왔다. 미술작품을 감상하려면 작품 속으로 들어가서 무언가를 느껴야 하는데 '들어가(em) 느낀다(pathos)'는 말이 '공감(empathy)'으로 다듬어진 것이다. 미술, 음악, 무용, 연극, 영화, 문학, 드라마, 쇼 등 삶을 표현하는 모든 활동이 관객과 독자의 '공감'을 얻기 위하여 많은 노력을 기울이고 있다.[8]

심리학에서 쉽게 볼 수 있는 공감의 이해 방식에는 두 가지가 있다. 바로 '관점 수용으로서의 공감(인지적 공감: cognitive empathy)'과(와) '공유된 감정적 반응으로서의 공감(정서적 공감: affective empathy)'이(가) 그것이다.[9] '정서적 공감'은 다른 사람의 감정을 공유하거나 반영하는 문제다. 유사한 개념인 동정심은 공유되지 않는 감정 반응의 전형적인 예다. 따라서 공감은 다른 사람의 처지가 되어보고, 그들의 감정(정서적 측면)과 관점(인지적 측면)을 이해하고, 그 이해를 활용해 우리의 행동을 인도하는 과정을 포함한다.

동정은 타인의 감정과 감정을 유발한 원인을 공유(공감)하는 것이라기보다는 타인이 이미 경험한 감정에 대해 동정심을 느끼는 것을 의미한다. 현실에서 두 가지 공감 형식은 서로 긴밀하게 뒤엉켜 있어 엄밀하게 구분하기는 어렵다. 유사한 개념으로 자비(compassion)가 있다. 자비의 라틴어 어원은 '다른 사람과 함께 고통을 겪음'을 뜻한다. 공감에서는 타인들의 고통만이 아니라 기쁨까지 공유한다. 자비에서는 타인들과의 정서적 연결(그들의 감정 느끼기)이 강조되며, 대개 그들의 믿음·경험·견해가 우리 자신의 것들과 어떻게 다른지를 이해하기 위한 인지적 도약까지

---

7   http://terms.naver.com/entry.nhn?docId=1719808&cid=42063&categoryId=42063
8   박성희, 『공감』, 이너북스, 2014, 82쪽.
9   로먼 크르즈나릭, 앞의 책, 51~52쪽.

는 포함되지 않는다.[10]

다음에서는 공감에 대한 여러 학자들의 견해를 살펴보도록 하겠다. 먼저 아이젠버그(N. Eisenburg)는 공감의 세 가지 유형의 정서 반응을 구분했다. 첫째, 어떤 상황에서 사람들은 타인을 지향하는 것도 아니고 자신을 지향하는 것도 아니면서 마치 감전이 되듯 타인과 동일한 정서를 느끼는데 이를 공감 또는 정서적 감염(emotional contagion)이라고 한다. 둘째, 어떤 상황에서는 타인이 느끼는 정서와 반드시 동일한 느낌을 갖는 것은 아니지만 그 타인의 정서적인 상태나 복지를 증진시키려는 반응을 하는데 이를 동정 또는 동정적 고통(sympathetic distress)이라 한다. 셋째, 타인의 정서적 상태를 보고 자기 지향적인 염려나 근심을 갖는 것으로서 이를 개인적 고통(personal distress)이라고 한다.

타인을 볼 때 공감 반응이 먼저 일어나고 모종의 인지적 과정을 거치면서 관심의 초점이 그 대상에게 향하면 동정을, 자신에게 향하면 개인적 고통을 느낀다는 것이다. 공감은 원초적인 정서 공명 현상을 일컫고, 동정과 개인적 고통은 공감에 뿌리를 둔 대상 지향적인(object oriented) 정서반응이라는 해석이다. 타인의 느낌을 있는 그대로 체험하는 것이 공감이라면 그 타인을 위하여 무엇인가 도우려는 느낌이 동정이다. 동정은 공감에 바탕을 둘 수도, 두지 않을 수도 있다.[11]

스미스(Adam Smith)나 흄(David Hume)은 공감은 동정과 정서적 공통점을 갖고 있지만, 실제 둘의 내용은 전혀 다르다고 보았다. 수동적인 입장을 의미하는 동정과 달리, 공감은 적극적인 참여를 의미하여 관찰자가 기꺼이 다른 사람의 경험의 일부가 되어 그들의 경험에 대한 느낌을 공유한다는 의미를 갖게 되었다. 스미스는 그의 『도덕 감정론』에서 "이처럼 다른 사람에 대해서는 많이 느끼고 자기 자신에 대해서는 적게 느

10　로먼 크르즈나릭, 위의 책, 53~55쪽.
11　박성희, 『공감과 친사회 행동』, 문음사, 1997, 17쪽.

끼는 것, 다시 말해서 자기 자신을 위하는 사심(私心)을 억제하고 남을 위하는 자애심을 방임하는 것이 곧 인간의 천성을 완미(完美)하게 만드는 길이다. 그리고 이렇게 할 때 비로소 감정(sentiments)과 격정(passion)의 조화를 이루어 냄으로써 인류의 모든 행위를 고상하고 적절하게 할 수 있는 것이다. 우리 자신을 사랑하는 것처럼, 다만 우리 이웃을 사랑하는 것처럼 우리 자신을 사랑하라는 것은 자연계의 위대한 계율이다."라고 썼다.[12]

스미스는 "우리 자신을 사랑하라"는 것이 자연계의 계율, 즉 인간의 자연스러운 감정 상태임을 밝히고 있다. 그는 자기애가 인간의 본성 혹은 천성이라고 간주하고 있는 것으로 보인다. 다만 스미스는 여기에 "우리 이웃이 우리를 사랑할 수 있는 것처럼"이라는 '조화'의 단서를 붙이고 있다. 결국 자기애라는 인간이 가진 자연스럽고 이기적인 경향성은 타인과의 공존 가능성과 여지가 있을 때에 비로소 완성된다고 할 수 있을 것이다. 개인의 행위는 언제나 사적인 욕망에 기초하여 유발되어 공적인 활동으로 실현된다. 행위의 사적인 영역과 공적인 영역을 연결시켜 주는 것이 바로 공감이다. 공감은 인간이 타인에게 인정받을 방안을 모색하는 능력이며, 이를 통해 인간은 자신의 욕망을 성취할 가능성을 높일 수 있게 된다.

따라서 스미스는 도덕 감정의 기초는 인애(仁愛)가 아니라 모든 인간이 그가 속한 계층이나 계급에 관계없이 인간의 공감 능력이라고 보았다. 스미스에게서 공감 능력이란 자기를 타인과 동일한 입장에 놓고 타인이 느끼는 것과 동일한 것을 느낄 수 있는 상상 속에서의 역지사지 능력을 전제한다. 즉, 공감은 역지사지 능력에 기초한 제3자(방관자)의 감정일치를 의미한다.[13] 또한 호프먼(Hoffman)은 공감을 "자신의 상황보다 다른

---

[12] 애덤 스미스, 박세일·민경국 옮김, 『도덕 감정론』, 비봉출판사, 2014, 36~37쪽.
[13] 애덤 스미스, 위의 책, 672쪽.

사람의 상황에 더 잘 맞는다고 느끼게 만드는 심리적 과정의 엮임"이라고 정의한다.[14]

종합하면 공감은 상상력을 발휘해 다른 사람의 처지에서 보고, 다른 사람의 느낌과 시각을 이해하며, 그렇게 이해한 내용을 활용해 자신의 행동지침으로 삼는 기술이다. 동정심은 어떤 사람에 대한 연민이나 불쌍하다는 마음일 뿐, 상대방의 감정이나 시각을 이해하려는 노력은 담고 있지 않다. 공감의 '감(pathy)'은(는) 다른 사람이 겪는 고통의 정서적 상태로 들어가 그들의 고통을 자신의 고통인 것처럼 느끼는 것을 뜻한다.

공감 윤리학은 근본적으로 자신의 행위를 칭찬하거나 비난하는 관찰자의 입장에서 자신을 본다는 사실을 전제한다. 공감 윤리학은 공감을 통해 자신의 행위를 보는 다른 사람의 판단이나 태도에 직접 참여함으로써 스스로에 대한 윤리적 평가를 내리는 것이다. 셸러(Max Scheler)가 볼 때 공감 윤리학은 타자와의 공감이 선악 판단의 기준이지만, 어떤 공감 없이도 선 자체가 존재한다는 것이 셸러의 입장이다. 셸러는 윤리적 판단에 공감을 끌어들일 필요가 없으며, 나아가 공감을 끌어들이지 않는 것이 타당하다고 본다.[15] 셸러가 말하는 공감의 의미는 ① 타자의 체험에 참여하려는 나의 의식적 태도이며, ② 타자와 나 사이의 간격과 거리, 분리를 전제하고, ③ 타자를 나와 똑같은 실제적 존재로 인정한다는 사실이다. 그는 공감의 범주에 속하는 것은 '같이 느끼는 것'과 '함께 느끼는 것'일 뿐이고, 감정 전염이나 일체감은 진정한 의미에서의 공감이 아니라는 것이다.[16]

셸러에 따르며, 공감이란 타자의 느낌에 대한 나의 느낌이기 때문이

---

14 제레미 리프킨, 이경남 옮김, 『공감의 시대』, 민음사, 2010, 19~23쪽.
15 막스 셸러, 이을상 옮김, 『공감의 본질과 형식』, 지식을 만드는 지식, 2013, 13~14쪽.
16 막스 셸러, 위의 책, 20쪽.

다. 공감은 다음과 같은 두 단계에 걸쳐 일어난다. 그 하나는 타자의 심적 체험에 대해 따라 느끼는 나의 느낌이고, 다른 하나는 타자의 느낌이 포괄하는 가치태에 대한 나의 반작용이라는 것이다. 타자의 불행에 대해 우리는 같이 슬퍼하기보다 은근히 기뻐할 수도 있다. 이것이 바로 '잔인함'이다. 공감은 타자의 느낌이 향하는 가치태를 나의 느낌도 같이 지향하게 됨을 느끼는 것이다.[17] 미워하는 것, 악의적인 것, 가학적인 것을 보고 기뻐하는 것에 공감한다면, 그것은 확실히 도덕적으로 가치 있는 것이 아니다. 공감은 아무리 생각해도 원리적으로 가치 맹목적이라는 것이다. 이를 극복하기 위해 셸러는 공감의 정초 법칙을 제시하고 있다.

a) 일체감이 따라 느끼는 것에 정초한다.
b) 따라 느끼는 것이 공감에 정초한다.
c) 공감이 인간애(Humanitas)에 정초한다.
d) 인간애가 인격과 신에 대한 우주론적 사랑에 정초한다.

잔인한 사람은 윤리적으로 완전히 부정적인 가치를 띤다. 이에 반해 타자의 고통을 보고 기뻐하는 것은 일반적으로 우리가 고통을 보고 기뻐하기 때문에 윤리적으로 부정적인 가치를 지니는 것이 아니라 그 자체가 하나의 병적인 현상인 도착증이라는 것이다. 따라서 참된 공감 작용은 적극적인 윤리적 가치를 담지한다.[18] 공감 윤리학에 의하면 공감 그 자체만으로 결코 어떤 적극적인 가치를 지니지 못하며, 모든 윤리적 가치는 공감과의 관계에서 비로소 가치를 띠게 된다. 즉, 윤리적 가치의 실현은 공감을 수반한다는 것이다.

---

17 막스 셸러, 위의 책, 18~19쪽.
18 막스 셸러, 위의 책, 91~92쪽.

(2) 공감에 반하는 인간 본성에 대한 오해

홉스(T. Hobbs)는 "인간의 삶은 고독하고 불 품 없고 야비하고 잔인하다. 그리고 짧다."고 보았다. 로크(J. Locke)도 "인간이 태생적으로 탐욕적이어서 정신적, 육체적 노동을 들여 물질세계에서 필요한 것을 찾아 생산적 자산으로 고쳐 놓는 존재"라고 단정했다. 벤담을 위시한 공리주의자들은 "인간은 본래 물질적이어서 쾌락을 최대화하고 고통을 줄이려는 존재"라고 보았다. 초기 심리학자들도 역시 인간 본성을 논하면서 물질주의적 편견과 선입관을 버리지 않았다. 스미스와 마찬가지로 그들은 인간이 본래 경제적 이기심을 가지고 태어난다고 생각했으며, 다윈(C. Darwin)의 이론을 좇아 인간의 1차적 관심은 자신의 신체적 생존과 영속성이라고 보았다.

프로이트(Sigmund Freud)는 성적 만족의 충동이 너무 강렬하여 모든 외부의 현실이 성적 해소를 성취하기 위한 도구일 뿐이라고 말하면서, "인간은 모든 인간에 대해 늑대(Homo homini lupus)이다."[19]라고 설파했다. 그는 "인간은 온화한 생물이 아니라 공격적 성향을 갖고 있다."고 썼으며, 심지어 아기들도 자기 이익을 위해 무조건 달려든다고 주장했다. 이처럼 우리는 300년이 넘도록 자신이 누구인가 하는 것이 궁극적으로 이기심에 의해 결정된다는 지배적인 견해에 푹 젖은 채 지금 여기에 와 있다. 이런 사상가들의 지적 공격이 계속 이어진다면 인간에게 이기심 못지않게 공감의 장치도 갖추어져 있다는 견해가 싹을 틔우고, 꽃을 피울 기회는 거의 없어질 것이다.[20] 인간의 본성을 이렇게 이기적·공격적·자기중심적 관점에서는 공감이 끼어들 여지가 없었다.

그러나 인쇄술과 과학의 발달로 소설이 자아를 반성하는 도구였다면,

---

19 제레미 리프킨, 앞의 책, 63~65쪽.
20 제레미 리프킨, 위의 책, 48~50쪽.

전화는 잡담을 나누며 여성의 공감대를 형성해 주는 도구였다.[21] 신문명은 여성들에게 마음과 지평을 넓히고 여성성을 찾을 수 있는 길을 열어 주었다. 아울러 자아에 눈을 뜨고 자아에 대한 새로운 해석이 등장하게 되었다. 흄은 비둘기의 일부분이 늑대나 뱀의 요소와 반죽되어 우리 모두의 체질 속에 들어가 있다고 썼다. 〈종의 기원〉이 출간된 뒤, 다윈은 진화 과정에서 협력과 호혜성이 경쟁만큼이나 필수적이었다고 확신하게 되었다.[22] 스미스는 이기심과 더불어 인간의 도덕적 감수성은 고통받는 자와 상상 속에서 처지를 바꾸어볼 수 있는 정신 능력에서 온다고 썼다.

야코보니(Marco Iacoboni)도 인간에게 공감은 내재되어 있으며, 공감이 인간의 본성이고 우리를 사회적 존재를 만들어준다고 주장했다. 페어베언(W. R. D. Fairbairn)은 성숙된 자아를 개발하는 데 중요한 역할을 맡고 있는 것은 공감이며, 공감이 없으면 자아를 형성하는 과정에서 좋지 못한 결과를 초래한다는 것이다. 코후트(Heinz Kohut)는 인간의 파괴성은 아이가 적절한 공감에서 비롯되는 반응을 원하는데도 자기 대상이 이를 충족시켜 주지 못할 경우에 나타난다고 보았다. 공격성은 엄마나 아빠든 아니면 부모 둘 다이든 의미 있는 타자 쪽에서 공감을 충분히 해 주지 않아서 자아 대상과의 관계가 꽃피우지 못하는 것을 의미한다. 코후트는 부모의 공감적 반응이 미약하거나 아예 없으면, 아이의 발달은 억제된다. 이런 상태에서 충동은 당연히 강한 유형이 되고, 파괴적 분노가 아이의 마음에 자리를 잡는다.[23]

양육과 애착 행동의 근본적 변화, 더 길어지는 사춘기, 다양한 사람이나 사회와 문화의 접촉, 자꾸 넓어지는 세계적 네트워크, 갈수록 더해가는 경제의 상호의존성, 그리고 더 국제화되는 생활 방식 등이 공감 인

---

21 제레미 리프킨, 위의 책, 67~68쪽.
22 로먼 크르즈나릭, 앞의 책, 48~50쪽.
23 로먼 크르즈나릭, 위의 책, 74~76쪽.

식을 보편화하는 데 기여한다. 인간은 본질적으로 공감적이며, 이타심은 다른 사람에 대한 우리의 공감적 배려의 가장 성숙한 표현이라는 사실을 분명히 알 수 있다. 예일 대학교의 한 연구는 한 살이 채 안 된 아이들도 친절하고 착한 행동과 반사회적이고 불친절한 행동을 구분할 수 있다는 사실을 보여준다.[24] 인간에게 공감 자아가 있다는 최근의 발견은 현대과학에서 가장 놀라운 사건 가운데 하나다. 이제 공감의 시대를 열어가는 것은 개인적으로나 사회적으로 이 시대의 중차대한 과제이다.

(3) 현대 사회에서 공감이 필요한 이유

기업과 단체의 리더들에게 공감의 능력이 중요시되며 공감 능력이라는 것이 새로운 화두로 떠오르고, 호모 엠파티쿠스[25]라는 말이 화제가 되었을 정도로 공감의 중요성이 부각되고 있다.[26] 인간관계를 윤택하고 풍부하게 해 주는 공감의 중요성은 더 말할 나위가 없다. 공감은 이렇게 사람 사이의 모든 '관계'를 가능케 하는 필수적인 기능이다. 공감은 와해된 인간관계를 회복시켜 주는 힘을 갖고 있으며, 우정을 깊이 있게 만들고 새로운 친구를 선사한다. 자기계발 사상가 코비(Stephen Covey)는

---

[24] 로먼 크르즈나릭, 위의 책, 161~163쪽.

[25] 인간은 공감(empathy)의 동물이다. 우리는 타인의 행동을 온몸으로 이해할 수 있는 능력을 가진 사회적 존재이다. 게다가 공감의 범위를 호모 사피엔스만으로 한정 짓지 않는다. 동물의 권리에 대한 인식이 점점 높아지면서 동물과 깊은 교감을 나누는 사람들도 점점 늘어나고 있다. 미래학자 리프킨(J. Rifkin)은 인간의 본성과 사회의 미래를 다룬『공감의 시대(TheEmpathic Civilization)』(2009)에서 인간이 이와 같이 세계를 지배하는 종이 된 것은 자연계의 구성원 중에서 인간이 가장 뛰어난 공감 능력을 갖췄기 때문이라고 말한다. 그는 이러한 인간을 '호모 엠파티쿠스(Homo Empathicus)'라고 부른다. 장대익, "거울 뉴런과 공감 본능" http://terms.naver.com/entry.nhn?docId=1968078&cid=42406&ca tegoryId=42406

[26] 박솔리, "모두가 행복해지는 공감 연습, '상대방의 마음을 헤아리는 지혜'",《한국일보》, 2014.11.25.

'공감 소통'이 인간관계를 개선하는 데서 핵심 열쇠 중 하나라고 주장한다.[27]

이처럼 공감의 중요성과 필요성에도 불구하고 현대 사회의 공감 의식은 점점 약화되고 있다는 경고음이 들리고 있다. 크르즈나릭에 따르면 1980년에서 지금까지 미국의 젊은이들 사이에서 공감 수준이 대폭 낮아졌다고 한다. 그중에서도 지난 10년간의 감소폭이 가장 컸다. 미국인 10명 중 1명은 타인의 삶에 별 관심이 없는 나르시시스트의 성격을 보여준다. 많은 분석가가 공감 수준이 낮아지고 나르시시즘[28]이 증가하는 이유로 유럽의 국가들에서까지 도시화가 진행됨에 따라 공동체가 조각나고 시민으로서의 참여도가 줄어들며, 개인주의가 심화되는 추세를 꼽았다.

소셜 네트워크의 발달과 인터넷 문화의 확산에 힘입어 역사상 그 어느 때보다 많은 사람이 서로 연결되고 세계에 대한 인식도 높아졌다고 생각하는 사람이 많다는 점은 특히 더 걱정스럽다. 페이스북은 수백만 명이 넘는 사용자를 끌어들였지만 공감이 감소하는 추세를 뒤집지 못했다. 아니, 오히려 공감의 결핍을 가속화했는지도 모른다. 소셜 네트워크는 정보를 퍼뜨리는 능력은 뛰어나지만 공감을 퍼뜨리는 능력은, 적어도 지금까지는 그리 뛰어나지 못했다. 캘리포니아대학교에서 행한 한 연구는 부유한 사람일수록 공감 정도가 낮음을 보여주었다.[29]

---

27 로먼 크르즈나릭, 앞의 책, 26쪽.

28 나르시시즘(narcissism) 또는 자기애(自己愛)는 정신 분석학적 용어로 자신의 외모, 능력과 같은 어떠한 이유를 들어 지나치게 자기 자신이 뛰어나다고 믿거나 아니면 사랑하는 자기중심적 성격 또는 행동을 말한다. 이는 대부분 청소년이 주체성을 형성하는 동안 거쳐 가는 하나의 과정이기도 하며, 정신 분석학에서는 보통 인격적인 장애 증상으로 본다. 자기의 신체에 대하여 성적 흥분을 느끼거나, 자신을 완벽한 사람으로 여기면서 환상 속에서 만족을 얻는다. 이 단어의 유래는 물에 비친 자신의 모습에 반해서 물에 빠져 죽었다는 그리스 신화에 나오는 나르키소스의 이름을 따서 독일의 네케가 만든 용어이다.(두산백과사전 http://terms. naver.com/entry.nhn?docId=1073993&cid=40942&categoryId=31531)

29 로먼 크르즈나릭, 앞의 책, 23~25쪽.

우리나라도 예외는 아니다. 한국인의 공감 능력은 바닥 수준이다. 2010년의 세계 가치관 조사에 따르면 한국 응답자의 40%만 관용과 타인에 대한 존중을 자녀 양육 시 가르쳐야 할 중요한 덕목에 포함하고 있다. 이는 스웨덴의 87%, 미국의 72%, 일본의 65%에 크게 뒤졌을 뿐 아니라 이집트, 우크라이나, 중국보다 낮아 조사 대상 52개국 중 최하위 수준이었다.

또한 "사회의 유익을 위해 일하는 것은 중요하다."라는 말에 동의하는 정도로 볼 때 한국은 꼴찌에서 두 번째에 머물렀다. 반면 물질주의 정도를 보여주는 한 지표에서는 한국보다 1인당 소득이 높으면서 더 물질주의적 성향을 보이는 나라는 없었다.[30] 이를 통해서 알 수 있듯이 우리의 공감 능력은 다른 나라에 비해 낮은 것으로 조사되었으며, 물질적 풍요에도 불구하고 정신적으로 불행하다고 느끼는 원인으로 작용한다고 볼 수 있다.

정치적·민주적 폭력, 종교적 불관용, 빈곤과 굶주림, 인권 탄압, 지구온난화 등의 위기에 대처하고 사회적 분열을 메우기 위해서는 공감의 힘이 절실히 필요하다. 또한 공감을 현재 심리학 교재에서 전형적으로 서술하는 것처럼 단지 개인들 간의 관계에 국한된 문제가 아니라 사회적·정치적 지형의 큰 틀을 변화시킬 수 있는 집단적 힘으로 고려해야 한다. 공감이 "당신을 좋은 사람으로 만들어줄 뿐만이 아니라 당신에게 이로운 일이기도 하다."는 사실을 인식해야 한다는 말이다. 공감은 동식물에게도 작용하는 것이다. 콩나물은 헤비메탈을 틀어 주면 머리가 다 갈라진다고 한다. "벼는 농부의 발걸음 소리를 듣고 큰다."는 속담도 이런 공감 현상을 지적한 것이다.[31] 공감은 이 세상 사람을 행복하게 해주고 세상을 살맛 나게 해주는 중요한 가치이다.

30 김병연, "북한 경제 어디로 가나", 《중앙일보》, 2014.6.11.
31 박성희, 앞의 책(2014), 70쪽.

3. 남북한의 통일 노력과 이질화 실상

(1) 남북한 통일 정책의 변화

남북한의 통일 정책의 변천과 핵심 내용을 알아보도록 하겠다. 먼저 남한의 경우 1960년대에 '선 건설, 후 통일'의 기치를 내건 박정희 정부는 1970년 8월 15일 '평화통일 기반 조성을 위한 접근방법' 구상을 통해 대화와 교류를 통한 남북관계 개선, '선 평화 후 통일' 등의 노선을 내세웠다. 1973년 '6·23 평화통일외교선언'에서는 평화통일 노선 위에서 상호 내정 불간섭 및 상호 불침략, 남북대화 지속 노력, 남북한 국제기구 동시 참여 및 유엔 동시가입 불반대, 이념과 체제가 다른 국가에 문호개방 및 개방 촉구 등을 밝혔다. 다음 해인 1974년 8월 15일 ① 평화정착을 위한 상호 불가침 협정 체결, ② 문호 개방, 신뢰회복을 위한 남북대화의 성실한 진행과 다각적 교류, 협력 실현, ③ 토착 인구비례에 의한 남북한 자유총선거 등 '평화통일 3대 기본원칙'을 천명했다.

이어 전두환 정부는 1982년 2월 1일 서울-평양 도로 연결, 이산가족 상봉, 설악산, 금강산 자유 관광 공동구역 설정, 공동어로 구역 설정 등 사회개방 및 교류협력 분야 이외에 긴장완화 분야에서 비무장지대 공동경기장 시설 마련과 이용, 자연생태계 공동학술조사, 군사시설 완전철거, 군사책임자 간 직통전화 설치 및 운용 등 20개 시범실천사업을 제안했다. 이어 들어선 노태우 정부는 1988년 7월 7일 민족자존과 통일번영을 위한 특별선언 (7·7선언)에서 적극적인 남북 교류협력의 추진과 한반도 평화정착 여건의 조성을 위해 북한의 미국과 일본 등 한국의 우방과의 관계 개선에 협조할 용의가 있음을 밝혔다. 7·7선언은 "남북대결의 시대를 청산하고 폐쇄된 북한 사회를 개방으로 유도하며, 그 상호관계를 협력관계로 전환하여 남북관계를 '선의의 동반자 관계'로 승화시키려는"

의도가 있음을 밝혔다.[32]

김대중 정부 들어 '햇볕정책'을 내세웠다. 정책목표는 "평화, 화해, 협력의 실현을 통한 남북관계 개선"으로 제시되었다. 햇볕정책 3원칙으로는 무력도발 불용, 흡수통일 배제, 가능한 분야부터 남북화해·협력 적극 추진을 핵심 전략으로 채택했다. 이어 등장한 노무현 정부는 햇볕정책을 계승했으며, 남북 공동번영과 동북아 공동번영의 동시 추구를 목표로 삼았다. 상호 신뢰 우선과 호혜주의를 추진 원칙의 하나로 내세웠다. 이명박 정부는 김대중 정부와 노무현 정부 기간 동안 나타난 남북관계의 외형적 성장이 질적 발전을 이끌어내지 못했다고 보았다. 남북관계를 실용과 생산성의 기준에 따른 성과를 내도록 추진하고 원칙에 철저할 것을 강조하면서 소위 '원칙 있는 남북 관계 발전' 정책 목표를 담은 '비핵·개방·3000 구상'을 제시했다. 이명박 정부의 대북정책에서는 전략적 유연성을 찾을 수 없었다.

박근혜 정부의 대북정책은 남북관계가 "북한의 도발→위기→타협→보상→도발의 악순환"의 반복에 따라 불안정한 평화와 대결 구도에서 빠져나오지 못한다고 보았다. 박근혜 정부는 "대화와 교류협력 중심의 포용정책과 원칙 중심의 대북정책 모두가 북한의 의미 있는 변화를 이끌어내지 못했다."는 평가를 대북정책 추진의 배경으로 들고, "신뢰를 바탕으로 북한의 변화를 이끌어내겠다."는 '한반도 신뢰프로세스'를 제시했다. 역대 한국 정부는 대북정책 구상에서 신뢰구축, 평화공존, 평화정착, 평화체제 등 평화의 문제를 대북정책의 목표로 제시했다. 우리 정부는 기본적으로는 기능주의적 통합을 추진했으며, 역대 정부에 따라 대북정책의 추진 방향의 변화가 있어 왔다.

북한의 통일 정책은 '조국통일 3대헌장'에 담겨 있다. 조국통일 3대

---

32 박영호, 「남북관계와 신뢰구축 이론」, 『2014 한국정치학회 국제학술회의 자료집: 한반도 평화통일, 어떻게 만들 것인가?』, 한국정치학회, 2014, 82~83쪽.

헌장은 ①자주, 평화, 민족대단결의 조국통일 3대원칙, ②고려민주연방공화국 창립 방안(고려연방제), 그리고 ③조국통일을 위한 전 민족 대단결 10대 강령을 말한다. 북한이 주장하는 자주는 주한미군 철수이며, 평화는 한·미 군사연습 중단이며, 민족대단결은 남한 사회에서 국가보안법 철폐, 공산당을 옹호하는 활동의 자유로운 허용 등을 말한다.

'고려연방제'의 핵심은 남북한의 사상과 제도를 그대로 둔 상태에서 "하나의 민족, 하나의 국가, 두 개 제도, 두 개 정부"의 통일국가를 성립시키자는 것이다. 현재의 상태를 통일로 보는 것이며, '고려연방공화국'이라는 단일 국호를 사용하자는 것이다. 전 민족 대단결 10대 강령은 "현존하는 두 제도, 두 정부를 그대로 두고 각 당, 각 파, 각계각층의 모든 민족 구성원들을 대표할 수 있는 범민족 통일국가를 창립"하려는 것으로 북한의 통일전선전술의 전형적인 투영이라고 할 수 있다.

남북한 교류와 협상을 통해 7·4 남북 공동성명, 남북 기본 합의서, 6·15 공동 선언, 10·4 공동 선언 등을 공동으로 합의하여 발표했다. 그러나 남북 간 합의 사항은 언제든 휴지조각이 되었고, 심지어 정상회담의 합의 사항마저도 쉽사리 폐기 처분되었다. 남북관계를 중단시키고 퇴보시키고 합의를 이행하지 못하는 근본 원인은 제도화의 미비가 아니라 남북관계 자체가 안고 있는 정치·군사적 대결이라는 근본 구조 때문이다. 남북관계의 제도화를 위해서는 정전 체제의 군사적 대치 상황을 해소하고 분단 체제의 정치적 대결 관계를 개선하는 근본적 접근이 병행되어야 한다.[33]

원치 않는 분단으로 인해 남과 북은 상대방을 타도와 적대의 대상으로 자리매김하고, 이를 자신의 내부 통치에 활용해왔다. 체제 우위에 있는

---

33 이효원, 「남북관계 제도화 방안: 법제도를 중심으로」, 『2014 한국정치학회 국제학술회의 자료집: 한반도 평화통일, 어떻게 만들 것인가?』, 한국정치학회, 2014, 273쪽.

쪽은 언제나 열세에 놓인 상대방을 흡수 통일하려 하고, 반대로 힘의 열세에 놓인 쪽은 어떻게든 우위에 있는 상대방의 영향에서 벗어나려 할 수밖에 없었다. 분단 이후 1970년대까지 북한이 남한을 공세적으로 적화 통일하려 했던 것은 그래서 오히려 자연스러운 일이었다.

마찬가지로 1990년대 이후 체제경쟁에서 완전히 승리한 남한이 거듭된 체제위기에 봉착한 북한을 흡수하려 했던 것 역시 누구도 부인할 수 없는 것이었다. 열세에 놓인 쪽이 어떻게든 상대방에게 흡수되지 않기 위해 안간힘을 쓰고 체제유지에 나서는 것 역시 당연한 것이었다. 힘에서 밀리는 북한은 '우리 민족끼리'와 '민족공조'를 내세우지만 이 역시 전략적 의도는 남한으로부터 얻을 것은 얻되 북한체제를 위험하게 하는 체제 영향력을 최대한 차단하면서 남측의 흡수통일 공세를 막아냄으로써 북한체제를 유지하려는 것이었다.

햇볕정책이라는 자유주의적 접근도 체제 우위에 선 남측이 자신감을 갖고 북에게 화해 협력과 평화 공존을 내세우는 것이고, 경협과 교류를 통해 북한의 대남 의존을 더욱 심화시킴으로써 북한의 체제 변화를 유도하고 결국은 자유민주주의로의 평화통일을 이루려는 전략적 접근이고 보면 그 바탕에는 힘의 관점에 의거한 '현실주의'가 자리 잡고 있음을 알 수 있다.[34] 결국 남북관계의 본질은 힘의 관점에서 정의되는 현실주의인 것이다. 그래서 남북관계는 본질적으로 갈등의 속성을 가질 수밖에 없다.[35] 남북한은 서로 수용하기 어려운 주장들을 줄기차게 상대방에게 요구하고 있지 않았나 하는 반성할 시점에 와있다.

이지수 교수의 주장에 따르면 대한민국은 망하려야 망할 수 없는 나라

---

[34] 김태현, 「남북한 관계의 '이상'과 '현실': 현실주의 국제정치이론의 입장에서 본 남북한 관계」, 『2000년도 한국정치학회 추계학술회의 자료집』, 한국정치학회, 2000, 12~13쪽.
[35] 김근식, 앞의 논문, 278~279쪽.

이지만 북한의 김정은 정권은 도무지 무너질 수 없는 정권이라는 것이다. 대한민국이라는 국가는 국가가 망하기 전에 먼저 정권이라는 범퍼가 충격을 흡수하고, 새로 교체된 정권을 통해 국가는 운영된다. 정권은 유한하되 국가는 영원하다. 반면에 북한은 국가가 엉망이 돼도 이에 대한 책임을 물을 수 있는 제도가 없다. 국가는 망해 가도 정권이 무한한 까닭이다. 이미 망한 국가를 강성정권이 붙잡고 있는 셈이다. 대한민국이나 북한 모두 정도와 관점의 차이가 있지만, 국가적 위기의 순간을 겪고 있다. 가장 중요한 국민 혹은 인민의 입장에서 본다면 양자의 미래에 대한 관건은 정치체제의 차이가 무엇보다 중요한 것은 분명하다.[36] 북한은 국가의 붕괴가 진행되고 있지만 정권은 건재하다.

(2) 남북한의 이질화 현상

위에서 살펴본 바와 같이 남북한의 정부 차원의 차이 외에도 주민들의 가치관이나 심리·문화적 차원에서도 많은 차이점이 존재한다. 북한 이탈 주민과 서울 시민 각각 150명을 대상으로 한 최근의 조사 결과에 따르면 북한 이탈 주민의 평균적인 인지 능력은 서울 시민의 절반 이하에 머물고 있다. 또한 미로를 푸는 게임을 했을 때도 서울 시민은 5분 동안 8개 중에서 중간 난이도 미로 2개를 포함해 평균 4개를 푼 반면, 북한 이탈 주민은 쉬운 미로 2개를 푸는 데 그쳤다. 통일로 가는 동안 남한이 해야 할 것은 명확하다.

남한은 북한의 인적 자본의 증진에 최선을 다해야 한다. 북한 주민, 특히 영·유아와 청소년이 건강하게 자라도록 도와야 한다. 또한 북한 학생들이 결석하지 않고 충분히 학습할 수 있도록 돕는 것도 중요하다. 경

---

36 이지수, "망하지 않을 한국, 무너지지 않을 김정은 정권", 《중앙일보》, 2014.5.4.

제특구나 공단을 조성해 북한 근로자를 채용해서 숙련도를 제고하고, 자본주의 근로 의식을 갖게 하는 것도 효과적이다. 나아가 북한의 정책결정자, 지식인들이 경제개방과 시장경제 환경을 이해하고 받아들이도록 장려할 필요가 있다. 통일대박은 남한뿐 아니라 북한의 준비, 무엇보다 사람의 준비에 달려 있다.[37] 그래서 준비 없이 들이닥친 통일은 행운이 아니라 재앙이 될 수도 있다.

우리 국민들의 대북 인식에도 적잖은 문제점이 있다. 이는 탈북 여대생 박연미 씨의 영국 의회 증언에서도 잘 드러난다. 그녀의 증언에서 "한국 자살률은 OECD 국가 중 최고 수준이지만, 탈북자들의 자살률은 그보다 3배 더 높다."며, "한국 땅에서 살아가는 게 얼마나 힘든 일인지 단적으로 보여주는 수치"라고 말했다. 박씨는 "한국인들은 늘 나에게 사람 고기를 먹은 적이 있는지, 간첩은 아닌지, 그게 아니라면 왜 한국에 들어왔는지를 물었다."고 했다. 대학 강의실에서 자신의 신분을 모르는 한 교수가 '탈북자들은 잠재적 테러리스트'라고 말했던 일화를 들려주기도 했다.[38] 탈북자들에 대한 남한 국민들의 편견이 얼마나 심각한지 잘 말해주고 있다.

남북한 현실의 측면에서 밤이면 북한이 지도에서 사라지고 남한은 빛의 섬이 되는 위성사진은 정서적 거리가 그만큼 아득함을 반증한다. 불켤 여유가 못 돼서 생기는 빛의 분단이니 체형의 분단은 불가항력이다. 남한의 또래들보다 머리 하나는 작고, 10kg 이상 덜 나가는 북한의 10대는 남한의 청소년들과는 거의 다른 인종이 돼버렸다. 남쪽이 청년실업과 업무 스트레스, 노후불안에 떨 때, 북쪽은 굶주림과 질병, 처형의 두려움에 몸서리친다. 목숨과 바꾸지 않거나 최소한 목숨을 걸지 않고는 벗어

---

37 김병연, "점진적인 통일이 좋은 통일", 《중앙일보》, 2014.9.11.
38 이재준, "장마당(시장경제) 무너지면 98%가 굶어죽을 것...국제사회, 처참한 탈북자들에 관심을", 《조선일보》, 2014.11.1.

날 수 없는 원초적 공포이다.

그런데 남쪽 사람들은 북쪽 형제들에게 관심이 없다. 오히려 다른 나라들이 나서 북한에 대한 주의를 환기시킨다.[39] 남북한의 이질화를 넘어 북한에 대한 혐북(嫌北), 염북(厭北) 의식이 남한 국민들에게 만연되고 있는 것이 현실이다. 이대로 둔 채 통일은 불행한 통일일 수 있으며, 한갓 물리적 결합일 뿐이다. 서로에 대한 증오, 적대감, 반감 등을 완화하고 공감대를 확산하는 노력이 정말로 필요한 시점이다.

4. 공감을 통한 남북한 주민의 심리적 통합

전 장에서 공감 개념의 의미와 필요성에 대해 살펴보았다. 그리고 남북의 통일 정책 변화 과정과 남북한의 이질화 현상에 대해 간단하게 살펴보았다. 이 장에서는 공감을 통해 남북한의 문화 심리적 통합의 방안을 모색해 보고자 한다. 공감 회로가 손상되면 타인들이 무엇을 느끼는지 이해하는 능력이 줄어든다. 진화 생물학자들은 인간이 영장류 사촌들과 똑같이 공감하고 협력하는 사회적 동물로 자연스럽게 진화해 왔음을 보여주었다.

이제 인간됨의 핵심에 공감이 있음을 깨닫기 시작하면서 '자기 자신 우선주의'라는 열망은 낡은 사고방식이 되었다. 크로즈나릭에 따르면 지금 "나는 생각한다, 따라서 나는 존재한다."고 말하는 데카르트 시대에서 "네가 존재한다, 따라서 내가 존재한다."고 말하는 공감의 시대로 넘어가는 대이동의 길목에 서 있다는 것이다.[40] 그는 공감 능력이 뛰어난

---

39 이훈범, "갠 날 돛을 고치지 않으면 통일은 대박 아닌 쪽박", 《중앙일보》, 2014.2.28.
40 로먼 크르즈나릭, 앞의 책, 18쪽.

64 | 제1부: 고통의 공감과 연대를 위하여

사람들의 6가지 습관을 제시했다. 6가지 공감 능력의 습관에 따라 남북한 주민의 심리적 통합의 방안을 탐색해 보도록 하겠다.

첫 번째 습관은 두뇌의 공감 회로를 작동시킨다. 자신의 정신적 프레임을 바꿔보는 습관을 갖는 것이다. 공감이 인간 본성의 핵심에 있으며, 평생에 걸쳐 확장될 수 있다는 것을 우리는 인식할 필요가 있다. 앞에서 논의한 것처럼 혐북(嫌北), 염북(厭北) 의식이 우리 국민들 사이에 퍼져 있다. 이것이 남남갈등의 심화와 함께 확산되었고, 남북관계 개선에 대한 동력과 기대는 상당 부분 사라졌다. 남북관계가 지속되면서 한국 사회에는 북에 대한 염증과 혐오가 지속적으로 증대되는 기이한 결과가 나타났다.

남북관계가 악화되면서 역설적이게도 관계 개선의 필요성 대신 대북 강경론과 북한 책임론이 지배적인 여론으로 자리 잡은 셈이다. 3대 세습을 목도하고, 핵실험을 지켜보고, 천안함 사태와 연평도 도발을 당하면서 국민들은 혐북 의식과 염북 의식이 확고히 자리 잡게 되었다. 북한과는 잘 지낼 수 없다는 회의가 깊어졌고, 북한은 어찌해볼 수 없는 집단이라는 인식이 확산되었다.[41] 이와 같이 남한 국민들의 북한을 바라보는 관점은 단순히 싫은 것을 넘어 혐오와 염증을 지니고 있다는 점이다. 이런 의식의 틀을 바꾸려는 노력이 첫 번째 단계에서 해야 할 습관이다. 이 단계는 발상의 전환을 의미하는 것이다. 즉 북한 당국과 주민을 분리해보는 관점의 전환이 필요하며, 북한 주민들의 눈높이에서 바라보고 공감하려는 노력이 필요하다.

두 번째 습관은 '상상력을 발휘해 도약'하는 것이다. 타인의 처지에서서 그들의 인간성과 개성, 관점을 인정하려고 의식적으로 노력하는 습관이다. 여기서는 '타인'에는 '적'까지 포함한다. 북한 주민의 관점에서

---

41 김근식, 앞의 논문, 282쪽.

이해하려는 것을 의미한다. 북한 주민에 대한 정확한 공감적 이해를 하려면 그만큼 북한 주민이 사용하는 낱말의 의미, 그 낱말에 담겨 있는 역사적 맥락 등을 정확하게 파악하여야 한다. 공감적 이해는 북한 주민들이 사용되는 낱말들에 대해 정확히 이해하며 듣는 것이다.

공감적 이해는 '나와 같아지라'고 상대방을 몰아가지 않고 상대방이 전개하는 논리를 있는 그대로 존중하며 충실히 따라가는 것이다. 북한에서 사용하는 민족, 평화, 자주, 민주 등은 우리와 그 의미를 달리 사용되고 있다. 그 낱말의 개념이 왜 다르게 사용되었는지를 이해해야만 제대로 된 의미의 소통이 이루어질 수 있을 것이다. 그렇다고 우리가 북한 주민의 사유방식이나 행태를 무비판적으로 수용하자는 것은 결코 아니다. 차이를 인정하는 가운데 그들의 애환에 대해 공감대를 확장하자는 것이다.

세 번째 습관은 새로운 체험에 뛰어드는 것이다. 자신의 삶과 문화와 상반되는 것들을 직접 체험, 공감여행, 사회적 협력 등을 통해 탐사한다. 공감은 상대방을 이해하고 함께 느끼면서 결국 상대방에게 도움을 주는 행동으로 완성된다. 북한 음식을 먹어본다든지, 북한 문화를 직접 체험해 볼 기회를 가져보는 것이 이 단계에서 해야 할 일이다. 지금은 어렵지만 남북관계의 개선에 따른 금강산과 같은 북한 지역의 여행도 중요하다. 그리고 스포츠 분야에서 남북한 단일팀 구성을 통해 서로 협력하는 과정에 대한 간접적 체험을 하는 것도 중요하다. 남북 어느 쪽이든 홍수나 태풍과 같은 천재지변을 당했을 때 서로가 도와주려는 노력을 기울이는 것도 향후 남북한 통일과 남북한 주민의 심리적 통합을 위한 시금석이 될 것이다.

네 번째 습관은 대화의 기교를 연마하는 것이다. 낯선 사람들에 대한 호기심, 철저하게 듣는 습관, 그리고 감정을 가리는 가면을 벗어던지는 습관을 키우는 것이다. 공감 능력이 우수한 사람들의 가장 놀라운 습관 한 가지는 다른 인간들에 대해 끊임없이 호기심을 갖는 것이다. 타인에 대한 호기심을 최고의 미덕으로 승격시켜야 한다. 그것이 공감에 이르는 문을 열어주는 열쇠이기 때문이다. 이제 우리의 집단적 상상력에 불을 붙이고 새로운 공감의 시대로 들어갈 수 있게 도와주는 아이디어는 공감 대화이다.

남북한이 쌍방 지향적 관계를 하나하나 만들어나갈 때 상대방에 대한 돌이키기 어려운 신뢰를 쌓을 수 있다. 특히 남북 대화와 교류·협력은 상호성의 관계를 발전시키고 그러한 방식의 관계 발전이 신뢰를 누적하여 관계의 강도와 심도가 강화되는 선순환의 관계 발전으로 전환될 때야 비로소 남북관계는 정상화의 단계로 진입할 수 있으며, 더 나아가 통일의 길로 한 걸음 한 걸음 나아갈 수 있을 것이다.

북한 사회나 주민에 대한 무관심이나 방관의 자세가 아니라 끊임없는 관심과 그들의 삶에 대한 호기심을 가지고 알아보려는 마음의 자세가 중요하다. 공감을 위해서는 우리가 먼저 말하기보다는 진정한 경청의 자세가 중요하다. 북한 당국자나 주민의 이야기에 귀를 기울이려는 자세는 서로의 공감과 신뢰를 쌓아가는 데 있어서 매우 중요하다. 현재 상황에서는 탈북자들의 말에 귀를 기울여 공감해주는 우리의 진심 어린 자세는 그들 또한 우리에게 공감하고 다가서려는 반응을 보여주게 될 것이다. 따라서 북한 이탈 주민의 말에 귀를 기울여 주는 것도 통일을 위한 연습이다.

다섯 번째 습관은 '안락의자 여행자'가 되어 보는 것이다. 예술·문화·영화, 그리고 소셜네트워크 시스템(SNS)을 통해 다른 사람의 마음속으로 여행을 떠나보는 것이다. 사회문화 분야에서 동서독 교류협정의 부문별 순서를 보면, 정치이념의 영향을 가장 작게 받는 체육 분야(1974)가

제일 먼저 이루어졌고, 그 다음에 문화 분야(1986) 그리고 과학기술분야 (1987)의 순으로 이루어졌다. 문화 교류에서 가장 활발했던 부문은 동서독이 공히 세계적인 수준의 역량을 가지고 있던 연극과 음악 공연이었다.

반면에 미술 분야는 협력에 한계가 있었다. 동독 미술이 추구했던 "사회주의적 사실주의"는 서독 주민의 관심을 끌지 못했다. 학술 분야에서도 인문사회 분야의 협력은 이념적 문제로 인하여 한계가 있었다.[42] 남한 주민들도 북한의 사회주의 사실 문학과 예술에 큰 감응을 갖지 못할 것이다. 문화·예술 분야에서 공감 이전에 얼마나 다른가를 확인하는 것도 중요한 첫걸음일 것이다. 오늘날 남한의 드라마나 영화를 여러 경로를 통해 북한 주민들이 입수하여 보는 것으로 알려지고 있다. 남북한 주민들이 문화·예술을 접해봄으로써 서로의 심리 세계를 확인할 기회를 갖게 될 것이다.

여섯 번째 습관은 주변에 변혁의 기운을 불어넣는 것이다. 대규모의 공감을 이끌어내어 사회의 변화를 만들어내고, 나아가 경계를 넘어서까지 서로를 포용할 수 있도록 공감의 폭을 넓히는 것이다.[43] 통일을 이루기 위한 공감대 형성 과정은 먼저 남한 내부의 공감대가 형성되고, 다음으로 남북한 주민 간의 공감대가 형성되고, 마지막으로 국제 사회의 공감대가 형성되어야 할 것이다. 그동안 우리는 국민적 동의 없이는 평화도 통일도 어렵다는 값진 교훈을 얻었다. 따라서 우리의 통일 정책 추진을 위한 국민적 동의의 과정을 소홀히 해서는 안 된다.

지난 역대 정권에서는 한결같이 국민의 동의의 과정을 무시했다. 결과는 남남 갈등의 심화요, 통일논의의 퇴색이었다. 남한 내의 공감대 형성

---

42 고상두, 「독일 기민당과 사민당의 통일 기여도에 관한 비교평가」, 『2014 한국정 치학회 국제학술회의 자료집: 한반도 평화통일, 어떻게 만들 것인가?』, 한국정치학회, 2014, 110쪽.
43 로먼 크르즈나릭, 앞의 책, 18~19쪽.

이 되지 않은 채 정부 차원에서 추진되다 보니 동력이 떨어질 수밖에 없었다. 분단은 우리 사회의 모든 갈등과 분열의 근원이기도 하다. 이 때문에 우리의 통일론은 남북통일이 가져다줄 이익의 관점에만 머물러서는 안 된다. 갈라진 민족의 통합을 위한 심리적 프로젝트가 돼야 한다. 일정 부분 남북한 주민의 희생이 요구된다. 경제적 희생뿐만 아니라 이데올로기적 고정관념의 희생이 무엇보다도 필요하다. 왜냐하면 이러한 희생은 종국적으로 우리 모두에게 이익이 될 것이기 때문이다.[44] 그렇게 될 때 남북한 주민이 공감하는 통일이 이루어질 수 있을 것이다.

그리고 앞서 이야기했듯이 국제 사회의 한반도 통일에 대한 암묵적 또는 가시적 공감이 형성되지 않은 상태에서의 통일은 가능하지 않을 것이다. 특히 한국은 통일을 추진하는 과정에서 미국과 중국뿐 아니라 일본과 러시아의 협조가 필요하다는 점을 감안한 지혜로운 외교 전략이 필요하다. 정부는 통일이 한국뿐 아니라 주변국에도 '이익'이 될 수 있다는 점을 설득할 수 있는 국제적인 '통일 비전'을 제시해야 한다.[45] 따라서 진정한 통일을 위해서는 주변국들과의 공감의 파도를 잘 넘어가야 할 것이다. 그래야 한반도 통일의 기운이 용솟음칠 것이다.

지금까지 6가지 공감 능력의 습관에 따라 남북한 주민의 심리적 통합의 길을 탐색해 보았다. 이외의 공감 능력을 통해 남북한 주민 간의 심리적 통합 방안을 탐색하고자 한다. 공감은 단순히 추상적인 목표가 아니라 생활방식이 되어야 한다.[46] 우리가 살아가면서 공감대를 하나하나 넓혀 나가는 뚝심 있는 자세가 필요하다. 그런 의미에서 김근식 교수의 중년 부부론은 의미하는 바가 크다 하겠다. 너무 좋아하지도, 너무 미워하

---

44 장달중, "통일 대박은 이익인 동시에 숭고한 의무다", 《중앙일보》, 2014.3.8.
45 차학봉, "한반도 통일에 대한 일본의 불안", 《조선일보》, 2014.1.20.
46 리처드 보이애치스·애니 맥키, 전준희 옮김, 『공감 리더십』, 에코의 서재, 2007, 46쪽.

지도 않는 냉정한 실리추구의 남북관계가 이제는 적절하고 필요할지 모른다.

김대중·노무현 시기가 서로 죽고 못 사는 신혼과 연애의 남북관계였고, 이명박 정부 시기가 서로를 원수처럼 여기는 증오와 권태의 남북관계였다면 앞으로 남북관계는 일희일비하지 않고 끈기와 인내로 서로에게 익숙해가는 덤덤한 중년의 부부 사이가 오히려 나을지 모른다. 무던하게 서로 대화하고 서로 논쟁하고 가능한 합의 지점을 찾기 위해 만나고 또 만나는 데 익숙해야 한다. 과도한 애정과 지나친 분노는 이제 수면 아래로 내려놓아야 한다. 이제 남북은 끈질기게 마주 앉아 결국은 합의를 도출해내는 고진감래의 남북관계에 익숙해야 한다.[47]

공감적 관계가 제대로 발전하려면 자신을 드러내고 연결점을 찾지 않으면 안 된다. 공감은 상호 교환 위에 세워진다. 우리가 상대방 앞에서 스스로를 개방하면 십중팔구 그들도 우리에게 자신을 개방할 것이다.[48] 그렇지 않으면 다들 입을 꾹 다물고 감정을 절제하는 유형으로 굳어질 수 있다는 말이다. 우리는 프로이트 혁명이 가져다준 선물을 환영해야 한다. 그 혁명은 성적 불안감이든, 외로움의 감정이든, 고통이든 사람들이 자신에게 진정으로 중요한 이슈를 놓고 더 열린 마음으로 이야기할 사회적 공감을 넓혀줬다.[49] 사람들은 의외로 감정적 개방성과 솔직함에 감동받는 경우가 많기 때문에 취약성 노출의 위험을 감수할 때 오히려 긍정적인 반응을 얻을 수 있다는 것이다.

리프킨도 사회적 진화의 각 단계에서, 의사소통의 1차적 기능은 공감의 확장을 통해 신뢰감, 친밀한 관계, 사회적 결합을 이룩하는 것이라고 설파했다.[50] 이런 관점에서 남한 사회의 장단점을 있는 그대로 이야기할

---

47 김근식, 앞의 논문, 288쪽.
48 로먼 크르즈나릭, 앞의 책, 189~190쪽.
49 로먼 크르즈나릭, 위의 책, 127쪽.

때, 북한도 대화의 장에서 좀 더 진정성 있는 대화를 하려고 할 것이다. 당장 가시적인 성과가 없더라도 인내를 가지고 더 진솔하게 대화에 임할 때 북한도 언젠가는 자신들의 마음을 열게 될 것이다. 우리의 고정 관념과 편견을 가지고 북한을 바라보고 대화할 때, 그 대화는 공감을 확대하기보다는 지금까지 그랬던 것처럼 더욱더 깊은 골만 확인하는 악순환만 거듭할 것이다.

우리는 내면 들여다보기와 외부 내다보기 사이에서 균형을 더 잘 잡아야 한다. '외성(外省, outrospection)'은 자기 자신 밖으로 나가 타인들의 시각으로 그들의 삶을 탐구함으로써 나는 누구인지, 어떻게 살아갈 것인지를 알아내려는 생각이다.[51] 안쪽을 들여다보는 것과 바깥을 내다보는 일 사이에서 균형을 더 잘 잡아야 한다. 공감이 사회 변화를 위한 힘으로서의 혁명을 달성하기를 바란다면 더 깊은 곳에서 문화적 변화를 일으켜야 한다. 길을 건널 때 양쪽을 살피는 것처럼 평소에도 다른 사람의 눈으로 세계를 보는 것이다. 공감 능력을 확대하기 위해서는 내성과 외성의 균형이 필요하다.

이는 북한을 바라볼 때도 내성의 관점과 외성의 관점을 균형 있게 바라보아야 한다. 내성의 관점에서만 바라볼 때 북한의 특수성과 고유성을 그대로 인정하게 될 것이다. 내성의 관점을 통해 우리가 북한 주민들의 인간성(인격과 고유성)을 인정하지 않는다면, 그래서 북한 주민들을 우리 자신보다 열등한 존재로 대한다면 공감은 시들고 죽어버린다. 그러나 그 내성의 관점만 고집한다면, 북한의 문제점이나 개선점을 눈감아버리게 될 것이다.

반대로 외성의 관점은 북한에 대해 외부자의 시각으로만 재단하는 문제점을 갖게 될 것이다. 그럼에도 불구하고 다른 사람의 시각에서 바라

---

50 제레미 리프킨, 앞의 책, 127쪽.
51 로먼 크르즈나릭, 앞의 책, 30쪽.

볼 수 있는 능력과 감정을 공유한 상태에서 공통점을 확인하는 것은 남북 간의 평화를 불러오는 최고의 약이다. 따라서 이 두 관점이 균형을 이룰 때 북한에 대한 공감 영역은 확대될 것이다. 현재 상황에서 북한과 공감해 보는 것은 엄청나게 어려운 일이지만 궁극적으로 큰 보상을 가져다준다.

그리고 모욕을 당하면 내면의 공감 본능의 스위치가 꺼진다. 따돌림당해 존재감을 못 느끼고 자신의 가치를 찾지 못하는 상태에서는 다른 사람의 곤경 앞에서 공감의 문을 열 수 없다. 모욕감을 주는 것은 그의 인간성을 빼앗는 행위이다.[52] 또한 드 발(Frans de Waal)은 폭력과 인종주의 문화의 기초를 무너뜨리고, 도덕적 관심의 한계를 넓힐 힘이 공감에 있다고 믿는다. 공감은 우리에게서 제노포비아(외국인 공포증)라는 저주를 몰아낼 수 있는 인간적 레퍼토리 내의 무기라는 것이다.[53] 우리 자신도 편견과 정형화라는 왜곡 렌즈를 통해 보는 탓으로 사람들을 오판하는 일이 얼마나 잦은지 생각해 보아야 한다.

수치심을 고쳐주는 치료제는 공감이다. 공감과 이해심으로 반응해 주는 누군가에게 자신의 사연을 털어놓을 수 있다면 수치심은 사라진다. 우리는 공감하는 사람들로 둘러싸여 있을 때 공감을 가장 잘 확장할 수 있다. 공감 능력이 뛰어난 사람들이 타인에 대한 배려를 대화에 반영하며, 자기 이익만이 아니라 타인들의 이익과 행복에도 집중하려고 노력하는 것도 그 때문이다. "당신 주위에서 가장 성공한 사람들의 행동과 사고방식을 보면, 그들이 공감의 역할을 대단히 잘 이해하고 있다는 걸 알 수 있을 것이다."[54] 왜냐하면 공감 능력은 전염성이 강하기 때문이다.

남북한의 경제적 격차나 인권 문제 등으로 수치심이나 국제사회의 왕

---

52 제레미 리프킨, 앞의 책, 149쪽.
53 로먼 크르즈나릭, 앞의 책, 65쪽.
54 로먼 크르즈나릭, 위의 책, 198쪽.

따가 되는 현 상황은 남북관계에서 바람직하지 않다. 과거 서희가 소손녕과 담판을 지을 때 활용했던 것은 시사하는 바가 크다. 서희는 상대의 논리를 따라가다가 어느 순간 그 논리를 역이용하여 상대를 뒤집어 놓고 자기 뜻을 관철하고 있다. 북한의 특수성과 고유성을 공감하면서도 그들의 생각이나 정책에서 문제가 있는 것을 진정성을 가지고 이야기할 때 그들도 변하려는 노력을 조금씩 하게 될 것이다. 예를 들어 경제는 법칙이며, 꼼수도 없고 제3의 길도 없다는 것을 인식시킬 필요가 있다. 사유재산제와 시장 교환, 기업 활동의 자유가 없는 체제는 어떤 방법으로도 살릴 수가 없다는 것을 지속적으로 북한 당국에게 이해시킬 필요가 있다. 대내적 개혁 없이 대외적 부분 개방만으로 북한이 성공할 수는 없다[55]는 것도 알도록 인내를 가지고 노력해야 할 것이다.

통일 이전에 서독은 '상호이익의 균형'이라는 기본 원칙이 준수되고 있는지를 감독하는 위원회 설치를 관철했다. 서독의 연방의회는 동독의 인민회의와 공식적인 접촉과 교류를 거부하는 입장을 견지했다. 그 이유는 인민의회가 민주적인 자유선거에 의해 선출되지 않았으므로 민주적인 정통성이 없다고 보았기 때문이다. 이처럼 서독은 국내적으로 퍼주기 논란에 빠지거나 동독체제의 비민주성을 외면한다는 비판을 받지 않도록 노력했다.[56] 우리의 경우도 북한의 아킬레스건을 의도적으로 건들지 않고, 서로의 자존심을 훼손하지 않으면서 교류 협력하는 세밀한 대북정책을 조율하는 노력이 필요하다. 과거 정부에서 퍼주기라는 비판도 남한 내부의 대북 입장에 대한 공감대를 훼손할 뿐만 아니라 북한의 대남 정책을 추진하는 데 있어도 일관적이지 못한 신호를 보내게 된 결과의 초래를 교훈으로 삼아야 할 것이다.

---

55 김병연, "북한 경제 어디로 가나", 《중앙일보》, 2014.6.11.
56 고상두, 앞의 논문, 110쪽.

5. 결론: 통일을 위한 공감 능력의 향상

그동안 우리는 본질적으로는 이기적인 동물이며, 좋은 삶은 소비적 쾌락과 물질적 부에 달려 있다는 것에 중점을 두어 왔다. 이제 그와 다른 대안으로 우리의 눈을 돌려야 한다. 다른 대안은 바로 공감이다. 많은 철학자와 사회 사상가는 오래전부터 공감이 우리의 도덕적 세계의 경계를 확대해 나가는 가장 효율적인 수단이라 여겨왔다. 최근 들어 인류학자들 역시 공감적 사고가 전 세계문화의 도덕적 규범을 더 강화해 준다는 사실을 알아냈다.[57] 공감하기 위해서는 더 가까이 다가가야 하고, 귀 기울여야 하고, 혼이 담긴 시선으로 바라보아야 한다. 그것이 공감의 시작이다.

공감의 능력을 배양하고 공정과 배려의 삶을 배우지 못한다면 통일은 오지 않을 것이며 오더라도 큰 고통을 수반할 것이다. 좋은 통일은 정책과 돈으로만 되는 것이 아니라 우리 사회의 품격이 만들어 가는 것이다. 우리는 북한 주민에게 공감의 능력으로 다가갈 수 있어야 한다. 우리의 통일관도 경제적 이익과 유불리만 따지는 차원에 머물러서는 안 된다. 북한 주민의 아픔을 공감하고 그들의 고통을 근원적으로 치유하는 방법으로서 통일을 바라볼 수 있어야 한다.[58]

우리 사회에는 통일에 대해 다양한 시선이 공존한다. 그중에는 구체적인 청사진 없이 이루어지는 통일은 오히려 두렵다는 시선도 있다. 경제적으로 보면 지금 당장 남북이 통합을 시작할 경우 2030년에는 1인당 국내총생산(GDP)이 3만5천700달러에 육박하고, 2050년까지 가면 세계 4위의 경제력을 가질 것이라는 기대감도 있다. 그러나 우리 내부의 공감 없이 당장 통일이 될 경우 '같은' 마음을 품은 '같은' 나라의 국민이 되기

---

57 로먼 크르즈나릭, 앞의 책, 27~28쪽.
58 김병연, "통일은 돈이 아닌 공감에서 시작된다", 《중앙일보》, 2014.8.14.

어려운 실정이다. 게다가 상호 적대감은 통합에 매우 위험한 요소이기도 하다.

그러므로 남북한의 통합은 서로 다른 문화적 배경을 전제로 추진되어야 하며, 상호 공감대 형성의 과정을 밟아야 한다. 구체적으로 이를 위해 인성교육을 통한 남북한의 공감대 형성은 통일을 위한 효과적이고 근본적인 방안이다.[59] 세계에서 가장 물질 지향적인 남한 주민과 가장 집단주의적인 북한 주민이 만나 섞여 살면 그 파열음은 상상을 초월할 것이다. 이제부터라도 가정과 학교, 사회에서 사람이 얼마나 소중한지 가르치고 체득하지 않는다면 통일을 하더라도 사회 통합은 기대하기 어려울 것이다.[60] 우리는 민족 공동체의 일원으로서 인생에 부여된 의미를 느끼며 살아온 민족이다. 하지만 지금 이런 의식은 약화되고 있으며, 목전의 이익에 밀려나고 있는 것이다.

통일의 공감대 형성을 위해서 북한 당국과 북한 주민을 분리해서 접근하는 노력도 병행해야 한다. 독일 사례에 비추어 통일은 북한 정권과 대화하거나 교류 협력만으로는 달성될 수 있는 것이 아니라는 점도 인식할 필요가 있다.[61] 이산가족 상봉, 모자(母子) 패키지 사업, 민생을 위한 인프라 지원 등 인도적 문제와 북한 주민 삶의 질 개선에 관심을 기울여야 한다. 그리고 북한 당국과 협상·합의하지 않고도 북한 동포를 위해 우리가 할 일을 해나가려는 방법도 찾아야 한다. 그런 노력이 쌓이고 쌓일 때 우리는 북한 주민의 신념이나 원리에 동의하지 않으면서도 그들의 세계관을 이해할 수 있다.

그리고 남북한 간의 갈등과 긴장이 완전히 해소되지는 않았을지라도, 서로를 더 많이 알게 되면 섣부르게 판단하지 않고 상황에 현명하게 대

---

59 이영숙, "좋은 성품문화로 접근하는 통일교육의 방향", 《경기신문》, 2014.5.28.
60 김병연, "통일은 돈이 아닌 공감에서 시작된다", 《중앙일보》, 2014.8.14.
61 염돈재, "독일 통일 교훈 올바로 이해한 드레스덴 연설", 《조선일보》, 2014.4.5.

처하리라는 것은 분명하다. 지금까지 우리 남한 내부에서도 통일이 국내 정치에 포로가 되어 내부 분열의 소재가 되고 있다. 남한 주민들 간의 한반도 통일과 북한에 대한 정보의 갭을 줄여 공감의 폭을 늘리는 것도 통일의 여정에서 반드시 필요한 과제이다. 그렇게 될 때, 남한 내부에서 부터 통일을 위한 공감대를 형성해나갈 수 있을 것이다.

제2부

상흔의 신체, 치유의 공동체

형이상학적 죄로서 무병(巫病)

현기영의 〈목마른 신들〉 읽기

이재승*

1. 작가 현기영

제주의 밭에서 건져낸 돌로 쌓아올린 밭담이 중국의 만리장성보다 길다고 한다. 4·3사건을 둘러싼 사연들은 밭담보다 길어서 화산섬이 사라지더라도 끝도 없이 물살을 일으키지 않을까! 말문을 닫고 그 바다를 떠도는 원혼들이 있으니 바로 '목마른 신들'이다. 작가 현기영의 유쾌함이라면 그 혼령들의 깊은 상처에 응답하리라. 작가는 이 세계의 불행을 제거하기 위해 언어를 사용할 책무를 지고 있다. 언어는 인간들 사이에 소통을 가능하게 하고 인간을 더 높은 곳으로 인도하기 때문이다. 그래

---

* 건국대학교 법학전문대학원 교수.

서 작가란 현실에 밀착해 있으면서도 초월을 꿈꾸므로 영락없는 실존주의자이기도 하다. 그런데 이러한 책무는 특출한 역량과 경륜을 지닌 작가에게 한정된 것이 아니라 모든 인간에게 타당하지 않을까. 자아에 대한 성찰, 역사적 책임감, 한 마디로 진정성의 의무는 인간이라면 누구에게나 똑같이 성립하기 때문이다. 아마도 소설가 현기영은 현실에서 이러한 책무를 다하는 모범적인 사례이다. 그는 〈순이삼촌〉, 〈바람 타는 섬〉, 〈변방에 우짖는 새〉, 〈마지막 테우리〉, 〈지상에 숟가락 하나〉 등을 통해 4·3사건과 제주도 민초의 삶에 천착해 왔다. 어쩌면 제주 4·3사건의 희생자들, 제주 산야에 떠도는 '목마른 신들'이 작가 현기영을 영매로 보유했다고 말할 수 있을 정도이다. '4·3의 작가'라는 낙인이 그의 어깨에 무거운 돌을 하나 더 지우는 것이라 우려되지만, 그렇게 규정받으면 또 어떠랴! 진짜 중요한 것은 자신의 영혼에 박힌 가시를 밀치며 어떠한 세계를 열망하는지가 아닐까?

이 글은 현기영의 작품집 『마지막 테우리』에 실려 있는 〈목마른 신들〉과 〈쇠와 살〉 두 편을 논평의 소재로 삼았다. 두 작품은 모두 1992년에 발표되었다. 〈목마른 신들〉은 국가범죄의 청산과 화해를 고민하는 사람들에게는 여러모로 흥미로운 작품이다. 〈쇠와 살〉은 여러 짧은 일화들을 엮어 4·3사건의 서사를 완성하고 있기에 역사기술자로서 작가의 비장함을 엿볼 수 있다. 처음에는 〈쇠와 살〉을 조정래 선생의 『태백산맥』 같은 대작을 위한 작가노트 쯤으로 여기다가 『인디오 파괴의 약사(略史)』에 견주어도 보았다.[1] 〈쇠와 살〉은 작가의 진실규명 의지에서 나온 르포 형식의 소설이자 10여 년 뒤에 세상에 나오게 된 진상조사보고서의 예행연습과도 같다. 그 작품을 발표한 해가 1992년이라면 아마도 작가는 1999

---

[1] 예수회 신부였던 라스 카사스는 16세기에 스페인 정복자들의 만행을 인류에게 전하기 위하여 희생자의 관점에서 기록했다.(Bartolome de las Casas, *A Short Account of the Destruction of the Indies*, Penguin, 2004.)

년의 제주 4·3특별법의 제정이나 2003년의 〈제주4·3사건진상조사보고
서〉의 발간까지는 예상치 못했을 것이다. 어쨌든 '쇠와 살'의 명징한 대
비에서 세상에 대한 작가의 의식이 신랄하게 다가온다. 필자는 그 의미
를 글의 막바지에서 국가폭력 이후 시대를 살아가는 사람들에게 온전히
되돌려 보겠다.

문학이든, 법학이든, 인간의 정신을 다루는 학문이라면 본질적으로 해
석적인 활동이다. 해석활동은 텍스트, 작가의 의도, 발생의 맥락뿐만 아
니라 해석자의 맥락까지 교차시키는 작업이다. 문학작품, 법령, 성서까
지도 정신의 창조물인 동시에 정신의 창조적인 해석을 기다리는 반제품
이다. 물론 해석의 대상들 간에 존재하는 차이를 애써 무시할 수 없지만,
정신 활동의 역사는 재해석과 변혁의 영구적 과정이다. 그래서 해석은
작가가 앞서 생각했던 바를 해석자가 나중에 생각해보는 것(Nachdenken
eines Vorgedachten)이 아니라 작가가 생각했던 바를 해석자가 궁극에까
지 생각하는 것(Zuendedenken eines Gedachten)이라는 법철학자 라드브
루흐의 통찰[2]에 따라 현기영의 작품을 읽어보겠다.

6·25 전쟁을 전후하여 특히 전쟁 초기에 대한민국 군경은 전국적으로
민간인에 대해 대규모 학살을 자행했다. 지난 노무현 정부 아래서 설치
된 '진실화해를 위한 과거사정리위원회'의 진실규명 작업을 통해 학살의
윤곽이 드러나기에 이르렀다. 제주 4·3사건은 그러한 학살의 서막이었
다. '목마른 신들'은 다른 말로 하면 구천을 떠도는 원혼들, 무참하게 찢
기고 망각된 존재들을 의미하며, 소설은 바로 그러한 목마른 신들이 벌
이는 인정 투쟁이자 화해극이라고 할 수 있다. 목마른 신들에는 억울한
희생자, 학살자, 무고한 매개물, 화해자가 등장한다. 제주 4·3사건에서
억울하게 죽은 열일곱 살 영수의 혼령, 학살자였던 서북청년단 노인, 억

2　구스타프 라드브루흐, 최종고 옮김, 『법철학』, 삼영사, 2002, 159쪽.

울한 혼령의 자장에 갇혀 죄를 상속받은 서청 노인의 손자, 화해자로서 심방 등이다. 어쨌든 열일곱 순수의 세 인물(영수, 심방, 손자)이 시간을 가로질러 기억과 상처를 뚫고 공명하며 '애도의 정치'3, '죄의 정치' 또는 '화해의 정치'4를 펼쳐간다.

유신시대에 발표된 〈순이삼촌〉(1978)에서 작가는 살아남은 자의 고통을 견디지 못해 꿩약을 먹고 생을 마감한 주인공을 통해 독자들에게 피해자들의 절망을 응시하도록 촉구했다. 이 작품은 4·3사건의 본질을 두고 당시 지배이데올로기에 맞서 홀로 분전을 펼친 작가의 결기를 느끼게 하고 이로 인해 작가가 겪었던 고초도 짐작하게 한다.5 이 작품에서 작가

---

3 애도(Trauer)의 의미에 대해서는 지그문트 프로이트, 윤희기·박찬부 옮김, 『정신분석학의 근본개념』, 열린책들, 2014, 243~265쪽; 애도의 정치를 통해 의문사진상규명위원 회의 활동을 고찰한 연구로는 정원옥, 「국가폭력에 의한 의문사 사건과 애도의 정치」, 중앙대학교 박사학위논문, 2014; 권창규, 「어떤 죽음을, 어떻게 슬퍼할 것 인가: 세월호에 대해, 세월호로부터」, 『진보평론』 제61호, 메이데이, 2014, 22~36쪽.

4 야스퍼스의 '죄의 정치'에 아렌트의 '화해의 정치'를 대비할 수 있겠다. 아렌트는 정치와 도덕, 공적인 영역과 사적인 영역의 구분 위에서 정치를 논했으며, 야스퍼스의 형이상학적 죄 개념도 반정치적(anti-political)이라고 거부했다. 감상주의적인 죄의 정치가 개인적 감정에 치중하여 인간들 간의 '사이공간'을 위축시키고 정치의 영역에 죄라는 절대적 기준을 도입함으로써 정치적 타협을 불가능하게 만든다고 보았다. 특히 모두가 죄인이라는 논리는 누구에게도 책임을 추궁하지 못하게 하여 모두를 무책임하게 만들면서 현실도피를 조장한다고 보았다. 죄는 반정치적이며, 정치에서 하나의 악이라고 판단했다. 물론 아렌트의 지적이 액면 그대로 야스퍼스에게 적중하지는 않는다. 야스퍼스도 집단적 죄를 부인했다. 그는 도덕과 정치의 상호교착을 주목하고, 도덕적 쇄신 없이는 정치적 자유도 불가능하며 새 출발을 위해 정치적 도덕적 정화가 불가피하다고 주장했다. 두 사람의 입장 차이에 대해서는 Schaap, Andrew, "Guilty Subjects and Political Responsibility: Arendt, Jaspers and the Resonance of the 'German Question' in Politics of Reconciliation", *Political Studies* Vol. 49, 2001, pp. 749~766; La Caze, Marguerite, "At First Blush: The Politics of Guilt and Shame", *Parresia* 18, 2013, pp. 85~99. 이러한 죄의 정치가 국경을 넘어서 대두된다면 국제관계는 난관에 봉착할 우려가 크다. 이런 맥락에서 임지현 교수가 제안한 희생자의식 민족주의(victimhood nationalism)는 희생자의식의 과잉에 바탕을 둔 맹목적인 죄의 정치에 대한 비판틀로 읽힌다.(Jie-Hyun Lim, "Victimhood Nationalism and History Reconciliation in East Asia", *History Compass*, vol. 8, 2010, pp. 1~10.)

는 유년기의 4·3사건에서 시작하여 순이삼촌의 불행한 종말까지 때로는 분노를 터뜨리지만 전반적으로 관찰자의 담담한 시선을 유지했다. 이에 비해 〈목마른 신들〉에서 작가는 회색지대의 인물[6]을 등장시켜 화해의 정치를 펼쳐 보인다. 〈순이삼촌〉에서 작가는 살아남은 자를 '그때 이미 죽은 자'[7]로 규정했다면, 〈목마른 신들〉에서는 살아남은 자를 고통의 구제자로 변전시킨다. 이 작품은 유신체제와 신군부의 독재를 버텨내고 87년 민주화 시대를 맞은 작가의 낙관적인 정치적 비전을 느끼게 한다. 더구나 망자의 혼령이 가해자에게 제사지내 달라고 재촉하는 부분에서 권리감정의 발전을 실감케 한다. 이 소설을 정리하면 다음과 같다.

〈목마른 신들〉은 한라산 중산간마을 눈메드르를 고향으로 둔 환갑을 넘긴 심방(무당의 제주방언)이 열일곱 나이에 뜻하지 않게 서북청년단의 스리쿼터 운전사가 되어 이른바 빨갱이 사냥을 안내했던 고통스러운 과거를 회상하면서 시작된다. 그는 고향마을에 대한 서청의 살육작전을 통사정하며 막기는 하지만 결국 군대의 초토화 작전에 어머니를 잃고 만다. 그 후 6·25 전쟁에서 운전병으로 복무한 후 귀향하지만 스무 살 나이에 희망을 잃어버린 이 청년은 자살하려고 수면제를 털어 넣지만 죽지 못해 살아난다. '죽지 못해 살아가는 삶'. 이것이 학살 이후 제주도에서 살아가는 사람들의 대체적인 모습이었다. 학살현장에서 어린 오누이를 잃은 날

---

5 이 사건은 〈위기의 사내〉라는 작품에 반영되어 있다.

6 완전한 선인, 완전한 악인을 상정하는 것은 비현실적이다. 유대인 수용소에서 살아남은 프리모 레비는 수용소에서 수용된 유대인들도 얼마나 인간성이 파괴되어 갔는지를 증언한다.(프리모 레비, 이현경 옮김, 『이것이 인간인가』, 돌베개, 2010.)

7 작가는 다음과 같이 표현하고 있다. "그러나 오누이가 묻혀 있는 그 옴팡밭은 당신의 숙명이었다. 깊은 소(沼) 물귀신에 채여 가듯 당신은 머리끄덩이를 잡혀 다시 그 밭으로 끌리어갔다. 그렇다. 그 죽음은 한 달 전의 죽음이 아니라 이미 30년 전의 해묵은 죽음이었다. 당신은 그 때 이미 죽은 사람이었다. 다만 30년 전 그 옴팡밭에서 구구식 총구에서 나간 총알이 30년의 우여곡절한 유예를 보내고 오늘에야 당신의 가슴 한복판을 꿰뚫었을 뿐이다."(현기영, 〈순이삼촌〉, 『순이삼촌』, 동아출판사, 1995, 101쪽.(이하 '〈순이삼촌〉, 쪽수'로 표기))

이미 죽은 것이나 진배없는 '순이삼촌'과 달리 이 청년은 극심한 무병(巫病)을 앓다가 심방의 길로 들어선다. 그는 어린 시절 무당인 어미를 무던히도 멸시했는데 이제 죽은 어미를 진혼하면서 내림굿을 받기에 이른다. 그는 죽은 넋을 부르고 상처를 치유하는 존재로 발전한다. 그가 바로 상처 입은 치유자이다. 그는 40여 년간 심방 노릇을 하던 중 4·3사건 피해자의 혼령을 위로하는 귀양풀이도 몇 차례 벌였는데 근자에 놀라운 사건을 겪게 된다. 어느 여염집 17세 학생이 시름시름 앓고 귀신 들린 사람처럼 이상행동을 보인 것이다. 심방은 잡귀풀이로 귀신을 얼러 보는데 그 주인공이 뜻밖에도 4·3사건에서 억울하게 죽은 영수의 혼령인 것이다. 심방은 아무런 연고도 없어 보이는 혼령이 왜 이 학생에게 붙었는지를 궁리하다가 그 할아비의 얼굴에서 역사적 업보(業報)를 알아챈다. 바로 그 노인네가 4·3사건에서 학살과 협잡을 일삼던 서북청년단원이었다.

2. 형이상학적 죄

제주 4·3사건을 다루는 작가의 내면과 주인공들의 의식을 형이상학적 죄라는 개념으로 접근해 보려고 한다. 아마도 이 분석을 전체적으로 소설가 현기영의 '죄의 정치'라고 부를 수 있겠다. 철학자 야스퍼스는 제2차 세계대전 후인 1946년에 하이델베르크 대학에서 나치의 범죄와 관련하여 독일인들에게 도대체 어떤 죄와 책임이 있는지에 대해 강연했다. 형이상학적 죄라는 말은 그때 야스퍼스가 처음 사용한 개념이었다. 인간 정신의 미묘함을 표현하는 데에는 새로운 개념적 자원이 필요할 수밖에 없기 때문이다. 형이상학적 죄 자체를 인정할 것인지에 대해서는 논란이 있지만 형이상학적 죄는 현실적인 징후들에 대응하는 것이다.[8] 형이상학적 죄가 지칭하는 징후들은 일단 부정의 모습으로 비치지만 끝내 부정적으로만 사유한다면 더 깊은 나락에 빠지고 말 것이다. 그래서 형이상학적 죄가 지시하는 죄의식과 우울증을 정치의 긍정적 에너지로 전복시키는 것이 필요하다.[9]

야스퍼스는 네 가지 죄 개념, 즉 법적인 죄, 도덕적인 죄, 정치적인 죄, 형이상학적 죄를 제시했다. 세월호 참사 이후 한국사회에서도 사고에 직접적인 책임을 진 범법자들 이외에 구조적인 책임을 규명하려는 입장이 다각도로 개진되었다. 모두가 죄인이라는 주장에서 인성과 문화를 주시하는 입장 또는 관료제와 신자유주의를 비판하는 입장까지 펼쳐졌다. 여기서 단순한 택일이 아니라 정밀한 비판과 이해를 통해 종합하는 것이 필요하다. 야스퍼스는 책임을 엉터리 판사의 눈대중처럼 무분별하게 혼용해서는 안 된다고 경고하고, 여러 유형의 죄(책임)들이 상호 삼투한다는 점을 지적했다. 나아가 그는 책임은 분산이 아니라 통합을 주장하고, 궁극적으로 하나에 이르러야 한다고 주장했다. 필자는 야스퍼스의 경건주의를 지지하지는 않지만 내면의 혁신이 없다면 진정한 의미에서의 새 출발이 불가능하다는 그의 주장에는 공감한다. 죄에 대해 부연해 보겠다.

첫째로, 법적인 죄는 국내법과 국제법을 위반한 행동으로서 집단살해, 살인, 방화, 고문, 인체실험, 강제노동, 강간 등으로 전쟁범죄와 인도에 반한 범죄를 말한다. 이러한 범죄를 자행한 자들에게는 뉘른베르크 재판에서 보듯이 형벌이 기다린다. 전쟁지도부, 나치당원, 돌격대원, 특공대원, 보안경찰 등 소수의 독일인이 이러한 범죄자에 해당한다.

둘째로, 앞에서 말한 전쟁범죄에 가담하지는 않았지만 나치 정권을 지

---

8 이에 대해서는 이재승, 「국가범죄와 야스퍼스의 책임론」, 『사회와 역사』 제101호, 한국사회사학회, 2014, 183~217쪽.
9 주디스 버틀러, 양효실 옮김, 『불확실한 삶』, 경성대학교 출판부, 2008, 45~84쪽; 김종곤, 「세월호 트라우마와 죽은 자와의 연대」, 『진보평론』 제61호, 메이데이, 2014, 71~88쪽.

지하거나 협력하는 자는 도덕적인 의미에서 유죄다. '하일 히틀러'를 외치고 충성 선서를 하고, 권력에 부화뇌동하고, '겉으로는 이래도 속으로 저항한다'는 식의 자기기만, 양다리 걸치기 등의 행태가 도덕적 죄이다. 나치독일을 살았던 보통사람 대부분은 이러한 행태를 통해 도덕적 죄를 저질렀다. 야스퍼스는 그 자신도 이러한 유형의 도덕적 죄를 저질렀다고 고백했다. 유대인에게 직접적으로 물리적인 폭력을 가하지 않았더라도 전쟁범죄를 자행하지 않았더라도 인종적 편견을 조장하거나 전쟁정책에 동조하거나 침묵한 사람은 바로 도덕적으로 유죄라는 것이다. 이와 같은 개인적인 도덕적 죄들이 누적되고 합산되는 경우에 그것은 사회 전체의 차원에서 정치적이고 문화적인 죄가 된다. 더러운 시냇물이 합류하여 호수 전체를 오염시키는 것과 같은 이치이다. 도덕적인 죄를 면하려면 정치의 세계와 인연을 끊고 산으로 들어가거나 적극적으로 독재와의 투쟁에 자신을 바쳐야 한다. 조선 왕조에 충성을 거부하고 두문동(杜門洞)에 은거한 현인들, 독재에 항거하고 처형당한 백장미단원들이나 유신시대에 인혁당사건 희생자들이 좋은 실례이다. 이와 같이 비타협적인 은둔자나 적극적인 저항자를 제외한다면 시대를 사는 누구나 독재와 학살에 대해 도덕적 유죄이다. 야스퍼스에 따르면 인간의 양심만이 이러한 도덕적인 죄를 환하게 통찰하고, 도덕적 죄를 통찰함으로써 정화의 길로 들어선다.

셋째로, 정치적인 죄는 전쟁범죄와 유대인 학살에 가담하지 않더라도 그러한 야만을 자행한 국가의 시민이라는 사실에 있다. 정치적 죄는 국가의 구성원 지위로 인한 것이기에 운명적인 책임으로 들린다. 국민은 그 나라의 전통, 역사, 정체성을 공유하고 국가가 주는 편익을 향유할 뿐만 아니라 근본적으로는 국가의 일원으로서 정치과정에 참여하므로 그 나라가 자행한 악행에 대해 책임을 져야 한다. 어떤 평화주의자가 온

생애에 걸쳐서 자국의 전쟁광들을 비판하고 투쟁하다가 오랫동안 감옥에서 고초를 겪었다고 하더라도 실제로 전쟁과 야만을 막지 못했고 그 체제를 자력으로 타도하지 못했다고 한다면 그도 국민의 일원으로서 정치적 책임을 피하지 못한다. 이와 같이 정치적 책임은 결과책임이다. 백이(伯夷)와 숙제(叔齊)는 도덕적 책임을 피할 수는 있으나 정치적 책임을 피하지 못한다는 것이다.[10] 물론 야스퍼스는 정치적 죄는 개인적 책임이 아니라 국민의 집단적 책임이라고 이해한다.[11] 이러한 정치적 죄를 갚는 길은 학살과 야만을 낳는 구조를 바꾸는 미래지향적 정치적 행동에 있다. 죄와 책임은 미래적이기도 하다.

마지막으로, 야스퍼스는 형이상학적 죄를 언급했다. 그는 이미 죄를 한계상황의 문제로 다루었는데 여기서 실존주의 철학자로서의 면모가 두드러진다.[12] 형이상학적 죄에 대한 그의 설명은 다음과 같다.

> "인간 상호간에는 연대가 있다. 세상에서 자행되는 모든 불법과 모든 불의에 대해, 특히 자신이 있는 곳에서 또는 자신이 알고 있는 가운데 발생한 범죄에 대해 인간 각자의 공동책임을 부과하는 것이 바로 이 연대다. … 그러한 범죄가 자행되었는데도 아직 내가 살아있다는 사실은 씻을 수 없는 죄가 되어 내게 돌아온다. … 우

---

10 성삼문의 절개가는 유명하다. 은나라의 충신 백이(伯夷)와 숙제(叔齊)가 주나라 땅에서 고사리를 캐먹는다고 질타한 성삼문은 은둔의 정치적 무의미성(無意味性)을 통찰한 셈이다.

11 아렌트는 나치 체제에서 소극적인 거부자의 '비정치적 성격'과 숄 남매와 같은 적극적 저항자의 정치적 성격을 구별하고 있다. 숄 남매와 같이 자신의 항의 행동을 정치적 맥락에서 적절하게 수행했다면 그들은 정치적 책임을 다한 것이고, 악을 순전히 사적인 맥락에서 피하는 행동은 도덕적 죄를 면하게 해줄 뿐이라는 것이다. 아렌트는 정치적 책임을 집단적이라고 전제했음에도, 이 경우 정치적 책임을 개인적인 책임으로 파악한 것이다.

12 Jaspers Karl, *Psychologie der Weltanschauungen*, Springer, 1971(1919), pp. 273~280.

리는 인간으로서 목적 없이, 즉 성공의 가망이 없는데도 무조건적으로 생명을 바칠 것인지, 아니면 성공이 불가능하기 때문에 생명을 보존할 것인지 사이에서 선택하지 않으면 안 되는 한계에 직면한다. 이웃 사람들에게 범죄가 자행되는 경우 … 어쨌거나 함께 죽든지 아니면 함께 살든지 해야 한다는 원칙이 무조건적으로 타당하다는 것이 형이상학적 죄의 본질이다."[13]

"도덕은 항상 현실세계의 목표에 의해서도 규정된다. 어떤 목적을 실현하는 것이 중요하다면 나는 도덕적으로 내 자신의 생명을 걸 도덕적인 의무를 질 수도 있다. 그러나 생명의 희생을 통해서도 아무 것도 달성할 수 없다는 사정이 명백한 경우에는 생명을 희생하라는 요구는 도덕적으로 성립하지 않는다. … 그렇지만 우리의 마음 안에는 또 다른 죄의식이 있다. 형이상적인 죄는 적어도 인간으로서 인간과의 절대적 연대가 결핍되어 있다는 점에 있다. 도덕적으로 성립 가능한 요구가 이미 멈춘 곳에서 형이상학적 죄는 씻을 수 없는 요구로 존재한다. 내가 있는 곳에서 불법과 범죄가 자행된다면 연대는 훼손된 것이다. 불법과 범죄를 막기 위해 용의주도하게 자신의 생명을 위험에 내놓았다는 것만으로는 충분하지 않다. 도덕적인 죄는 없겠지만 형이상학적 죄는 남는다. 내가 있는 곳에서 불법과 범죄가 자행되고 다른 사람들이 죽어나가는데 나는 살아남았다면, 내 안에서 하나의 소리가 들리고, 이를 통해 나는 안다. 살아남아 있다는 것이 나의 죄이다."[14]

형이상학적 죄는 바로 도덕적 의무를 넘어가는 곳에서 등장한다. 그것은 도덕을 초과하는 도덕이자 의무를 능가하는 의무와 관련되며, 다른

---

13 칼 야스퍼스, 이재승 옮김, 『죄의 문제: 시민의 정치적 책임』, 앨피, 2014, 87쪽.
14 칼 야스퍼스, 위의 책, 144쪽.

모든 죄와 책임의 전제라고 할 수도 있다. 타인의 비참에 대해 법적인 죄와 도덕적 죄가 없는 사람도, 수만 리 고적한 산야에 은둔한 현자도, 타인을 구조하기 위해 목숨을 걸었던 사람조차도 무고한 자의 죽음에 대하여 형이상학적 죄를 피하지 못한다는 것이다. 형이상학적 죄는 연대가 파괴된 것에 대한 인간의 상상력이나 공감 능력, 타자의 고통에 함께 울고 감응하는 인간존재의 중력, 한 마디로 인간성에 대한 규정으로 이해된다. 그것은 깊은 슬픔, 무력감, 죄책감, 고통, 트라우마, 우울증에 이르는 다양한 심리적 징후를 포괄한다. 어쩌면 루소가 말한 자기애(amour de soi)의 확장과정이라고 볼 수 있다.

이러한 유형의 죄책감은 다음과 같은 공식을 갖는다. "나는 살아남았다. 고로 나는 죄인이다. 내 친구, 내 이웃이 대신 죽었기 때문이다."[15] 아마도 내 대신 그가 죽었다는 감정은 파괴된 연대에 대한 근원적 반응으로서 죄책감이다. 원래 죄책감은 가해자의 몫이지만 이와 같이 가해자가 아닌 사람들도 자신을 깊이 책망한다. 우리는 세월호에서 살아나온 승객이나 유대인 수용소 생환자들에게 법적인 죄를 물을 수도 없고 도덕적인 비난을 퍼부을 수도 없다. 그런데도 생존자들은 자신을 비난하고 때로는 용서하지 않는다. 주변에서 아무리 네 잘못이 아니라 해도 생존자의 죄책감은 막무가내로 고개를 쳐들기 때문이다. 야스퍼스는 이러한 유형의 죄에 관해 개인적으로 소통하는 것은 거의 불가능하며, 철학과 문학의 노작에서 얼핏 계시될 수 있다고 말했다. 브레히트는 "살아남은 자"(der Überlebende)라는 시에서 이러한 감정을 빼어나게 표현했다.[16] 그는 나치로부터 탈출하려다 피레네 산맥에서 자살한 친구 벤야민을 기

---

15 조르조 아감벤, 정문영 옮김, 『아우슈비츠의 남은 자들』, 새물결, 2012, 134쪽.
16 "물론 나는 알고 있다./오직 운이 좋았던 덕택에/나는 그 많은 친구들보다 오래 살아남았다./그러나 지난 밤 꿈속에서/이 친구들이 나에 대하여 이야기하는 소리가 들려왔다./'강한 자는 살아 남는다'/그러자 나는 자신이 미워졌다."

억하며 시를 썼는데 '내 대신 죽었다'는 감정이 깊이 배어있다. 프리모 레비도 "살아남은 자"라는 시에서 내 대신 죽었다는 감정과 끔찍하게 싸우고 있다.[17]

형이상학적 죄는 경험적으로 살아남은 자, 사태 이후를 살아가는 자가 망자에게 느끼는 죄책감을 의미한다. 이러한 생존자의 죄책감(연대감)도 관계의 친밀도에 따라 유형화될 수 있다. 아우슈비츠 생존자나 세월호 생존자와 같이 바로 친한 동료와 벗의 죽음을 눈앞에서 목격하고 살아남은 사람들, 먼발치에서 참사를 지켜보았던 사람들, 사태 이후에 태어나 과거의 역사를 떠안은 사람들. 이들이 느끼는 죄책감의 농밀도는 처지에 따라 다를지도 모른다. 그러나 형이상학적 죄는 현실적이든 상상적이든 파괴된 인간의 연대에 기초해 있기 때문에 현재를 사는 사람들에게 본질적으로 동일하게 인류애적 행동을 요청한다.

실제로 트라우마와 죄책감은 구별해야 옳다. 죄책감은 망자에 대해 부분적이지만 가해자로서의 의식이고, 트라우마는 피해자로서의 상처다. 엄밀한 의미에서 결코 같은 것이 아니지만 집단적인 희생 앞에서 가해자가 아니더라도 순전히 살아남았다는 이유로 죄책감을 가진다는 인간적 사실이 중요해 보인다. 유대인 수용소 생환자인 베텔하임은 〈살아남은 자〉에서 "죄책감을 느낄 수 있어야만 우리는 인간일 수 있다. 객관적으로 보아 죄가 없을 때에도 인간은 죄책감을 느낄 수 있어야만 한다."[18]고 말한다. 야스퍼스는 도덕적 죄와 관련해서 "참회할 능력이 있는 자만이

---

17 "(전략) 돌아가게! 제발 나를 내버려두고/돌아가게, 먼저 간 동료들이여!/난 아직 어느 누구의 것도 빼앗은 적이 없고/어느 누구의 빵 한 조각도 훔친 적이 없네./그리고 지금까지/나 때문에 정말 단 한 사람도 죽은 적이 없네./제발 그대들은 그대들의 세상으로 어서 돌아가게./내가 아직 살아서/내가 아직 죽지 못해서/먹고, 입고, 잠자며 목숨을 부지하고 있다는 게/어찌 내 탓이고 내 잘못이란 말인가!"(프리모 레비, 이산하 옮김, 『살아남은 자의 아픔』, 노마드북스, 2011, 103쪽.)
18 조르조 아감벤, 앞의 책, 141쪽.

도덕적으로 유죄"라고 지적했다.[19] 이 말은 형이상학적으로 유죄임을 느끼는 자만이 인간이라는 의미로 확장할 수 있지 않을까 생각한다.

그런데 학살과 참사에서 살아남은 사람들, 또는 수용소 생환자들이 악몽에 사로잡혀 자신을 죄책감의 감옥에 가두어 놓는다면 이는 불행한 사태라고 하지 않을 수 없다. 개인으로서의 삶의 의지는 말할 것도 없고, 집단적 리비도, 공동체의 삶에 대한 기본적 욕구마저도 심각하게 훼손될 것이다. 자아와의 관계, 타인과의 연대, 공동체 그 모든 것에 대해 걷잡을 수 없는 무력감과 무망감에 빠지게 될 것이다.[20] 극복과 반전이 필요하다. 다행히 요즈음 트라우마나 힐링이 유행어가 될 정도로 사람들이 소통, 치유, 성찰을 말하고, 여기저기에서 트라우마센터나 치유센터가 설립되고 있다. 광주에는 '5·18 트라우마센터'가, 서울에는 고문을 통해 간첩으로 조작된 피해자들이 세운 '진실의 힘'이 있다. 세월호 참사 이후에 안산에도 트라우마 센터가 설치되었다. 다양한 방법을 동원해서 소통하고 상처를 극복해야 하지만 상처가 말처럼 쉽게 치유되지는 않는다. 또한 국가폭력 앞에서 개인적인 치유는 그 한 국면일 뿐이지 국면 전체가 아니라는 점이 중요하다.[21] 개인적인 치유는 상처로부터의 개인적 해방─이게 진정으로 가능한지도 의문스럽다─을 의미하는 것이지 상처의 원인을 극복하는 것이 아니기 때문이다. 트라우마는 결코 사적인 것이 아니므로 트라우마에 대해 개인적 방어장치를 강화하는 것으로는 충분하지 않다. 공적인 방어기제, 달리 말하면, 국가폭력이 다시는 일어나지 않도록 하는 재발 방지의 보증(guarantee of non-repetition)이 관건이다. 그것은 트라우마로부터 집단적 해방을 추구한다.

---

19 칼 야스퍼스, 앞의 책, 134쪽.
20 주디스 허먼, 최현정 옮김, 『트라우마』, 열린책들, 2012, 225쪽 이하.
21 이재승, 「화해의 문법: 시민정치의 관점에서」, 『민주법학』 제46호, 민주주의법학연구회, 2011, 123~158쪽.

3. 제주도에서의 죽음

(1) 개죽음과 산 죽음

〈목마른 신들〉은 화해를 전면적으로 추구한 작품이다. 그러나 4·3사건의 본질을 정확하게 규정하지 않는다면 화해의 언설은 언어적 인플레이션이다. 화해의 조건은 진실의 발견이고, 진실의 인정과 책임의 인정 나아가 책임의 이행이다. 그래서 국가폭력 앞에서 화해의 조건을 제대로 갖추기는 매우 어렵다. 〈목마른 신들〉에서 작가는 황당한 죽음, 죽음 같지 않은 죽음, 개죽음을 통해서 제주 4·3사건의 망자들이 인간의 품위에 어울리는 죽음을 맞이하지 못했음을 드러낸다. 수만 명의 망자가 목마른 신들이 되어 제주도의 산야를 떠돌며, 제사상에서 음복도 못 하는 혼령이 된 것이다. 산 죽음이란 살아도 살아있다 할 것이 없는 삶을 말한다. 〈목마른 신들〉에 나오는 아들을 잃은 노파나 극도의 트라우마 속에서 자살한 순이삼촌이 그러한 삶의 예이다.[22]

철학자 칸트는 〈영구평화론〉에서 전쟁에서 하지 말아야 할 것에 대해 언급했다. "전쟁이 끝나고 난 후에 양측이 서로 평화를 추구하는 것을 불가능하게 하는 행동을 해서는 안 된다"[23]고 했다. 작가는 제주 4·3사건의 피해자들과 정부 사이에는 화해가 불가능할 정도로 정부가 제주 4·3사건의 망자들에게 반칙을 자행했다고 고발한다. 아마도 영화 〈레드헌

---

[22] 〈순이삼촌〉의 트라우마에 대한 분석은 음영철, 「역사적 트라우마의 치료과정: 현기영의 〈순이삼촌〉을 중심으로」, 『한국콘텐츠학회논문지』 제13권 제11호, 한국콘텐츠학회, 2013, 297~305쪽.

[23] 칸트는 〈영구평화론(예비조항 6조)〉에서 전쟁 중의 법을 다음과 같이 제시했다. "어떠한 국가도 다른 나라와의 전쟁 동안에 장래의 평화 시기에 상호 신뢰를 불가능하게 할 것이 틀림없는 다음과 같은 적대 행위, 예컨대, 암살자나 독살자의 고용, 항복 조약의 파기, 적국에서의 반역 선동 등을 해서는 안 된다." 임마누엘 칸트, 이한구 옮김, 『영원한 평화를 위하여』, 서광사, 1992, 18쪽 이하.

트〉에 나오는 다랑쉬굴 유해 사진을 통해 목마른 신들은 죄다 반칙의 죽임의 결과임을 알 수 있다. 순교, 영웅적 죽음, 의사, 열사와 같이 대의를 위한 죽음도 있다. 이럴 때 희생(犧牲)을 긍정적인 의미로 사용한다.[24] 천수를 누리다 맞이한 편안한 죽음, 병사나 우연한 사고사, 중죄에 대한 대가로 인한 죽음도 있다. 그런데 죽어야 할 정도로 잘못한 것이 없는데도 타자에 의해 죽임을 당한 경우를 개죽음이라고 말한다. 그 개죽음이 국가권력이 의도적으로 자행한 것이었다면 망자나 유족에게는 국가와 화해할 길이 남아 있지 않다.

〈순이삼촌〉의 모티브도 주민을 소개(疏開)한다고 유인하여 수백 명을 사기적으로 학살했던 조천읍 북촌리 사건이다. 〈쇠와 살〉에 1:11이라는 셈법이 나온다.[25] 군경 한 사람이 살해당하면 민간인 10명을 죽여야 한다는 학살비례식이다. 원래는 1:10이었는데 마을 어르신이 학살에 항의하자 다시 그 어르신까지 학살했다는 사정을 반영해서 1:11이 되었다. 백살일비(百殺一匪)는 양민 백인을 죽이면 어쨌든 그중에 하나는 공비라는 몰살공식이다.[26] 군경은 군경의 죽음에 대한 보복으로 도피자 가족을 찾아 죽이는 대살(代殺)도 자행했다. 학살은 때로는 유희적 요소를 갖추었다. 배의 후미에 예비검속 당한 주민들을 예닐곱씩 굴비 엮듯 앉혀놓고 바다를 쾌속으로 질주하다가 갑자기 선회하여 일시에 바다에 추락시켜 수장했던 것이다.[27] 신혼여행의 기념사진 촬영지인 정방폭포에서 군경은

---

24 진실화해를 위한 과거사정리기본법상의 희생(犧牲)이나 집단희생(集團犧牲)은 살인과 집단살해를 은폐하는 완곡어법이다. 희생은 본디 종교적 제례적 의미에서 순교 또는 자발적 헌신으로서 죽음을 의미하므로 군경에 의한 집단희생이라는 말은 성립할 수 없다. 아감벤은 홀로코스트(holocaust)도 종교적인 맥락에서의 희생(제물)을 의미하는데, 중세시대에도 유대인학살을 은폐하는 용어였다고 밝힌다. (조르조 아감벤, 앞의 책, 37~46쪽.)

25 현기영, 〈쇠와 살〉, 『마지막 테우리』, 창비, 2006, 147쪽.(이하 '〈쇠와 살〉, 쪽수'로 표기)

26 〈쇠와 살〉, 136쪽.

27 〈쇠와 살〉, 160쪽.

주민들을 끌어다 총살하여 시신을 유기하기도 했다.[28] 그래서 혼령을 불러다 쓴 헛묘(假墓)가 제주도에는 많다. 군경의 공격에 의해 화산섬의 굴들은 영화 〈지슬〉처럼 그대로 가족의 합장묘가 되기도 했다. 6·25 전쟁에서 경북 경산의 코발트 광산에서는 군경이 광산의 수직갱도 입구에서 보도연맹원들에게 총을 쏘아 아래로 떨어뜨려 시신을 차곡차곡 쌓아올리기도 했다. 학살과 은폐를 동시에 수행하는 상상력이 범죄적으로 발휘된 것이다. 유대인 가스실과 시체소각로를 생각한다면, 유사시 국가권력의 진정한 고민은 효율적으로 인간을 죽이고 흔적도 없이 치우는 것뿐이다. 목마른 신들은 '수습하지 못한 주검들' 또는 '당국에 의해 염습을 금지당한 주검들'이다. 〈목마른 신들〉은 제주도민의 죽음이 인도에 반한 범죄[29]임을 밝히는 고발장이다.

제주 4·3사건을 통해서 국가는 인간의 선익(善益)을 위한 방편이 아니라 인간을 잡아먹는 식인(食人)[30]임을 깨닫게 된다. 권력자들은 적과 동지를 구분하고 이른바 불편한 그룹을 박멸하고자 한다. 이에 맞서 인간을 위하여 새로운 국가관을 말하고, 새로운 인간적인 양심을 말해야 한다. 국가란 인간의 선익을 위한 도구이며, 인간이 결코 국가의 도구가

---

28 현기영, 〈목마른 신들〉, 『마지막 테우리』, 창비, 2006, 89쪽.(이하 '〈목마른 신들〉, 쪽수'로 표기)

29 전시 평시를 막론하고 정치적, 인종적, 종교적, 민족적 이유로 민간인에 대해 자행된 학살, 고문, 강제이주, 폭행 등을 인도에 반한 범죄라고 하며, 제2차 세계대전 이후에 연합국통제위원회법률 제10호에 명문화되었으며, 각종 국제군사재판소에서 주요한 전쟁범죄와 함께 다루어졌으며, 국제형사재판소(ICC)의 관할범죄이기도 하다.

30 제로니모는 아파치족 전사들을 이끌고 멕시코 수비대를 상대로 연전연승을 거두며 자신의 권위를 굳혀 갔다. 어느 날 제로니모는 자신의 무훈에 기대어 백인들을 완전히 인디언 땅에서 몰아내겠다고 공언하며 자신을 멕시코 대통령처럼 권한을 집중시켜 왕으로 추대해 달라고 인디언 지도자들에게 요청했다. 그러나 인디언 지도자들은 그의 요구를 수락하지 않았다. 인디언들은 거대한 국가를 사람 잡아 먹는 식인이라고 보았기 때문에 식인의 노예로 전락하기보다는 자유인으로서 싸우다 죽겠다고 결정했다.(나카자와 신이치, 김옥희 옮김, 『곰에서 왕으로』, 동아시아, 2003, 169쪽.)

아니다. 권력자와 권위가 요구하는 것이면 무엇이나 복종하는 권위주의적 양심이 아니라 매 순간 인간적인 선익이 무엇인지를 판단하고 실천하는 인간주의적 양심을 일깨우고 확충해야 한다.[31] 〈쇠와 살〉에는 넘어진 청년의 코피를 친절하게 닦아준 후 그 청년을 총살하는 군인이 나온다.[32] 그러나 그는 민간인 학살이 범죄라 선언하고 명령을 거부하는 군인이 되었어야 했다. 이러한 이상적인 군인은 한국 현대사에서 예를 찾기 어렵다.

(2) 4·3사건의 진실

제주 4·3사건을 어떻게 볼 것인지가 중요하다. 제주 4·3사건의 본질에 대해서는 앞으로도 더 많은 논의가 필요할 것이다. 어쩌면 분단을 극복한 시대가 오는 경우에나 온전한 평가가 이루어지지 않을까 생각한다. 현기영 선생은 제주 4·3사건의 진실과 관련하여 끈덕지게 미국의 역할을 거론한다. 4·3사건과 관련해 공식적인 사과의 주체는 한국 정부만이 아니라는 점을 미국 정부도 알고 있을 것이다. 제주 4·3사건에서 자행된 민간인 학살은 국가범죄나 인도에 반한 범죄이다.[33] 그러나 이러한 국가범죄를 바라보는 시각은 매우 상이하다.

1) 공산폭동론

보수주의자들은 국가권력에 대한 도전을 국가범죄로 규정하고, 단독정부를 반대하고 총선거를 거부한 제주도 사람들을 국가의 적으로 규정한다. 〈쇠와 살〉은 불복산(不伏山)으로서 한라산과 제주도, 제주 사람들

---

31 에리히 프롬, 문국주 옮김, 『불복종에 관하여』, 범우사, 1996, 17쪽 이하.
32 〈쇠와 살〉, 151쪽.
33 조성봉 감독의 다큐 영화 〈레드헌트〉는 국가범죄라는 부제를 달고 있다.

의 운명을 예고한다.

> "초토작전에 반대한 연대장 김익렬을 해임하고 그 자리에 박진경을 앉혔다. 경찰 총수 조병옥, 9연대 연대장 박진경은 새 국가 건설을 위해서라면 30만 전 도민을 희생시켜도 무방하다고 천명하였다. 그것은 미국이 결재한 목소리였다. 미국이 그 섬을 '레드 아일랜드'라고 낙인찍자, 즉각 붉은 섬이라고 번역되었던 것이다."[34]

여기서 붉은색은 피와 불을 의미했다. 해안선에서 5킬로미터 이상 떨어진 지역은 살육작전의 대상이 되었다. 소위 무장대는 일제가 버리고 간 구식 총을 보유한 300~500명으로 추산되는데 군경은 3만여 명의 민간인을 살해했다. 군경은 한라산에 숨어든 민간인을 '비무장공비'라고 말했다. 비무장공비는 형용모순이다.[35] 최근에도 보수주의자들은 4·3을 공산주의자들의 폭동이라는 틀 속에서 민간인 살해를 두둔한다. 그들은 야만적인 국가폭력을 덮기 위해 제주도 남로당 청년당원들의 봉기를 유독 강조하지만, 그것은 4·3사건을 해석할 수 있는 여러 계기 중 하나의 요소이다. 문제는 공산주의자들이 단정을 반대하고 봉기했다고 해서 제주도민을 모두 적으로, 공산폭도로 규정하고 그렇게 토끼몰이하듯이 죽일 수 없다는 점이다. 더구나 단정을 반대하는 것이 정치적 대의라고 볼 여지가 크다는 점도 고려해야 한다.

2) 과잉진압론

법치주의자들은 4·3사건에서 이른바 단독정부를 반대하고 봉기한 무

---

[34] 〈쇠와 살〉, 135쪽.

[35] "도대체 비무장공비란 뭐우꽈? 무장도 안 한 사람을 공비라고 할 수 있어 마씸? 그 사람들은 중산간 부락 소각으로 갈 곳 잃어 한라산 밑 여기저기 동굴에 피해 살던 피난민이우다."(〈순이삼촌〉, 92쪽.)

장대를 군경이 진압하는 것은 정당하지만 민간인 살상은 과잉진압이라고 규정한다. 즉 제주도민들에게도 책임을 지우면서 정부에게도 책임을 어느 정도 인정하는 식이다. 제주 4·3사건진상조사위원회의 진상조사보고서가 이러한 기조 위에서 작성되었다. 그러나 이러한 시각은 본질적으로 정부의 책임을 인정했다고 보기 어렵다.

1948년으로 다시 돌아가 보자. 그렇게 많은 민가와 마을을 방화하고 그렇게 많은 민간인을 거리낌 없이 죽이고, 붙잡힌 사람마저 그렇게 잔인하게 처형하겠다는 방침은 어디에서 온 것일까? 일본군이 동학 농민군이나 3·1만세 참가자들을 학살할 때, 간도특설대가 독립군과 조선민중을 학살할 때 그 장면과 유사하다. 이른바 무장대는 일본군이 버리고 간 구식소총 300여 자루를 보유했는데 그들을 제압하는 데에 그렇게 많은 살상은 필요하지 않다. 일반적으로 권력집단은 저항그룹에 대한 타격을 다른 잠재적인 저항 집단에 대한 본보기로 활용하고자 하기 때문에 극한적인 형태의 폭력을 행사하기도 한다. 이른바 미치광이 이론(madman theory)[36]이다. 한 마디로 "나 미친놈이다. 건들지 마라. 수틀리면 몰살이다"는 시그널을 주려는 것이다. 폭력의 극단적 행사가 지배권력에게 전적으로 유리한 국면에서 가능한 전략이다. 패권세력만이 이러한 정책을 펼 수 있고 이러한 정책 아래서 약한 저항자들은 완전하게 궤멸된다.

제주 4·3사건은 이러한 유형에 해당하기 때문에 수만 명이 무방비상태로 살해당하게 된 것이다. 비행기 폭격이나 과도한 공격무기에 의해 피해자의 규모가 뜻밖에 커진 것이 아니라 의도적인 작전을 통해 그렇게 많은 사람이 피살되었다. 대사를 치르려면 사기그릇 좀 깨지게 마련이라는 속담이 들어맞을 상황이 아니었다.[37] 정부의 제주 4·3사건진상조사보

---

36 미치광이 이론은 닉슨이 공산권을 다루는 외교 전략이었다고 하지만 마키아벨리가 이미 간명하게 "때때로 실성한 체하는 것이 매우 현명한 일"이라고 정치가들에게 조언하였다.(니콜로 마키아벨리, 강정인·안선재 옮김, 『로마사논고』, 한길사, 2003, 418쪽.)

고서가 전제하는 과잉진압론은 모호한 얼버무림이다. 제주 4·3기념관에는 평화협상을 추진했던 김익렬 연대장과 무장대장 김달삼의 합성사진이 걸려 있는데 이는 제주도 사람들의 좌절된 염원을 떠올린다. 그들의 희망대로 평화가 왔더라면 4·3봉기는 건국 초기에 제주도 사람들이 펼친 열정적인 정치의 에피소드로 회자되었을 것이다. 그러나 패권주의자들은 그 휴전 약속을 깨뜨리고 강경한 토벌정책을 채택했던 것이다.

1948년이라는 시점에는 여전히 유럽과 일본에서 전쟁범죄의 청산이 진행 중이었다. 정확하게 말하면 전쟁범죄의 청산은 마무리되고 냉전체제가 공고해지던 시기이다. 그런데 냉전질서의 두 축인 미국과 소련의 전쟁범죄는 거론되지도 않았다. 미국은 패배가 임박한 일본에 원자폭탄을 두 발이나 시험 삼아 투하했다. 한편, 미국은 정치적 목적 때문에 전쟁범죄의 최고책임자인 천황을 기소하지도 않았고 생체실험을 자행한 731부대를 불문에 부쳤다. 미국과 영국은 대규모의 폭격기를 동원하여 드레스덴에 피난한 수만 명의 민간인에게 엄청난 양의 폭탄을 퍼부어 몰살시켰다. 영화 〈피아니스트〉는 소련군이 수만 명의 독일군 포로를 강제 노동으로 혹사해 죽음으로 내몰았다는 정황을 담고 있다. 이 모든 만행은 승전국이 자행했기 때문에 전쟁범죄로 회부조차 되지 않았다. 제주 4·3사건은 군정기인 1947년에 시작되어 건국 이후 미군의 지휘통제 아래 사실상 마무리되었다. 〈제주4·3사건진상조사보고서〉도 미군의 개입과 관련한 정황들을 보여주는 사진자료들을 담고 있다. 미군이 제작한 제주 4·3 다큐자료 〈메이데이〉도 이러한 정황을 분명하게 보여준다. 즉 누구의 시선에서 제주 4·3사건이 벌어졌는지를 항공사진이 보여주고 있다.

이미 지구적 수준에서 적대적 공생관계를 형성한 미국과 소련 두 슈퍼파워가 한반도에 그어놓은 정치적 세력분계선을 제주도 사람들이 낭만적 민족주의에 입각해 거부했던 것이다. 이것이 비극의 시작이다. 건국

---

37 〈순이삼촌〉, 93쪽.

전야에 단독정부가 민족적 대의에 어긋난다며 남북협상을 추진하거나 단정 수립을 반대하고 여기에 불참한 양심세력들도 적지 않았다. 식민지배를 겪었던 민족으로서 통일조국을 염원하는 것은 정당한 대의이고, 남쪽이든 북쪽이든 단독정부를 수립하려는 시도가 민족적 대의를 저버리는 행태라고 규정하지 않을 수 없다. 단정을 반대하는 사람들이 단지 정치적 대세를 이루지 못했다는 점이 그들의 죄이다. 한반도는 분단을 추구하던 세력들의 수중에 떨어졌고, 국제적인 분할을 획책하는 미국과 소련의 영향 아래 놓였던 것이다. 제주 4·3사건은 제2차 세계대전 이후에 확립된 패권의 정치적 분계선을 흔들려는 제3세력에 대한 패권주의자들의 무자비한 대응이었다. 그들은 무력 대 무력의 충돌로서 상호주의적으로 상대적 폭력을 행사한 것이 아니라 비무장 민간인을 적으로 규정하고 절대적 폭력을 행사했다. 그래서 그것은 전쟁범죄가 아니라 인도에 반한 범죄에 해당한다. 작가는 말한다. "그러나 그것은 전투가 아니었다. 자신의 목숨을 걸고 타인의 목숨을 빼앗은 것이 아니었다. 그들이 죽인 것은 맨몸, 빈손의 연약한 인간이었다. 사병들은 사태가 끝나 육지로 돌아갔을 때, 차마 자신의 무용담을 남한테 들려줄 수 없었다. 그것이 용기가 아니었으므로. 오직 장교들만이 그 숱한 시신 위에서 빠르게 진급했을 따름이다."[38]

4. 책임의 상속과 화해, 그리고 판타지

(1) 책임의 상속

〈목마른 신들〉에서 학살의 죄악에서 벗어나 있는 사람은 목마른 신들을 설계한 작가, 4·3때 죽은 아들 영수를 오매불망하다 최근에 저세상으

---

[38] 〈쇠와 살〉, 159쪽.

로 간 노파, 영수의 혼령에 붙잡힌 서청노인의 손자 정도이다. 그들은 여전히 법적인 죄나 도덕적인 죄로 설명할 수 없는 죄책감이나 트라우마를 안고 살아간다. 물론 젊은 날에 심방은 서청의 안내자로서 학살에 가담했기에 도덕적으로나 법적으로도 유죄일 것이다. 심방은 한라산 반대쪽 마을에서 서청의 학살과 파괴를 만류하지 않았을 것이라고 짐작되기 때문이다. 그는 법의 심판을 면했을지라도 엄청난 죄의식을 피하지 못했다. 한편 심방은 군대의 초토화 작전에서 어머니를 잃은 4·3의 피해자이기도 하다. 이처럼 순수한 가해자도, 순수한 피해자도 아닌 이중적인 지위를 가진 심방과 같은 인물이 역사 속에서 화해자로서의 소명을 받는 것 같다.

야스퍼스는 형이상학적 죄의 양상을 이렇게 설명했다. "일단 무제약성의 경지에 도달했던 사람 중에 이러한 경지를 모든 사람에게 증명할 수 없다는 데에 무력감을 체험한 사람들이 형이상학적 죄를 가장 심각하게 의식한다."[39] 작가, 정신과의사, 철학자, 만신은 바로 이러한 형이상학적 죄를 예민하게 느끼고 숨겨진 의미를 전개한다. 이러한 죄책감과 트라우마가 평범한 인간을 신학자로, 작가로, 아마도 소설처럼 무당으로 만들기도 한다. 작가는 인간을 고통에서 구하기 위해 허구를 창조한다. 형이상학적 죄는 특별한 유형의 죄가 아니라 고통의 심연에서 자신을 구하고 인간을 구원하려는 열망이라고도 생각한다. 또 그러한 심리적 전복을 이루는 때에만 인간은 살아갈 이유도 얻고 공동의 삶에 대한 소명도 받게 된다. 심방은 말한다. '살아있는 자들보다 죽은 자들이 더 큰 호소력으로 나에게 밀착해온다.'[40] 이제 무병은 심방의 마음에서 죄책감을 녹이고 스스로를 정화하는 연옥이며, 무병앓이는 바로 야스퍼스가 말한 무제약적인 내면적 실천행동(inneres Handeln)이라 할 수 있다. 수면

---

39 칼 야스퍼스, 앞의 책, 88쪽.
40 〈목마른 신들〉, 76쪽.

제를 털어 넣었던 청년은 무병의 용광로를 거쳐 죽은 자들과 더불어 살 운명을 깨닫고, 화해자의 길을 걷는다. 사죄와 화해의 포럼으로서 전통적인 굿을 사용한 〈목마른 신들〉은 마르케스의 『백 년의 고독』을 떠오르게 한다. 무속적이고 초현실적인 장치를 가동하여 인간의 열망을 펼치는 소설양식을 마술적 리얼리즘(magic realism)[41]이라고 하는데 그동안 라틴 아메리카 작가들에게서 이러한 경향이 두드러졌다. 서구의 리얼리즘에 대한 제3세계의 해방적 리얼리즘이라고 부르면 어떨까 생각한다. 황석영의 『손님』도 황해도 굿 형식을 이용해 화해의 문제를 다룬 것으로 유명하다. 임철우의 『백년여관』도 그 계열에 넣어야 할 것 같다.

〈목마른 신들〉에서 심방은 인물들의 상이한 죄책감과 트라우마를 질료로 사용하여 격정적인 원혼굿을 펼쳐서 마침내 가해자인 서청노인이 영수의 혼령 앞에 무릎을 꿇고 용서를 청하게 한다. 서청 노인의 손자가 혼령을 뒤집어쓴 장면은 여러모로 주목할 필요가 있다. 서청 노인에게 혼령이 붙는다면 가해자의 신경증이 발현되었다고 설명할 수 있겠지만 그 손자에게 나타난 이상증세는 어떻게 봐야 할까? 손자는 학살과 무관한 시대에 태어났으므로 법적인 의미에서도 도덕적인 의미에서도 죄인이 아니다. 손자가 4·3사건에서 자식을 잃은 노파와 조우했던 것이 사건의 발단이 되었다. 어쨌든 손자의 이상행동은 무의식 속에 잠겨있던 죄책감, 프로이트의 용어로 하면 '무의식적 죄의식'[42]이나 '무의식의 감정'[43]이 작동한 결과라고 해석할 수 있겠다. 열일곱 나이의 학생이라면

---

41 김춘진, 「라틴아메리카 현대소설의 문제의식과 자기발견」, 『외국문학연구』제8호, 한국외국어대학교외국문학연구소, 2001, 109~127쪽; Hart, Stephen M., "Magical Realism in the Americas: Politicised Ghosts in One Hundred Years of Solitude, The House of the Spirits, and Beloved", *Journal of Iberian and Latin American Studies* Vol. 9, No. 2, 2003, pp. 115~123.

42 지그문트 프로이트, 이윤기 옮김, 『종교의 기원』, 열린책들, 2004, 16쪽.

43 지그문트 프로이트, 위의 책, 178쪽 주3).

4·3에 관한 소문이나 역사지식을 통해서 이북출신 할아버지의 과거 행적을 알아채고 가해자의 후손으로서 죄책감을 마음 깊은 곳에 묻어두었을 것이라고 짐작된다. 그러던 어느 날 손자가 동문시장을 지나는데 고사리를 팔던 노파가 말을 걸어오며 자신의 얼굴에서 4·3때 억울하게 죽은 아들 영수를 간절하게 더듬는다. 노파의 애처로운 눈길에 그만 지금까지 억압해왔던 손자의 죄책감이 사슬에서 풀려난 것이리라. 그 후 손자는 제 손에 묻은 학살자의 피를 씻어내겠다며 강박적 행동을 보이다가 급기야 영수의 혼령을 뒤집어쓰면서 심한 4·3앓이를 했던 것이다.

소설의 내용처럼 손자의 죄책감이 혼령을 부를 정도로 과연 강렬할 수 있는지, 할아버지의 본래의 죄책감이 손자에게 전이될 수 있는지 여부에 대한 판단은 필자의 역량을 넘어가지만, 소설은 오늘날 중요한 철학적 주제인 책임의 상속문제를 제기하기 때문에 매우 흥미롭다. 혼령은 가해자의 '무고한' 손자에게 할아비의 죄(피)를 감염시킴으로써 역사적 정의와 책임을 적절하게 실현했다. 책임의 상속은 일반적으로 학살 이후에 태어난 새로운 세대의 책임 문제를 제기한다. 제2차 세계대전 이후에 태어난 일본의 전후세대가 과거 일본이 자행한 전쟁, 식민지배, 인권침해에 대해 어떤 책임을 져야 하는지, 과거 한국 정부가 엄청난 집단살해를 자행했는데 전후세대는 피해자들에 대하여 어떤 책임을 져야 하는지의 문제이다. 이러한 범죄는 근본적으로 국가범죄이므로 국가의 책임은 불변적으로 존재한다. 전후세대의 개인의 책임과 관련해서는 전쟁과 학살 당시에 태어나지도 않은 사람들이므로 그들에게 법적·도덕적 죄를 묻는 것은 당치 않은 일이다. 순전히 개인주의적 책임론에 따르면 손자는 아무것도 한 것이 없기 때문에 학살에 대해 물을 책임이 없다. 그러나 우리는 다른 시각에서 후속세대에게 책임을 지운다. 이 경우 손자는 할아버지의 악행에 대해 도덕적 죄인으로서의 비난을 받는 것이 아니라 할아버지의 잘못을 청산해야 하는 과제를 부담한다. 할아버지에게는 죄의 문제이지만 손자에게는 책임의 문제이다. 이 사례에서 노인에게는 죄로 인한 책임이, 손자에게는 죄 없는 책임이 동시에 성립한다. 죄(guilt)는 자신의 악행에 기초한 과거지향적인 속죄를 요구하지만, 책임(responsibility)은 피해배상을 포함하여 역사적 부정의의 구조를 바로잡을 미래지향적인 책무이다.[44] 할아버지의 악행은 손자가 현재 누리고 있는 물질적 안락함과 결부되어 있기 때문에 이러한 부담은 손자가 마음대로 회피할 수 있는 사항이 아니다. 좀 더 일반화한다면, 국가폭력이 자행된 이후에 태어난 세대들은 국가폭력에서 법적·도덕적 죄가 없다고 하더라도 해당 국가에서 가치관, 정체성, 의식, 역사를 집단적으로 공유하고, 국가가 제공하는 다양한 편익을 향유해 왔기 때문에 국가폭력의 결과를 청산할 정치적 책임을 져야 한다는 것이다.[45]

(2) 지속 가능한 화해

그러면 이제 책임의 내용이 무엇인지가 문제이다. 〈목마른 신들〉에서 영수의 혼령은 서청 노인과 그 자손들에게 제사봉사를 요구했다.[46] 제사

---

[44] 아이리스 영, 허라금 외 옮김, 『정치적 책임에 관하여』, 이후, 2011, 141쪽 이하.

[45] 야스퍼스는 전쟁범죄와 관련하여 '모두가 죄인'이라는 집단적 범죄를 부정하고 죄를 오로지 개인별로만 판정해야 한다고 주장한다. 그러나 출발점과 달리 보통 사람들의 집단적 도덕적 책임도 인정하는 태도를 취한다. 야스퍼스는 선조의 잘못에 대한 집단적 도덕적 책임도 인정한다. 이 점에서 야스퍼스는 센델의 입장과 흡사하다.(마이클 센델, 김명철 옮김, 『정의란 무엇인가』, 와이즈베리, 2014, 309쪽 이하.)

[46] 영수의 혼령은 다음과 같이 말한다. "난 무자년 시월 우리 마을 불탈 때 토벌대의 총에 맞아 죽은 불쌍한 영혼이우다. 열일곱 어린 나이 외아들로 죽어 홀로 남은 어머님한테 제삿밥 얻어먹은 불효잡니다. 이제 무정세월 흘러 어머님 마저 세상을 하직하시니 불쌍한 우리 두 모자 어디 가서 제삿밥 얻어먹으리오?"(〈목마른 신들〉, 84쪽.)

는 매년 반복해서 돌아오는 것이므로 정기적이고, 회귀적이고, 계속적인 의무이다. 법적으로는 정기 채무라고 부른다. 국가폭력 이후 사회에서 화해는 지속 가능한 화해여야만 하므로 정기적인 제사의식은 매우 절묘한 해법이다. 원래 트라우마나 죄책감은 수시로 또는 정기적으로 재발한다. 제사의식은 이렇게 재발하는 피해자의 트라우마나 가해자의 죄책감을 처리하는 기제가 된다.[47] 제사의식은 봉사자가 죽는 날까지 받드는 것이므로 가해자가 희생자의 삶을 수용하는 장치이기도 하다. 국가폭력을 가해자가 한번 사죄했다고 해서 악행은 깨끗이 정화되지 않는다. 죄의 고백이 아니라 책임의 이행과 확충이 중요하다. 국가폭력의 피해자에게 보상금 몇 푼 쥐여주었다고 책임은 다 이행된 것이 아니다. 피해자에 대한 가해자의 의무는 은행 빚을 갚는 것과 같은 옅은 의무가 아니라 참회, 의식의 혁신, 제도적 개혁을 포함하는 두터운 의무이다.[48] 그 의무는 지속적 화해를 위한 다양한 조치를 포함해서 신뢰의 관계를 요구한다. 제주도에 평화공원을 지어놓고 희생자를 재심사하겠다는 주장은 지속 가능한 화해는커녕 유족들에게 트라우마를 도발하는 새로운 가해행위이다. 고문 피해자들에게 사죄하고 목회자의 길로 들어섰다가 시류에 따라 자신이 수사했던 인물들이 빨갱이라고 했던 이 아무개 경관의 행태도 유명하다. 이와 같이 기회주의적으로 사죄를 표한 자에게는 사죄의 심리적 지속이 애초 불가능하다. 한편 용서의 어려움과 관련해서 지젝은 죄가 있으면 정의의 원칙에 따라 마땅히 처벌해야 하는데 처벌하지 않고 용서하겠다는 태도는 자신을 신의 위치에까지 격상시키고 신의 권능을 찬탈하려는 신성모독이라고 주장했다.[49] 어쨌든 정치적인 현실과 폭력

---

47 '강박행위와 종교행위'에 대해서는 지그문트 프로이트, 앞의 책(2004), 9쪽 이하 주41).

48 필자는 이 관념적 대비를 월처에게서 가져왔다.(Walzer, Michael, *Thick and Thin: Moral Argument at Home and Abroad*, University of Notre Dame Press, 1994.)

49 슬라보예 지젝, 이현우·김희진·정일권 옮김, 『폭력이란 무엇인가: 폭력에 대한

구조에서의 가시적인 변화를 수반하지 않는 가운데 피해자의 일방적인 용서는 가능하지 않으며, 혹여 용서가 이루어졌다고 하더라도 지속성이 없다는 점에 유의해야 한다.[50]

〈목마른 신들〉에 나타난 개인적 화해방안으로서 제사의식은 정기적인 4·3국가기념식에 견줄 만하다. 김대중 대통령의 취임 후 제주 4·3특별법이 통과되고 제주 4·3위원회가 발족되었다. 위원회의 활동결과는 2003년에 〈제주4·3사건진상조사보고서〉로 발간되었으며 노무현 대통령은 2003년 10월 31일에 4·3사건의 피해자들과 유족들에게 공식적으로 사과했다. 최근에는 제주 4·3기념공원이 완성되고, 4월 3일이 공식적인 국가기념일로 지정되었다. 그런데 제주 4·3사건과 관련한 일련의 시책들이 과연 만족스러운 조치였는지는 의문이다. 과거청산 작업은 집단적이고 정치적인 수준에서 지속 가능한 화해를 만들어야 하는데, 전반적으로 상징적인 수준에 머물렀기 때문이다. 이러한 상황은 4·3사건에만 국한되지는 않는다.

화해의 참다운 조건은 무엇일까? 이미 유엔총회는 국가폭력의 피해자들이 누려야 할 권리들을 이른바 '인권피해자권리장전'[51]의 형태로 천명했다. 동시에 이 권리목록은 국가폭력 이후 사회에서 국가의 책임과 시민의 책무로도 읽힌다. 피해자 권리장전은 가해자 처벌이나 금전적 배상에 머물지 않고, 만족(satisfaction)과 재발 방지의 보증(guarantee of non-repetition)을 강조한다. 재발 방지의 보증은 국가폭력의 재발뿐만 아

6가지 삐딱한 성찰』, 난장이, 2011, 207쪽 이하.

[50] 이재승, 「화해의 문법: 시민정치의 관점에서」, 『민주법학』 제46호, 민주주의법학연구회, 2011, 123~158쪽.

[51] Basic Principles and Guidelines on the Right to a Remedy and Reparation for Victims of Gross Violations of International Human Rights Law and Serious Violations of International Humanitarian Law. Adopted and proclaimed by General Assembly resolution 60/147 of 16 December 2005.

니라 피해자의 트라우마 재발을 동시에 억제한다. 예컨대, 진실의 완전한 규명, 유해발굴의 지속, 피해자들에 대한 신체적·정신적 피해와 장애에 대한 재활치료, 심리적 고통에 대한 치유, 군경 언론미디어 의료종사자들에 대한 국제인권법·국제인도법 교육, 일반시민에 대한 인권 교육, 역사교육, 인권침해 사실의 공식적 기록과 교과서 수록, 인권침해를 야기했던 국가기구·법제·관행의 해체 등을 열거한다. 아울러 '불처벌투쟁원칙'[52]은 피해자들의 진실에 대한 권리, 일반시민들의 진실에 대한 권리와 진실을 기억할 의무, 국가의 진실을 규명할 의무와 기록을 보존할 의무를 예시한다.

앞에서 말한 피해자권리장전이나 불처벌투쟁원칙에 기초해 과거청산의 원칙은 다섯 가지로 요약할 수 있다.[53] 그것은 진실규명, 피해배상, 책임자 처벌, 제도개혁, 정신적 쇄신이다. 첫째로, 사건의 진실을 완전하게 규명해야 한다. 진실에 대한 권리는 소멸하지 않는다. 인간적 진실은 아무리 시간이 지나더라도 인간에게 옳은 것을 이행하도록 촉구한다. 둘째로, 피해자의 지위를 회복시켜주어야 한다. 원상회복과 금전적인 배상을 이행해야 한다. 셋째로, 책임자를 처벌해야 한다. 이는 강력한 청산헤게모니가 확립된 때에만 가능한 일이다. 우리는 책임자 처벌이 없는 과거청산이 얼마나 불완전한 것인지 지금 뼈저리게 느끼고 있다. 넷째로, 학살을 조장한 제도를 혁파해야 한다. 민간인을 유사시에 끌어다 학살하는 관행이 존재하는 한, 정치적 반대자를 간첩이나 빨갱이로 몰아 처단할 수 있는 제도가 있는 한, 그러한 만행은 반복되게 마련이다. 학살과 인권침해를 가능하게 했던 법과 제도, 관행은 권력기구들 속에 여전히

---

52 Report of Diane Orentlicher, independent expert to update the Set of principles to combat impunity: Updated Set of principles for the protection and promotion of human rights through action to combat impunity(08/02/2005E/CN.4/2005/102/Add.1)
53 이재승, 『국가범죄』, 앨피, 2010, 17쪽 이하.

살아있다. 그런 면에서 웅장하게 조성된 4·3기념공원이나 수많은 조형물은 진실과 새출발에 대한 보증은 되지 못한다. 국가권력이 조형물을 통해 시민을 기만할지라도 시민은 자기기만에 빠져서는 안 된다. 마지막으로, 그러한 만행을 근절시키기 위해서는 인권침해에 저항하고 연대하는 정신을 고취해야 한다. 정의롭고 평화로운 세상은 국가권력이 아니라 시민들의 깨어있는 정신을 통해서만 실현된다. 국가의 야만을 멈추게 하는 것은 인간이다. 흐리멍덩하고 고분고분하고 복종만을 일삼는 인간은 야만적 권력의 포로가 되어 스스로를 망치고 타인마저 불행하게 만들 뿐이다.

(3) 백조일손이라는 판타지

〈목마른 신들〉은 개인적 화해굿으로서 의미가 제한되지만 작가는 화해와 통합에 대한 보편적 열망을 표현한다. 백조일손지지(百祖一孫之地)[54]에 대한 심방의 사설은 다음과 같다.

> "모슬포에 가면 백조일손지지라는 공동묘지가 있다. 왜놈들이 탄
> 약고로 쓰던 콘크리트 땅굴 속에 백 몇 십 구의 시신이 가득 담겨
> 져 있었는데 칠년이 지난 후에야 겨우 이장 허가를 받은 가족들이
> 몰려들었을 때는 멸치젓처럼 푹 썩어 육탈된 뼈들이 네 거 내 거

---

[54] 제주 4·3사건에서 많은 제주도민이 살해되었지만 제주 4·3사건에서 연루되었다가 살아남은 사람들은 6·25 전쟁 중 예비검속에 의해 1950년 7월에 집단적으로 학살당했다. 252명의 모슬포 피살자들은 대정면, 한림면, 안덕면 지역에서 예비검속된 사람들이다. 당국은 피살자들의 시신에 대해 유족들의 접근을 허락하지 않다가 1956년에 비로소 허가했다. 유족들은 현장에서 132구의 시신을 수습했으나 신원확인이 불가능했다. 일부 유족들은 유해를 수습하여 다른 곳에 개인적으로 묘를 조성했지만 대다수는 현장에 유골을 형태만 갖추어 봉분을 마련했다. 공동묘지는 이렇게 탄생했다.(제주4·3진상조사위원회, 「제주4·3사건진상조사보고서」, 2003, 432쪽.)

구분할 수 없게 얼크러져 있었다. 네 뼈다 내 뼈다 부질없이 다투던 유족들은 결국 저 조상들은 네 거 내 거 구별할 수 없으니 우리 모두 하나의 자손이 되어 섬기자고 의견의 일치를 본 다음 얼크러진 뼈들을 주워 맞춰 사람 형상을 만들고 일일이 봉분을 갖춰 매장했으니 그 공동묘지가 백조일손지지다."[55]

정부당국은 6·25 전쟁 중에 모슬포에서 학살된 예비검속자들의 유해 수습을 금지했다. 시신의 수습을 금하는 조치는 몸의 살해가 아니라 주검마저 죽이는 혼의 살해이다. 그것은 죽은 자가 원혼이 되어 가해자에게 상징적인 복수조차 할 수 없게 만드는 봉쇄조치이다. 죽음마저 죽이려 한 권력에 맞서는 목소리를 소포클레스의 비극 〈안티고네〉에서도 들

백조일손묘역(모슬포)

게 된다. 오이디푸스의 불행한 딸 안티고네는 오빠 폴리니케스의 매장을 금지한 크레온 왕의 포고를 위반하고 오빠의 유해를 수습하다 비극적인 최후를 맞았다. 그녀는 왕의 포고에 맞서면서 자신만의 죄의 정치를 보여주었다. 백조일손지지는 국가폭력의 참상을 알려주면서 역설적으로 극복 의지를 표현한다. 이 묘지는 고통과 극복, 기억과 예언, 역사와 초월을 동시에 말하는 판타지다. 그것은 억압당한 세계를 극복하고 거친 대지에 생기를 불어넣으려는 〈목마른 신들〉의 열망을 반영한다. 이 묘지는 법의학 지식이 없는 시대에 불가피한 매장방식이 아니라 비극을 집단적으로 극복하려는 망자와 살아남은 자들의 공동프로젝트이다. 이 공동묘지는 가해자인 서청노인과 무고한 손자가 공동으로 제사를 받드는 행위와 좋은 대칭을 이룬다. 이제 백여 구의 자연적 유해(corpus naturale)는 학살의 참상을 극복하려는 신비스러운 몸(corpus mysticum)으로 전환되었다.[56] 제주 4·3사건에 관해서라면 어떠한 예술작품도 이 묘지보다 숭고한 형태를 갖추기 어려울 것 같다. 백조일손지지가 집단학살, 집단적 트라우마, 집단적 기억, 집단적 비전까지 함께 간직하기 때문이다. 작가는 4·3의 유지(遺地)에서 식민주의, 냉전질서, 분단체제를 극복하려는 민중의 견결한 유지(遺志)을 읽어냄으로써 묘지의 신비적 의미[57]를 전해준다. 이것이 바로 작가가 추구하는 죄의 정치라고 판단한다.[58] 인간은

---

[56] Kantorowicz, Ernst, *The King's Two Bodies*, Princeton University Press, 1957; 칸토로비츠에 대한 소개로는 임승휘, 『절대왕정의 탄생』, 살림, 2004, 25쪽 이하.

[57] 스콜라 철학자들은 성경의 해석과 관련해 다음과 같이 네 가지 의미를 말한다. "문자는 무엇이 일어났는지를 가르치고, 비유는 네가 믿을 바를 가르치고, 도덕은 네가 행할 바를 가르치고, 신비는 네가 추구해야 할 바를 가르친다(littera gesta docet; quid credas, allegoria; moralis, quid agas; quo tendas, anagogia)." 이렇게 하여 해석자는 성경을 기술한 자가 실제로 생각한 것이 아니라 신 자신이 생각한 바에 도달한다. 이와 같은 방식으로 예루살렘은 네 가지 의미를 가진다. 문자적인 의미에서 현실적인 도시, 비유적 의미에서 교회, 도덕적 의미에서 이상국가, 신비적 의미에서 영원한 생명(완성) (구스타프 라드브루흐, 앞의 책, 161쪽.)

[58] 국립묘지의 정치에 대해서는 하상복, 『죽은 자의 정치학: 프랑스 미국 한국 국립

평화롭고 정의로운 세계를 만들기 위해 투쟁해야 하며, 그러한 세계에서만 진정한 화해를 실현할 수 있다는 것이다.

5. 쇠와 살

작가는 '구조'와 '유혈'이라는 장편(掌篇)에서 쇠와 살의 관념을 예리하게 드러낸다.[59] 쇠는 기관총처럼 요란하고, 칼처럼 날카롭고, 얼음처럼 차갑다. 살은 보드랍고 연약하고 찢어지기 쉽다. 인간이 쇠를 잡으면 관료제의 부속품이 되고, 기계의 부품이 된다. 그러한 인간은 이제 상부의 명령이라면 무엇이든 기계처럼 수행하며 인간을 잡아먹는다. 예루살렘의 아이히만에서 보듯이 세상에는 자신의 직무에 충실했다고 변명하는 자들로 가득 차 있다. 프리모 레비는 아이히만을 빗대어 "생각하지 않는 죄"라는 시를 지었다.[60] 물론 이러한 아이히만 유형 이외에도 사회 안에는 살육의 논리를 생산하는 이데올로그들과 심각한 광신도들이 산재해 있다. 그래서 학살을 극복하려는 과거청산의 정치에서 사상적인 투쟁이 치열하게 전개되어야 한다.

뉘른베르크 법정에서 인도에 반한 범죄와 전쟁범죄를 처벌하던 순간에도 미국과 한국 정부는 쇠로 전락한 인간들을 동원하여 제주도에서 학살을 자행했다. 제주도에 평화의 기념관을 짓는 동안에도 강정에 해군기지를 건설했다. 재일교포 유학생들을 희생물로 삼았던 조작간첩사건의 재심에서 무죄를 선고하고 국가배상을 하는 동안에도 유우성씨 사건에서 권력기관은 증거를 조작했다. 현재 우리 사회는 억압적인 과거를

　　묘지의 탄생과 진화』, 모티브북, 2014.
59 〈쇠와 살〉, 141쪽; 151쪽.
60 프리모 레비, 이산하 옮김, 『살아남은 자의 아픔』, 노마드북스, 2011, 31쪽.

거의 복원했고 공직자들은 인간적인 양심을 지워간다. 쇠와 살은 영원한 모순을 겪고 있으며, 영원한 갈등상태에 있다. 쇠와 살 중에 어느 편을 들어야 할지 우리는 결단해야 한다. 권력 대 인권, 사물 대 인간, 전쟁 대 평화, 소유 대 존재, 냉담 대 공감, 죽음 대 생명, 어느 편을 들어야 할까? 결단의 순간은 일상 속에 찾아온다.

인간은 연약하고 깨지기 쉬운 존재이다. 오류를 범하지만 그 오류를 시정하고자 하며, 쓰러지기도 하지만 고갈되지 않으며, 어두운 과거에 눌려있기도 하지만 더 좋은 미래를 향해 끝도 없이 실험하고 도전하는 존재이다. 인간이 지닌 역량과 품덕에 부합하는 정치, 사회, 문화를 획득하기 위해 싸워야 한다. 국가는 인간의 행복을 위한 방편이다.[61] 인간이 함께 생각하고 말하고 행동하는 것을 멈출 때, 근본적인 정치가 사라질 때, 국가는 인간을 권력과 자본의 불쏘시개로 소비할 따름이다. 형이상학적 죄는 피할 수 없는 죄의 수렁이 아닌 평화의 공동체를 향한 충동이며,[62] 인도적인 세계질서를 만들려는 정치적 에너지이다. 인간은 학살과 만행 앞에서 자신을 수동적인 피해자로 규정하지 말고 사회의 구조를 바꾸는 정치적 주체로 상상하고 행동해야 한다.[63] 정치적인 행동만이 정치가 야기할지도 모르는 불행을 제거하기 때문이다. 바로 그것이 공동체를 이루고 사는 인간들의 정치적 책임이자 살아남은 자가 펼쳐야 할 '죄의 정치'이다.

---

[61] Zinn, Howard, *Nine Fallacies on Law and Order,* Random House/Vintage, 1968, pp. 119~122.

[62] 이재승, 「국가범죄와 야스퍼스의 책임론」, 『사회와 역사』 제101호, 한국사회사학회, 2014, 183~217쪽.

[63] 알랭 바디우, 이종영 옮김, 『윤리학』, 동문선, 2001, 11쪽 이하.

분단국가주의와 저항적 주체 형성
류연산의 〈인생숲〉을 바탕으로

김종곤*

1. 디아스포라적 사유와 류연산의 〈인생숲〉

우리가 분단극복과 통일을 사유함에 있어 코리언 디아스포라의 문학을 읽는다는 것은 무엇을 의미하는가? 그것은 일종의 학문적 흥미 이전에 한(조선)반도가 아닌 다른 공간에서 형성된 시선을 관찰하고 그것을 참고삼는 데에서 의미를 찾을 수 있을 것이다. 여기에는 어떤 기대감이 있다. 그들은 자기중심적 시각에서 세계를 바라보고 각자의 세계해석이 더 참된 것이라고 주장하는 분단된 남과 북을 벗어나 있는 존재들이기

---

* 건국대학교 통일인문학연구단 HK연구교수.

때문이다. 세계의 전경은 어떠한 시선의 위치에 있는가에 따라 다르다. 그래서 그들 옆에 서서 같은 곳을 향해 시선을 맞추어보는 것은 다른 시-공간을 경험하는 것이 될 수 있다. 폴 길로이(P. Gilroy)가 말하듯 "의미와 정체성의 안정성에 대한 모든 주장들을 의심"하는 "디아스포라적 사유"[1], 그리고 그 사유를 통해 우리 스스로를 반성하고 또 다른 성찰의 계기를 마련하는 것, 우리가 무엇보다 기대하는 것은 바로 그것이다.

특히 중국 조선족은 해방 이전에는 만주지역 항일투쟁의 중심에 있었으며, 해방 이후에는 남북분단의 이해관계에 깊이 개입되어 있는 주변국 중 하나인 중국에서 살아가는 코리언이라는 점에서, 또 한(조선)반도에서 가장 비극적인 사건으로 꼽히는 한국전쟁에 '항미원조'라는 기치를 내걸고 북을 도와 직접 참전한 경험을 지니고 있다는 점에서 조선족의 문학은 분단의 상처를 이해하고 그 치유를 고민하는 데에 좋은 텍스트가 될 수 있다.

그중 이 글이 주목하고 하는 것은 한(조선)반도의 분단 및 한국전쟁의 상처와 아픔을 다룬 류연산[2]의 소설 〈인생숲〉(1989)이다. 〈인생숲〉은 조선족 문학이 "전쟁이 남긴 비극의 흔적에 주의를 돌리기 시작"하던 초창기에 발표된 작품이다. 조선족 문단에 본격적으로 전쟁제재 소설이 들어온 것은 80년대 초부터이며 그나마 그때 발표된 "전쟁제재 소설들은 모두 '승리'와 '승리했다'는 현상에만 주의를 돌렸다"는 점에서 〈인생숲〉은 전쟁제재 소설의 전환기 작품이라고 할 수 있다.[3] 김호웅도 "1978년 이

---

[1] 임유경, 「디아스포라의 정치학-최근 중국-조선족 문학비평을 중심으로」, 『한국문학의 연구』 제36집, 한국문학연구학회, 2008, 185쪽.

[2] "류연산은 1957년 8월 길림성 화룡현 서성진 북대촌에서 출생하였다. 1982년 7월 연변대학교 조문학과를 졸업했고, (...) 1982년 8월부터 연변인민출판사 문예편집부 편집 주임, 종합편집부 부장, 총편조리 등의 직책을 역임했고 2007년 연변대학교에 교수로 자리를 옮겨 글짓기 기초, 문학개론, 문예창작 심리학, 소설 창작론 등을 강의하였다."(김호웅, 「류연산 소설의 사회비판성과 인도주의」, 『통일인문학논총』 제55집, 건국대학교 인문학연구원, 2013, 198~199쪽.)

후 새로운 역사시기에 와서 항미원조전쟁에 단순 배합하고 애국주의와 국제주의를 찬미해야 하는 그러한 인위적인 틀에서 벗어나 전쟁과 평화에 대해 새롭게 사고하고 항미원조전쟁에 대해 새롭게 접근한 작품들이 나왔다."[4]고 말하면서, 그중 대표적인 작품으로 류연산의 〈인생숲〉을 꼽고 있다. 그럼에도 불구하고 중국 문학의 경향성과 흐름을 분석한 몇몇 연구물에서 전쟁의 비극성을 고발하고 반전과 평화를 주장한 조선족 문단의 대표적인 작가로 류연산을 소개할 뿐 그의 작품 자체를 집중적으로 분석한 연구물은 거의 없는 실정이다.[5]

하지만 〈인생숲〉은 남과 북을 단지 형제로 형상화하고 민족 간의 당위적인 화해를 강조하는 것에 그치지 않는다는 점에서, 전쟁을 소재로 한 같은 시기의 조선족 소설들과 확연히 차별성을 지닌다는 점에서 주목할 만한 작품이다. 그뿐만 아니라 이 작품은 조선족으로서 자기반성을 바탕으로 분단의 역사가 낳은 고통과 그 고통 이면에 있는 폭력성을 고발하는 데에 집중하고 있다는 점에서도 연구할 만한 작품이다. 그러나 무엇보다 이 작품에서 주목할 점은 〈인생숲〉의 주인공이 분단국가주의에서 벗어난 주체형성이라는 문제의식을 던져주고 있다는 점이다.

이에 이 글은 첫째, 전쟁이 낳은 폭력[6]과 고통에 직면한 〈인생숲〉의

3 오상순, 「20세기 말 조선족 소설에 나타난 비극성」, 『현대문학의 연구』 제24호, 한국문학연구학회, 2004, 175~178쪽.
4 김호웅, 「"6·25"전쟁과 남북분단에 대한 성찰과 문학적 서사」, 『통일인문학논총』 제51집, 건국대학교 인문학연구원, 2011, 21~22쪽.
5 류연산과 그의 작품을 집중적으로 다루는 논문으로는 조선족 학자인 김호웅의 앞의 논문(2013)이 있다. 그 외 조선족, 한국 학자들이 쓴 관련 논문으로는 김호웅·김관웅, 「전환기 조선족사회와 문학의 새로운 풍경」, 『한중인문학연구』 제37집, 한중인문학회, 2012; 김호웅, 위의 논문; 임경순, 「'중국 조선족' 소설의 분단 현실 인식과 방향 연구」, 『한중인문학연구』 제37집, 한중인문학회, 2012; 이혜선·김영미, 「1990년대 이후 중국조선족 소설의 전개 양상과 특성」, 『한어문교육』 제31집, 한국언어문학교육학회, 2014; 오상순, 앞의 논문 등이 있으나 대부분 조선족 문학의 경향성을 설명하면서 간략하게 류연산을 언급할 뿐이다.
6 김도민은 국가 폭력이라는 개념이 "분단이 야기한 복잡한 폭력의 양상까지 포착

주인공을 분석적으로 읽으면서 어떠한 주체로 나아가는지 살펴보고자한다. 이를 통해 둘째, 그 주체가 분단극복을 위한 주체형성에 있어 어떠한 의미를 지니는지를 새로운 담론행위라는 차원에서 논의하고자 한다. 그리고 마지막으로 이 글은 그러한 주체형성과 담론의 생성이 가능하기위한 현재적인 실천방안에 대한 시론적인 고민을 제출하면서 끝을 맺고자 한다.

2. 고통에 참여하는 주체와 분열적 주체

(1) 고통에 참여하는 주체: 이성적·관조적 주체의 거부

"인생여로 반 고개에서/바로 가는 길을 잃고 있다가/알고 보니 홀로 어두운 숲 속에 와있어라/···거칠고 두렵고 음산한 황야가···"[7]

류연산은 자신의 소설 〈인생숲〉 첫머리에 단테 알리기에리(Dante Alighieri, 1265~1321)의 『신곡』(Divina Commedia) 중 「지옥편」 제1곡 1~3행을 옮기고 있다. 단테의 『신곡』은 총 100곡으로 이루어져 있는데, 그중 「지옥편」 제1곡은 "텍스트 전체의 발단과 배경"을 밝히는 서곡이면서, 지옥-연옥-천국 순으로 이어지는 7일간의 여[8] 중 주인공 단테가

하는 데는 한계를" 가진다는 점을 지적하면서 분단폭력을 "한반도의 남북 분단이 낳은 주관적·객관적 폭력"을 아우르는 개념으로 사용한다.(김도민, 「세월호 참사와 분단폭력을 넘어서」, 『세월호 이후의 사회과학』, 그린비, 2016, 156쪽.)

[7] 류연산, 〈인생숲〉, 『황야에 묻힌 사랑』, 한국학술정보, 2007, 97쪽.(이하 '〈인생숲〉, 쪽수'로 표기)

[8] 『신곡』에서 단테의 순례는 지옥 3일, 연옥 3일, 천국 1일의 여정으로 이루어져 있다. 제1곡의 시간적 배경은 그중 첫째 날로서 단테의 나이 35세 되던 해인 1300년 4월 7일 성 목요일이다.(단테 알리기에리, 한형곤 옮김, 『신곡』, 서해문집, 2005

'어두운 숲'에서 경험한 일들을 이야기하고 있다.

'어두운 숲'은 "태양이 침묵을 지키는 곳"(1.60)으로서 지옥의 문으로 들어서기 이전 이승(예루살렘)과 저승의 사이에 위치하고 있다. 또 한편으로 작가 단테가 살았던 당시의 피렌체는 그야말로 피비린내 나는 당쟁의 시기[9]이었다는 점을 고려해서 보면 '어두운 숲'은 그가 "소속되어 있는 당대의 혼란한 현실 세계"[10]라고 할 수 있다. 〈인생숲〉에서도 숲은 이와 유사한 공간적 이미지와 역사적 의미를 지니고 있다. 소설에서의 배경은 "비를 실은 구름"으로 뒤덮이고 바람 소리가 무섭게 들리는 "어둠의 침습을 받은 숲"으로서 한국전쟁이 벌어지고 있는 시간대이다.(〈인생숲〉, 97쪽) 따라서 두 작품에서 '숲'은 인간들의 세상과는 거리를 두면서도 전쟁으로 인해 인간성이 실종되고 윤리성은 파괴된 현실을 '고뇌'하는 공간이라는 공통적인 의미로 해석되어도 무리가 없을 것이다. 또 그런 의미에서 보자면 숲은 지금의 비극적인 인간세상의 현실을 넘어 "행복을 추구하는 길은 어디에 있는가?" 혹은 "구원은 어디에 있는가?"[11]라는 물음이 던져지고, 그에 대한 답을 찾기 위해 길을 헤매고 있는 '혼돈'의 시-공간이라고 할 수 있다.[12]

참조. 이하 『신곡』 「지옥편」의 인용은 본문에 (곡,행)으로 표시한다.)

9 단테는 중산층을 옹호하는 구엘프당에 속해있었는데, 상류층을 대변하는 기벨린 당과의 전투에 직접 참전하기도 했다. 이후 기벨린당과의 싸움에서 승리한 구엘프당은 교황청에서의 자치와 자율성을 주장하는 비앙키파(백당)와 교황을 지지하는 네리파(흑당)로 나뉘어 또다시 싸움을 전개했다. 당시 로마에 사절단으로 파견되어 있던 단테가 돌아왔을 때에는 그가 지지하던 비앙키파가 네리파에 의해 축출되었다. 단테 역시 그러한 역사의 소용돌이로부터 피해갈 순 없었다. 결국 그는 공민권이 박탈된 채 피렌체로부터 추방되어 유랑을 하게 되었다. 그렇기에 단테의 정치적 이상은 '반폭력'과 '평화'로 집중될 수밖에 없었다고 한다.(김효신, 「단테의 시와 정치적 이상」, 『이탈리아어문학』 제46집, 한국이탈리아어문학회, 2015 참조.)

10 박상진, 『단테 신곡 연구: 고전의 보편성과 타자의 감수성』, 아카넷, 2011, 58쪽.

11 이명곤, 「단테의 『신곡』에 나타나는 비-그리스도적 사유와 단테의 휴머니즘」, 『철학논총』 제73집 제3권, 새한철학회, 2013, 188쪽; 203쪽.

12 〈인생숲〉에서 주인공은 부모 형제가 오순도순 살던 과거를 회상하며 그것이 행복

그래서 단테가 평소 흠모했던 시인이자 여행 안내자로 등장하는 베르길리우스(vergillius)는 짐승들에게 쫓겨 점점 더 어두운 곳으로 내몰리고 있는 단테를 처음 만났을 때 그에게 다음과 같은 질문을 던진다. "그런데 너는 어인 일로 대단한 **고통**(강조: 필자) 속으로 왔느냐?"(1.75) 이들의 대화에서 주인공 단테가 '고통' 속에 위치하고 있다는 것이 드러나고 있다. 하지만 주인공 단테가 위치한 '어두운 숲'은 "산 사람을 아직까지 살려 보낸 일이 없는 저승길"(1.26~27)이면서 사나운 짐승들로 인해 좀처럼 벗어날 수 없는 공간이다. 이는 고통의 본질을 "무(無)의 불가능성"이라 말하는 레비나스를 떠올리게 한다. "고통의 내용은 고통으로부터 해방될 수 없는 불가능성과 일치한다. (…) 괴로움 속에는 어떠한 도피처도 없다. 그것은 다만 존재에 직접 노출되어 있다는 사실이다. 도망갈 수도 없고 회피할 수도 없기 때문에 그렇게 된 것이다. 고통은 삶과 존재의 궁지에 휘몰리고 있다는 사실이다."[13]

여기에서 중요한 점은 '무의 불가능성'은 분명 고통이 그토록 뼈아픈 이유이면서도 '재현 불가능성'(Unrepresentability)을 지시한다는 점이다. 류연산이 옮기고 있는 단테의 시에서 앞뒤 두 개의 말줄임표(…) 자리에는 원래 "아! 어이 말하리오, 그 숲의 인상을!"와 "생각만 하여도 몸서리쳐진다!"가 각각 놓여 있었다.[14] 단테는 애초에 자신의 순례를 형용 불가능하다는 탄식의 '언어'로 그 자리를 채우고 있는 것이다.

하지만 류연산이 단테의 형용 불가능을 단순 '기호-말줄임표(…)'로 대체하고 있다는 점은 고통을 대면하는 주체를 전혀 다르게 설정하고

이었다는 점을 반복해서 말한다. 이와 관련한 논의는 뒤에서 하도록 한다.

13 엠마누엘 레비나스, 강영안 옮김, 『시간과 타자』, 문예출판사, 2004, 75~76쪽.

14 이탈리아어 원문과 영어 번역문을 옮기면 다음과 같다. Ahi quanto a dir qual era è cosa dura/esta selva selvaggia e aspra e forte/che nel pensier rinova la paura! ; How hard it is to tell what it was like, this wood of wilderness, savage and stubborn (the thought of it brings back all my fears), a bitter place!

있는 것으로 보인다. 『신곡』에서 주인공 단테는 자신이 서 있는 그곳이 인간세상이 아닌 너무나도 낯설고 공포스러운 곳이지만 그가 베르길리우스와 수행하는 것은 죄지어 고통받는 인간들의 면면을 관찰하고 천국의 길을 통해 그로부터 벗어나는 것이었다. 그리고 그 순례의 여정을 과거 시제로 회상하며 인간세상의 부도덕함을 고발하고 구원을 받는 길을 제시하고 있는 것이다. 하지만 류연산의 소설에서 주인공은 관찰자의 입장이 아니다. 그는 그 고통에 동참하면서 스스로 고통받는 자가 된다. 그 주인공은 주인공 단테와 같이 이성의 눈으로 거리 두기를 하지 않는다. 오히려 그는 자신의 고통과 타인의 고통 간의 경계를 허물며, 메시아적인 방법론보다는 고통의 실재를 드러내 보이는 데 더 치중한다. 따라서 단테의 시와 류연산의 소설 주인공은 전혀 다른 '지위'에 있다.

다시 말해, 류연산의 소설에서 주인공은 이성(베르길리우스)의 안내와 신성(베아트리체)의 배려 안에서 안전한 입장을 유지할 수 없는, 온전히 노출된 자가 되기에 주인공이 지닌 고통은 말하고 싶어도 말할 수 없는 '그 무엇'인 것이다.[15] 그래서 말줄임표는 어떤 기의로 고착할 수 없는 환원 불가능성으로서 '환유'(metonymy)로 읽히며, 류연산이 옮기고 있는 단테의 시는 더 이상 단테의 시가 아니라 현재 고통받고 있는 자의 시가 된다.

또 고통의 재현 불가능성으로서 '그 무엇'은 곧 타자의 출현을 의미한다는 점에서 현재 고통받고 있는 자는 전혀 다른 실존성(existentiality)으

---

15 한순미가 말하는 고통은 이와 관련하여 너무나 적절한 것이 아닐 수 없다. "고통은, 언어 이전에 있는 것이며 또 언어를 초과하여 존재하기 때문에 어떤 말로도 재현할 수 없는 것, 즉 '말할 수 없는 것'이다.(아픔과 괴로움을 모두 말할 수 있다면-그것을 언어로 번역할 수 있다면, 그래서 고통의 흔적을 남김없이 가시화할 수 있다면-, 그것은 이미 고통이 아닐 것이다.) 이처럼 고통은 언제나 이미 있는 것, 하지만 투명한 언어로 재현될 수 없는 '그 무엇'이다."(한순미, 「고통, 말할 수 없는 것: 역사적 기억에 대해 문학은 말할 수 있는가」, 『호남문화연구』 제45호, 호남학연구원, 2009, 98쪽.)

로 드러난다. 낯선 타자의 출현으로 인해 고통받는 '나'는 동일성을 더이상 유지할 수 없게 된다. 균질적인 사유는 찢어지고 '나'는 유동한다. '나'는 물리적으로 측정하거나 좌표화할 수 있는 시-공간에 고정되지 않는다. '언제'와 '어디'를 상실한 인간은 "살아 있으면서도 죽어 있는 자 혹은 죽어가는 자와 같은 반(半)인간"[16]으로서 '죽은-존재'라는 '형용모순'(oxymoron)의 '그 무엇'이 된다.

〈인생숲〉에서 처음으로 묘사되는 주인공이 그러하다. 그는 비가 내리면서 물안개로 가득 찬 숲 가운데 아무것도 감각하지 못하는 석상처럼 허리를 구부정하게 하고 앉아 있다. 그에게서는 너무나도 강인했던 산포수로서의 생기는 찾아볼 수 없으며 "불행과 비애, 절망과 공허의 그늘"만이 감지될 뿐이다.(〈인생숲〉, 98쪽) 그를 사로잡고 있는 것은 프리모 레비가 〈고통의 나날들〉에서 전하는 공포 또는 불안과 같은 것이다. "아무도 막을 수 없었던 어둠의 나날들/서서히 밝아오는 새벽에 대한 공포감들/그대를 기다리는 내 기다림에 대한 불안감들"[17] 말이다. 일어날지도 혹은 안 일어날지도 모르는, 결정되지 않은 불행은 미래로부터 과거 여행을 하듯 수시로 음습해 오면서 현재화된다. 하지만 그것이 현시되지 않는 것이라 하더라도 그것의 생성은 현재의 요소들을 자양분으로 삼는 것이다.

해방이 되면서 각각 남과 북으로 흩어져 군인이 된 둘째 동생과 막내 동생은 그가 현재 바라보고 있는 압록강 건너, 한(조선)반도에서 서로 적이 되어 총부리를 겨누고 있다. 그곳은 "아케론의 슬픈 강가"(3.76~78) 건너의 지옥과도 같다. 상상의 참호 속 "피곤과 굶주림과 죽음에 함빡 진 무표정한 얼굴들"이 갑작스러운 공습으로 "휘 뿌려지는 피"와 함께 "팔다리며 몸뚱이가" 공중으로 나른다. 어쩌면 그들 사이에 두 동생이

---

16 한순미, 위의 논문, 107쪽.
17 프리모 레비, 이산하 편역, 『살아남은 자의 아픔』, 노마드북스, 2011, 45~44쪽.

있을 수 있다. "그는 부르르 몸을 떨며 전율했다. 온몸의 피가 머리로 물려온 듯도 하고 발밑으로 새어버린 듯 눈앞이 아찔하기도 했다."(〈인생숲〉, 105쪽)

고통받으며 죽어가거나 죽은 생생한 '얼굴들', 더욱이 거기에 있을지도 모르는 두 형제의 얼굴에 압도되어 자신으로부터 유래하지 않는 "수동성의 경험"에 사로잡힌다. 어느새 주체는 죽음의 경계에 직면하여 자신의 지배를 상실하고 "할 수 있음을 더 이상 할 수 없다." 그것은 자신이 가진 힘만이 아니라 그 힘을 가질 수 있는 힘조차 없다는 무기력함이다. 고통은 울음과 흐느낌으로 바뀐다. 레비나스의 말을 통해 정리하자면 다음과 같다. "우리와 고통 사이에 더 이상 아무 것도 개입하지 않는 그곳에서, 극단적 수용의 최고 책임성은 최대의 무책임성으로, 어린아이와 같은 존재로 전도된다. 이것이 흐느낌이고 바로 이 흐느낌을 통해서 죽음은 예고된다. 죽는다는 것, 이것은 이러한 무책임성의 상태로의 회귀이며 어린아이처럼 어깨를 들먹거리면서 흐느낌을 뜻한다."[18]

〈인생숲〉의 주인공은 그렇게 흐느끼고 있다. 막내 동생이 해방 후 김구를 따라 서울로 가면서 자신에게 보낸 (해방의 기쁨과 함께 동포들끼리, 형제들끼리 행복하게 살 희망을 꿈꾸고 있는 내용의) 편지를 빗속에서 펼쳐보면서 말이다. 어깨는 세차게 들먹거리고, 편지를 쥔 손은 바들바들 떨린다.(〈인생숲〉, 100, 103쪽) 이제 앞서 우리가 언급했던 레비의 시 〈고통의 나날들〉 다음에 그가 "세상이 끝나는 방식은 쾅하는 소리가 아니라 흐느끼는 소리이다"[19]라는 T. S. 엘리엇의 시 〈공허한 인간들〉(The Hollow Men)의 구절을 연상해보라고 붙인 이유가 이해가 된다. 그것은 막내 동생의 편지에도 쓰여 있으며, 해방되던 해에 집에 잠시 들린 둘째

---

18 엠마누엘 레비나스, 앞의 책, 77~83쪽.
19 프리모 레비, 앞의 책, 47쪽. 원문을 옮기면 다음과 같다. "This is way the world ends. Not with a bang but with a whimper."

동생이 남기기도 한 말, '삼형제가 함께 행복하게 살아갈 그날'에 대한 희망의 파괴이다. 그의 희망은 "영원히 옛날로 신축된 현실, 그것을 현실 그대로 누릴 수 없는 비극! 동화세계와 같은 옛일은 기억 속에만 남아 내내 그의 심신을 고달프게 할뿐이다."(〈인생숲〉, 101~102쪽)

따라서 단테가 본 지옥문 꼭대기에 적힌 "여기 들어오는 **너희**(강조: 필자)는 온갖 희망을 버릴지어다"(3.9)라는 글귀에서 '단테'와 '너희'는 동일시되지 않지만, 소설에서 주인공이 처한 현실에서 죽어가는 자 혹은 죽은 자는 자신과 동일시된다. 나아가 소설의 주인공은 고통받는 자와 자신을 분리하여 이성적으로 그들의 죄를 묻고 관조하는 자가 아니라 그 고통 속으로 인입해 들어가면서 참여하는 주체라는 점에서 주인공 단테와 같이 이성적 언어로 말할 수 있는 존재가 아닌 것이다. 오히려 소설의 주인공은 이성적이고 관조적인 주체이기를 '거부'한다. 그래서 거기에는 '증상'이 있을 뿐이다.

(2) 분열적 주체: 숭고함의 추락과 새로운 담론의 생성

지젝에 따르면 "증상은 세계가 실패하는 곳에서, 상징적인 소통의 회로가 끊어진 곳에서 출현한다. 그것은 일종의 '다른 방식을 통한 소통의 연장'이다. 실패하고 억압된 단어는 코드화된, 암호화된 형태로 나타난다."[20] 여기에서 증상에 관한 두 가지의 의미를 찾아낼 수 있다. 첫째, 증상은 세계의 균열이자 단절이 발생하고, 균질적인 상징적 질서는 더 이상 유지되지 않는다는 의미를 지닌다. 이는 이전과 동일할 수 없는 그

---

[20] 지젝은 뒤이어 라캉의 "증환"(sinthome) 개념을 통해 "증상은 향락을 어떤 상징적인 기표 형성물과 하나의 매듭으로 묶어줌으로써 우리 세계-내-존재(being-in-the-world)에 최소한의 일관성을 보장해 주는 방법"이라고 말한다.(슬라보예 지젝, 이수련 옮김, 『이데올로기라는 숭고한 대상』, 인간사랑, 2003, 133쪽; 136쪽.)

래서 자기로의 회귀를 추구하는 순환적 시간은 멈춘다는 것이다. 그렇기에 둘째, 증상은 기존의 언어로부터 이탈하고 미끄러지면서 '비-언어'를 생산한다. 소설 속 주인공의 흐느낌, 떨림 등이 바로 그것이다.

하지만 소설 속 주인공의 증상은 비단 이것으로만 그치지 않는다. 그의 증상은 환각(hallucination) 속에서 두 동생을 만나는 장면에서 극도에 이른다. 주인공은 자신이 속해 있으며, 현(縣)에서 조직한 전문 사냥대가 짐승들로부터 인가(人家)를 보호하기 위한 것이 아니라 사실상 조선공군부대에 식량과 약재를 공급하기 위하여 구성되었다는 사실을 알게 된 후, 심한 양심의 가책을 느끼면서 두 동생의 환영을 만난다. (남쪽의) 막내 동생은 알았던 몰랐던 북을 '위해' 사냥을 해 온 (조선족) 큰형의 다리를 잡아당겨 넘어뜨린다. 그러자 (북쪽의) 둘째 동생이 나타나 형을 부축해주는데, 이때 막내 동생은 둘째 동생의 가슴에 총을 겨눈다. 둘째 동생도 막내 동생에게 총을 겨눈다. 두 동생의 모습에서는 형제의 관계는 찾아볼 수 없다. 두 동생은 전쟁터에서 적을 대하는 여느 사람과 다르지 않다. 그런 두 동생이 싸우는 모습을 더 이상 지켜볼 수 없어 큰형은 질책하듯 동생들의 뺨을 때린다. 그리고 자신이 사냥을 그만두면 되지 않느냐고 윽박지른다. 하지만 막내 동생은 그런 형을 보며 그것이 가능하기나 한 소리냐는 듯 냉소한다. 주인공인 큰형은 그러한 냉소에 심한 곤경감을 느끼면서 어떠한 대꾸도 하지 못한다.(〈인생숲〉, 106쪽)

환각 상태에서 두 동생의 환영을 만나는 이 장면은 그 자체로 하나의 민족이 남과 북으로 나뉘어 서로에게 총부리를 겨누었던 한국전쟁에 견줄 수 있다. 또 큰 형이 조선공군부대를 돕기 위해 사냥을 한 것은 그 전쟁의 의미를 제대로 알지 못한 채 형제간의 전쟁에서 '항미원조전쟁'이라는 이름으로 북을 지원하면서 또 하나의 형제를 죽여만 했던 역사를 형상화하는 것으로 읽힌다. 그리고 막내 동생의 냉소에 어떤 대꾸로 하

지 못할 곤경감을 느꼈다는 대목은 형제를 죽였다는 죄의식을 표현하는
것으로 보인다. 요컨대, 류연산이 소설을 통해 드러내고자 하는 것은 비
극의 역사, 한국전쟁에 대한 조선족으로서의 자기 비판적 반성인 것이다.
이러한 류연산의 관점은 조선족을 비롯하여 중국 내에서, 특히 문학계
내에서는 매우 독특한 것이라고 할 수 있다. 중국은 현재까지도 한국전
쟁을 승리적 관점에서 파악하고 있으며, 한국전쟁을 다룬 문학작품은 대
부분 이를 따르고 있기 때문이다.

　하지만 여기에서 주목하고자 하는 점은 류연산이 한국전쟁을 바라보
는 관점이 여느 작가들과 비교했을 때 독특하다는 점보다는 그 독특함을
통해 무엇을 수행하고 있느냐라는 점이다. 결론부터 말하자면, 그가 그
독특성을 통해 수행하고 있는 것은 바로 국가의 관점에서 전쟁을 '항미
원조' 혹은 '조국해방', '호국', '순국' 등의 이름으로 명명하는 '숭고함'
그 자체를 폐기하는 것이다. 소설 속 주인공에게 그 전쟁에서 누가 옳고
그른지 중요하지 않다. '오로지' 그는 귀중한 두 동생이 무사하기만을
바랄 뿐이고 전쟁이 하루빨리 끝나기를 소원할 뿐이다. 동생들의 생사와
타협이 가능한 그 어떠한 것도 없다. 또 그것과 양립할 수 있는 그 어떠
한 것도 없다. 그래서 전쟁에 대한 주인공의 관점은 국가로서 남, 북 혹
은 중국과 같은 하나의 전체성으로 귀결되지 않는다. 물론 이것이 전쟁
의 주요요소였던 국제정세와 정치-이데올로기를 간과하는 맹목적 휴머
니즘이라고 말할지도 모른다. 하지만 그 맹목성이야말로 주인공의 신체
를 분열되게 만들면서 산꼭대기에 올라앉아 있는 숭고함을 추락하게 만
드는 동력이 되고 있는 것이다.[21]

---

[21] 들뢰즈-가타리는 분열증(schizophrenia)을 정신병리학에서 말하는 자기파괴가 아
  닌 욕망의 흐름을 가로막는 기존의 질서, 제도 등에 대한 저항이자 그것을 전복하
  려는 생성적 역동성으로 파악한다.(질 들뢰즈·펠릭스 가타리, 김재인 옮김,『안티
  오이디푸스』, 민음사, 2014 참조.) 이에 따라 보자면 주인공의 신체 역시 하나의
  질서로서 숭고함을 폐기하고 있으며, 뒤에서 좀 더 구체적으로 논의하겠지만, 그

그렇다면 숭고함을 추락시키고 남는 것은 무엇인가? 그것은 숭고함으로 인해 배제되고 은닉되었던 '잔여물'이 아니겠는가? 미셸 드기(Michel Deguy)는 너무나도 적합하게 숭고의 특성을 차이를 제거하는 "동일자의 동일성"이라고 지적하면서 다음과 같이 말한다. "홍수, 즉 숭고는 다수의 다양성을 감추고 은닉하면서, '거꾸로' 치솟아 분할을 숨기고 '망각하게 만들면서', 재현을 통해 기원과 기원의 단순성을 시뮬레이트한다.(또는, 시뮬레이션을 통해 그것을 재현한다.) 그런데 같음을 향한 역류는 re-를 통해서만 실현될 수 있다.(재생 reproduction과 반복 répétition) 다시 말해, 차이를 알고 차이와 그 차이가 낳는 세분된 차별성들의 망각을 위장하는 데 필요한 기작들(술책들, 말과 글의 여러 가지 표현법, 요컨대 '테크닉들')을 익혀야 가능해진다."[22]

정리하자면, 숭고는 단일성의 다른 이름이며, 같음의 재생이자 반복인 것이다. 반면 숭고함의 추락은 그러한 재생-반복을 멈추게 순간으로서 '사건'인 것이다.[23] 사건은 그 이전과 이후는 결코 동일할 수 없으며, 코드화되어 있던 의미계열은 파괴되고 공백을 남기는 계기이다. 하지만 공백은 텅 빈 무(無)의 공간으로만 남아 있는 것이 아니다. 사물의 의미 배열이 흐트러지면서 (숭고의 언어로 쓰인) 역사에 편입되지 못했던 '비-역사'가 출현하는 공간이다. 이때 '비-역사'는 기록되지 않은 사실로서의 역사라는 의미가 아니다. '비-역사'는 재생-반복이라는 닫힌 시간과는 다

러한 숭고함의 폐기를 통해 '비-역사'를 생성하고 새로운 담론을 창출한다는 점에서 '분열적'이라고 말할 수 있다.

22 미셸 드기, 「고양의 언술」, 장 뤽 낭시 외, 김예령 옮김, 『숭고에 대하여』, 문학과 지성사, 2005, 23~24쪽. 강조는 저자.

23 이때의 '사건'은 바디우의 개념에 많이 기대어 있다. 바디우는 "사건은 언어를 막다른 골목에 이르게 하는 실재의 지점(point de réel)과도 같다는 것"이라고 말하면서 진리가 드러나는 지점이면서 그 진리에 충실한 주체의 출현을 의미하는 것이다. 이하의 논의는 이러한 바디우의 사건과 진리-주체 개념을 참고하면서 이어진다.(알랭 바디우, 현성환 옮김, 『사도 바울』, 새물결, 2008 참조.)

른 '열려 있는 시간'이며, 역사의 언어로부터 배제되고 봉합된 언어를 탈-봉합하는 열린 가능성으로서의 '비-언어'인 것이다. 도미야마 이치로가 일찍이 "증언의 영역"이라는 개념을 통해 말한 바가 그것이다.

중요한 점은 도미야마가 2차 세계대전 당시 오키나와와 관련한 증언들을 검토하면서 공백으로서 증언의 영역을 말할 때, 그것은 "국민의 이야기로 완전히 회수 될 수 없는 죽은 자를 둘러싼 영역"이라는 점이다. 그리고 그러한 증언의 영역은 죽은 자가 말하는 증언의 영역이기에 거기에서 산 자는 죽은 자와 실천적인 관계를 맺는 영역이라는 점이다.[24] 그렇다면 소설 속 주인공이 두 동생의 환영을 만나는 그 공간은 (비록 아직 두 동생은 확실히 죽은 자가 아니지만) 도미야가 말하는 증언의 영역에 빗댈 수 있을 것이다. 주인공은 그 영역에서 죽은 혹은 죽어가는 두 동생과의 만남을 통해 "전쟁은 죽음과 파괴의 대명사이다."(《인생숲》, 104쪽)라고 선언하고 있는 것이다. 그 선언에서 전쟁은 평화, 자유 수호 혹은 해방 따위의 말과 등치되지 않는다. 오히려 그것은 전쟁이 지닌 본질적인 폭력성과 파괴성(살인, 고문, 강간, 약탈 등등)을 은폐하는 '폭력의 말'에 지나지 않는다. 그래서 그의 선언은 (분단)국가주의에 따라 국민의 이야기로 재생되고 반복되는 숭고의 언술에 맞서는 '저항의 말'이 되는 것이다.

이는 소설 속 주인공이 더 이상 자신이 속해있던 공동체의 가치관에 따르지 않는다는 것을 의미한다. 즉, 거기에는 어떤 단절이 있다는 것이다. 라캉식으로 말하자면 상징적 동일시가 실패하는 '폐제'(Verwefung)가 있는 것이다. 그렇기에 주인공은 "상징계의 정상적 작동이 방해를 받고 아버지의 기능이 상상계적 작용으로 환원되는 정신병"[25]으로 나아가면서 환각 증상을 보이는 것이다. 물론 주인공이 환각 증상을 보인다고

---

24 도미야마 이치로, 임성모 옮김, 『전장의 기억』, 이산, 2002 참조.
25 김 석, 『에크리』, 살림, 2013, 223~226쪽.

하더라도 그것만으로 정신병이라고 단언할 수는 없다. 왜냐하면 환각증상은 히스테리에서도 발견되기 때문이다. 하지만 라캉이 정신병의 특징으로 의미 창출의 실패, 즉 의미화를 고정할 고정점이 존재하지 않는다는 점을 말하듯, 주인공이 상징계에 매개하지 않는다는 것, 그래서 무매개적인 비약을 통해 자신의 충동을 노출하는 것만은 확실해 보인다. 그렇다면 저항의 말은 아버지의 이름인 대타자에 자신을 등록시키는 것을 철회하는 주체의 전환을 동반하는 것이라고 할 수 있다. 알튀세르가 말하는 이데올로기에 의해 호명되는 주체는 그 호명을 거부하고 사건 속에서 드러나는 잔여물에 사로잡히는 주체, 다르게 볼 수 있는 눈을 가진 주체가 되는 것이다.

이러한 일련의 논의들이 의미하는 바는 무엇인가? 그것은 '새로운 담론'은 숭고함으로 확립된 언어 속에서는 발견될 수 없다는 것이다. 그것은 신체가 일관성을 상실하고 분열되는 사건을 통해 선언하는 '저항의 말'이라는 것이다. 물론 그것은 고통스러운 과정이다. 주인공이 죽을 만큼의 고통을 겪는 것처럼 말이다. 하지만 라캉이 프로이트의 '죽음 충동'(Todestriebe)을 다시 해석하면서 발견하는 것이 "잃어버린 대상에 도달하고자 하는 절대적인 향유 의지"[26]이지 않는가? 그것은 쾌락원칙을 넘어서면서 금지된 향유에 대한 욕망의 발현인 것이다. 그런 의미에서 '저항의 말'은 부정성만을 의미하는 것으로 읽을 수 없다. 거기에는 부정을 통한 긍정의 욕망이 있는 것이다. 그래서 소설 속 주인공은 현실을 개탄하면서도 끊임없이 희망과 행복을 이야기한다. 저항의 말이 지시하는 것은 생명이 살아 숨 쉴 수 있는 희망인 것이다. 따라서 그것은 현실 회의주의와 무기력함만을 뜻하지 않는 것이 된다. 그것은 지속적으로 미래적 희망으로서 비극적인 현실의 극복을 갈망하는 언어로서 죽음에서

26　김 석, 『프로이트&라캉』, 김영사, 2013, 160쪽.

생명으로 나아가고자 하는 주체의 적극성이다.

따라서 주체는 쉽게 그것을 포기하지 않는다. 주체가 걷고 있는 길이 죽음을 향한 길이라고 할지 몰라도 그는 돌아갈 수 없다. 역설적이게 그가 살 수 있는 길은 죽음의 길을 따라 그 희망에 도달하는 것이다. 어둠의 숲에서 두려움에 떨고 있는 단테에게 베르길리우스는 "네가 이 숲은 벗어나고 싶거든/**다른 길**(강조: 필자)을 택해야 마땅할 것이다."(1.92; 93)라고 말하는 것처럼 말이다. 단테를 위협하는 폭력으로서 짐승들에게서 벗어날 방법은 결국 사랑의 궁극적인 힘을 발견하는 천국으로 가는 길밖에 없는 것이다.

소설의 주인공이 택한 길도 그렇다. 숲속을 헤매던 주인공은 범 한 마리와 맞닥뜨리게 된다. 주인공이 데리고 다니던 사냥개 검둥이가 범에게 죽어가고 있다. 검둥이를 살려야 한다는 절박성이 그를 사로잡는다. 그 찰나 그의 눈앞에 나타나는 것은 피가 낭자한 막내 동생이다. 그의 신체가 죽을 수도 있는 그 일체절명의 순간에도 그는 "범을 잡는 것은 막내 동생을 해치는 거나 다름없다는 소름끼치는 생각"에 사로잡힌다. 그리고 "사냥이 인간의 생존을 위한 수단만일 수 없는 경우가 아니냐!" 하고 다시 자신을 다그친다.(《인생숲》, 113쪽) 그리고 그는 결국 범의 공격을 받으며 죽어간다. 그는 자기 '신체'의 죽음을 불사하면서까지 '영혼(정신)'이 선언한 바를 상황에 강제하면서 충실히 그것을 지키는 길, 곧 생명의 길을 선택한 것이다.

그리고 그가 눈감는 순간에 발견하는 것은 단테의 사랑 베아트리체와 같이 자신을 안아주려고 팔을 벌리고 있는 "정다운 어머니"였다. 물론 이때 어머니는 형제들이 돌아가야 할 화해와 공생의 삶으로서 '민족'을 의미하는 것일 수 있다. 하지만 단테의 베아트리체와 같이 그 어머니는 "고통과 슬픔과 불행과 죽음의 인생의 외진 숲길을" 돌아가지 않고 걸어

온 그가 최종적으로 만나는 '절대적 사랑'으로 읽게 된다면, 그 어머니는 전쟁과 폭력 그리고 고통을 양산하는 분단국가주의에 의해 만들어진 신체의 (상징적) 죽음을 통해 폭력에 대한 비타협적인 저항으로서 영혼이 궁극적으로 도달하는 생명-평화, 즉 고통으로부터의 해방이라고 말할 수 있다.

3. 분단국가주의를 넘는 새로운 예언적 주체

류연산의 소설을 읽으면서 우리는 고통에 참여하는 주체와 분열적 주체라는 두 개의 주체를 증상 속에서 발견할 수 있었다. 하지만 이 둘은 분석적 차원에서만 분리되어 있을 뿐이다. 소설 속 주인공은 고통에 참여하는 주체이면서 동시에 분열적 주체로 나아간다. 이러한 주체의 이중성은 고통에 참여하는 주체가 지닌 근본적인 한계성을 넘어서게 한다. 비록 고통에 참여하는 주체가 '적 vs 아', '가해자 vs 피해자'라는 이분법을 넘어있으면서 그 상황에 자신을 제3자로 참여시키지만, 결코 실제로 고통받는 자와 동일할 수 없다는 점에서 그것을 외면하고 '세계-내-존재'로 쉽사리 돌아가 버릴 수 있기 때문이다. 더욱이 상대의 고통에 대한 연민과 동정이 금기시되는 분단국가에서 그러한 주체성은 제대로 힘을 발휘하지 못한다. 하지만 분열적 주체는 자신을 증상 속에 머무르게 하면서 역사-언어로 정립되지 않는 공백을 경험한다. 그리고 '전쟁=폭력=파괴'의 역사를 어떤 숭고함으로 기록하는 것에 대해 반대하면서 저항의 말을 선언한다. 뿐만 아니라 그 선언에 대한 충실성 속에서 그가 종국적으로 제시하는 것은 저항의 말이 지시하는 바로서 '생명-평화'였던 것이다.

이는 앞서 우리가 소설을 읽으면서 언급한 바에 따라 '새로운 담론행위'(Discursive Practices)라 해야 한다. 왜냐하면 소설 주인공이 보여준 일련의 모습들은 단지 역사에서 누락되고 삭제된 부분을 삽입함으로써 역사-기억을 다시 구성하는 것이라기보다는 기존 역사의 언어적 배열을 '해체'(deconstruction)하는 것이며, 또 '재-배열'(re-arrangement)하는 것이기 때문이다. 그것은 기존담론이 참고점으로 삼는 '주인-기표'로의 고착을 벗어나 숭고함의 언어를 폐기하고, 억압되고 은폐된 것을 출현시키며, 동시에 기존담론으로 포섭되지 않는 예외담론을 생성하는 실천인 것이다. 그래서 다르게 말하자면 새로운 담론행위는 기존 담론에서 배열되는 기표들의 규칙, 질서, 위치를 다르게 하면서 역사 서술의 '형식'을 바꾸어내는 실천인 것이다.

오해하지 말아야 할 것은 여기서 역사-기억을 재구성하는 것이 중요하지 않다고 말하는 것은 아니다. 특히 분단국가는 자신들의 역사에서 상대를 삭제해 왔고, 그럼으로써 역사 전체를 '자기-국민국가'의 역사로 완성하려는 노력을 지속해왔다는 점에서 그것 역시 중요하다. 그러나 "어떤 기억도 자체의 현재적 결정에 따라 과거를 포함한 시간을 규정하는 것을 막을 수 없다는 것은 절대 사실"[27]이라는 점에서 역사-기억은 현재를 지배하는 헤게모니에 너무나도 취약하다. 그래서 어쩌면 그러한 노력은 안타깝게도 분단국가에 의해 쓰인 역사에 조금의 흙먼지를 묻히는 것일 수 있다. 그렇기에 본원적인 차원에서 중요한 것은 바로 '형식'인 것이다.

이는 마치 프로이트가 꿈의 내용보다 꿈의 형식을 부여하는 꿈 작업을 중요시한 것과 같은 맥락이다. 꿈 내용은 꿈 작업을 통해 이미 구조적 억압의 통로를 통과한 허락된 것에 불과하다. 욕망은 꿈 내용이 아니라

---

27 알랭 바디우, 앞의 책, 88쪽.

꿈의 형식 속에 있다. 마찬가지로 우리가 역사 서술의 형식을 바꾸지 않는 한 그 내용으로서 역사-기억은 언제나 분단국가의 욕망에 따라 억압되고 전치와 응축을 통해 가공된 결과일 수밖에 없다. 지난 역사를 기억하는 우리의 현재적 모습이 이를 잘 보여주지 않는가.

예컨대 5·18은 근대 국민국가의 한계를 드러낸 사건이면서, 또 자기통치로서의 코뮌을 구현한 사건이었다. 또 국가폭력에 맞서 자신들이 지키고자 한 것, 믿는 것에 따라 죽음의 공포 앞에서도 죽음으로 향했던 죽은 자들이 있었다. 하지만 오늘날 5·18에 대한 역사-기억에는 '혁명광주', '망월동 묘지'는 희미하게 남아 있을 뿐이다. 그리고 '5·18정신'은 기념화되고 의례화되어 도시 축제의 상품으로 소비될 뿐이다. 이는 '국가=정상성'라는 형식 틀을 벗어나지 못하고 5·18을 6·10과 같이 민주화 과정에서 벌어진, 비정상적 상태에서 벌어진 예외적인 사건으로 보았기 때문이 아니겠는가. 그 결과 오늘날 5·18의 정신은 억압된 역사-기억으로 남게 되었고 다시 폭력으로 다르게 반복되고 있다.

분단의 역사도 마찬가지이다. 한국전쟁 이후 남과 북은 분단체제를 공고히 하면서 오로지 자신만이 고통받고 상처 입었다는 '피해자의 논리' 속에서 상대를 가해자로 지목하고 증오와 분노의 에너지를 적대성으로 전화해왔다. 하지만 어느 일방만이 희생되는 '안전한 전쟁'은 있을 수 없다. 최첨단 무기로 무장한 강대국이 일방적인 전쟁을 한다고 하더라도 최소한의 희생은 언제나 있게 마련이다. 그럼에도 불구하고 분단국가는 가해자로서의 죄의식을 억압하면서 금기시했고, 피해자로서의 원한의 감정을 도덕화해 왔던 것이다.[28] 따라서 '분단의 역사=고통의 역사'라는

---

28 이와 관련하여 김은정은 미국의 학살행위를 폭로하고 비난하는 북의 전쟁문학을 분석하면서 거기에는 가해자로서의 자신은 삭제하고 오로지 피해자의 관점만이 있다는 점을 지적하면서 그것의 의도가 상대를 매개로 자기 정체성을 반정립에 있다고 주장한다.(김은정, 「전쟁기 문학을 통한 정체성의 재구성-북한문학에 나타난 마산·충북양민학살을 중심으로」, 『비평문학』 제52집, 한국비평문학회, 2014.)

등식에는 나의 고통만이 있을 뿐 상대의 고통과 상처는 들어설 자리가 없다. 오히려 그들의 고통은 'pain'(희랍어 poine, 라틴어 poena)이라는 단어가 가진 처벌(punishment, penalty), 응징(retribution), 보·배상(indemnification)이라는 어원에 너무나도 충실하게 책임있는 자 혹은 악(惡)이 마땅히 짊어져야 하는 '인과응보'의 결과일 뿐이다.

문제는 이것이 과거-역사의 문제로만 국한되지 않는다는 것이다. 오늘날 '빨갱이'라는 기표가 수행하는 것만 보더라도 분단국가가 제시하는 고통의 역사 서술 형식은 여전히 강력한 힘을 발휘한다. 중세의 마녀사냥이 그러했듯이 '종북', '친북' 등과 동의어로서 '빨갱이'라는 기표가 달라붙는 곳은 '죽여도 죽인 것이 아닌 자', '고통 받아 마땅한 자'라는 의미의 연쇄반응을 일으킨다는 것이다. 실제로(정말로) 빨갱이인지 아닌지는 중요하지 않다. 그것은 모호할 경우가 많다. 그럼에도 불구하고 그 기표는 어떤 지시적 기능을 넘어 정치적(혹은 법적) 효과로서 폭력의 허용 면허증을 부여한다. '빨갱이'는 정치적·법적 영역에서 배제되면서 (아감벤이 말하는) 호모 사케르(Homo Sacer)가 되어 그들에 대한 폭력은 정당화된다. 그들의 고통은 '중요하지 않는 것'[29]이 되거나 심지어는 그 고통을 희화화하는 호모루덴스가 등장하기도 한다. '파쇼적인 것'의 거의 완전한 자유가 허락되는 것이다.

게다가 그 대상은 산 자로 국한되지 않는다. 그 기표는 죽은 자까지 무덤에서 끄집어내어 그의 묘비에 적색의 인식표를 다시 달게 한다. 제

하지만 한 가지 더 짚고 넘어갈 것은 사실상 남이든 북이든 피해자의 고통이 지닌 질감이 생생하게 드러나지 않은 듯 보인다는 것이다. 분단국가 내에서는 피해자는 구체적인 인간에서 추상적인 국가로 전치된다. 그래서 거기에는 사람은 없다.

29 레오니다스 돈스키스는 이를 희랍어 "아디아포론"(adiaphoron) 즉, "일종의 반응하지 않는 능력 또는 마치 어떤 것이 인간에게 일어나는 것이 아니라 자연의 물체, 사물, 비인간 등에게 일어나는 것처럼 반응하는 능력"이라 말한다.(지그문트 바우만·레오니다스 돈스키스, 최호영 옮김, 『도덕적 불감증』, 책읽는수요일, 2015, 69~70쪽.)

주 4·3와 광주 5·18에서 죽어 간 사람들이 북의 지령을 받고 활동한 공산주의자니 빨갱이니 하는 말로 그들의 죽음을 재평가하고, 그들의 고통을 기억에서 추방하고자 한다. 하지만 그것은 단지 보수적인 사람들의 억측에서 나온 결과로만 볼 수 없다. 우리가 부지불식간에 동의한 '무고한 희생자의 논리' 역시 그것을 정당화하는 데 일조하고 있었다. 민간인을 선량한 양민(良民)으로 공산주의자와 구분하면서 고통받고 죽어도 되는 자의 반대편에 줄 세우는 분단국가의 폭력 이데올로기에 동참하고 있었던 것이다.[30]

이는 역사-기억이 분단국가의 논리에 포획되어 있는 한 역사는 우리 '자신의' 미래적 삶에 폭력과 고통을 '예언'한다는 점을 말해주지 않는가? 과거-역사를 빨갱이는 죽어도 된다는 형식 틀을 바탕으로 쓰는 순간 그 역사는 과거의 미래인 현재에도 그것이 반복될 것이라고 예언하는 것이다. 예언은 과거에 이루어진 것이 아니라 현재에서 소급적으로 말해진다. 그래서 현재가 만든 과거는 그 자체로 현재의 거울상이 되기도 하지만, 그 순간 닫힌 순환적 시간 속에서 고통받고 죽어도 '상관없는 것'으로서 '배제된 이름'을 과거의 미래인 현재로 되살린다. 하지만 그러한 예언이 현재까지만 유효할 것이라고 안이하게 단정할 수 없다. 예언은 그것이 말하고 있는 바가 실현되는 한 '참'이 될 수밖에 없다. 현재에서의 단절이 이루어지지 않는 한 '그' 예언은 폐기되지 않고 미래의 잠재성으로 계속 살아가는 것이다.

미래로서의 통일 과정은 말할 것도 없고 통일 이후를 상상해보자. 통일 이후 남과 북의 주민들이 여전히 지금과 같이 각자의 상처만이 유일한 것이라고 강조하는 입장을 취한다면, 또 역사에 대한 평가에 있어 어

---

30 이재승, 「제주4·3사건진상조사보고서에 대한 평가」, 『민주법학』 제25호, 민주주의법학연구회, 2004, 492~493쪽; 양정심, 「제주 4·3 특별법과 양민학살 담론, 그것을 뛰어넘어」, 『역사연구』 제7호, 역사학연구소, 2000, 281쪽.

느 일방을 가해자로 지목하는 현재의 입장을 고수한다면, 그리고 사회적 가치관의 대립과 갈등 상황에서 '빨갱이'와 '아닌 자'의 구분에 따라 힘의 비대칭성이 발생한다면 폭력은 일상적으로 작동할 것이며 통일 과정에서의 소통은 장벽에 부딪칠 수밖에 없다. 또 그러한 한에 있어 통일 이후는 또 다른 고통의 역사로 나아갈 수 있다. 아니 통일 이전보다 더 불행한 역사가 될 것이다.

따라서 현재와 미래적 삶이 폭력과 고통에 질식되지 않기 위해 필요한 것은 류연산의 소설에서 보았던 고통의 주체이면서 분열의 주체, 곧 분단국가주의가 만드는 역사 서술의 형식 틀을 문제 삼고 그로부터 벗어나 저항의 담론을 생성하면서 역사를 읽는 주체이다. 기존의 예언을 하나의 낭설(false rumor)로 만들어 버리고 우리의 미래 공동체는 폭력의 구조가 허용되지 않는 것이라고 "기억 보다 더 큰 소리로 말"하는 '예언가'로서 주체가 필요하다는 것이다.[31]

4. 집단적인 감정공동체의 형성

앞선 논의에 따르면 결국 예언가는 분단과 전쟁이 지닌 폭력성을 숭고함으로 승화시키고, 고통을 재생-반복하게 하는 분단국가의 균질적 언어에 '고통에 대한 민감성'과 '고통의 언어'로 저항하면서 역사 서술의 형식 틀 자체를 뒤흔들고 파괴하며 새롭게 그것을 구축하는 주체이다. 그렇다면 우리는 어떻게 분열적 주체가 되면서 또 새로운 담론행위를 하는 주체, 즉 우리의 현재와 미래를 말할 예언적 주체로 나아갈 수 있는가

---

[31] 로베르트 웅거, 이재승 옮김, 『주체의 각성』, 앨피, 2012, 79쪽. 웅거가 말하는 "미래지향성"은 "현재를 규정하는 조직과 의식의 구조에 다른 방식으로 접근하여 현재가 바로 현재의 극복 수단을 우리에게 제공한다는 점을 통찰하는 태도이다."

하는 주체를 형성할 수 있을까? 물론 어떤 사건을 계기로 우연적인 주체의 발현은 충분히 가능하다. 하지만 단지 소설 속 주인공과 같이 그러한 주체의 형성은 어떤 계기를 통해 우연적으로 생성되는 것이라고 말하는 것은 실천적 대안이라고 할 수 없다.

더욱이 분단국가 내부에서 그러한 우연성으로 인해 발현된 주체가 개인이라고 한다면 그 주체는 분열적 몸짓을 보이는 동시에 거세될 가능성이 농후하다. 왜냐하면 그러한 몸짓은 분단국가에 있어서는 억압하는 것으로서 외상적인 에일리언(alien)이기 때문이다. 그것은 자기 동일성 (Identität)을 훼손시키는 불순물(바이러스)로 인식된다. 그리고 그러한 불순물을 일절 허용하지 않으려는 검역 혹은 방역국가로서의 분단국가는 즉각적으로 면역반응을 보인다. 대개 그러한 면역반응은 폭력(그것은 분단국가의 정책 실패이기도 하다)으로 나타난다. 그렇다고 여기에다 대고 '실패하라, 하지만 좀 더 낫게!'라는 구호를 외칠 수도 없다. 그것은 폭력과 고통의 악순환에 개체의 희생을 무책임하게 내맡겨버리는 것이다.

그렇다면 주체 형성은 사회적인 차원에서 집단적이고 연대적 차원에서 고민되어야 하지 않을까? 하지만 여기에도 또 하나의 난관이 있다. 그것은 좀 전에 언급한 그러한 면역반응이 정치체로서의 국가기구를 통해서만 일어나지 않는다는 것이다. 일반대중 스스로가, 어떤 경우에는 국가공권력을 대신하여, 자발적이고 자율적으로 또 때로는 도착증적으로 면역반응을 보이기 때문이다. 그렇지만 대중이 비록 분단국가주의와 결을 같이 하는 자발성과 자율성을 가진다고 하더라도, 또 한편으로는 대중이 지닌 자발성과 자율성을 분단국가주의로부터 분리하여 오히려 반대로 작동하게 만들 수 있다면 거기에서 '어떤 가능성'을 발견할 수 있지 않을까?

이 지점에서 마벨 베레진의 논의는 좋은 참조점이 된다. 마벨 베레진은 '안전국가'에 대해서 '감정공동체'를 구분한다. 안전국가는 1648년에 조인된 베스트팔렌조약을 시점으로 형성된 국제 관계와 영토주권국가에 기초한다. "영토 국가는 내적(경찰)·외적(군대) 안전을 제공함으로써 그 성원들, 즉 시민들에게 신뢰와 충성심을 고취한다. 그러한 교환 속에서, 시민들은 자신들로 하여금 기꺼이 위협에 빠진 국가의 안전을 방어하게 하고 소득을 세금으로 빼앗기에 만드는 감정적 연대를 발전시킨다."[32] 즉, 근대 민족국가는 '안전'을 매개로 감정적 연대를 형성하고 또 그것을 하나의 조건으로 형성, 유지되어 온 것이다. 구체적으로는 애국심, 시민적 민족주의가 그 예라고 할 수 있다. 이와는 대조적으로 "감정공동체는 몰구조적(a-structural)이다. 안전국가는 감정 에너지를 정체 내로 나른다. (…) 감정공동체는 감정 에너지를 표출하는 특정한 시기 동안 개인들을 경계 지어진 공적 공간 속으로 결합시킨다."[33] 이는 안전국가와 감정공동체는 구분은 되되 분리할 수 없는 필요충분조건의 관계를 맺고 있다는 것이다.

하지만 베레진은 감정공동체가 감정 에너지를 산출하면서 정체를 지지하기도 하지만 동시에 '반대'하기도 한다는 점을 분명히 밝히고 있다. 앞서 말한 가능성은 여기에서 발견할 수 있다. 분단국가 역시 안보의 논리를 강박증적으로 내세우고 불안감을 고조시키면서 사람들의 파토스적 에너지를 인출하여 분노와 증오, 또 그것에 기반한 동원-이데올로기로 전화하지만, 우리 역사에서 항쟁과 혁명이라는 이름이 붙여진 사건들은 분명 감정적 연대에 기초했으며 나아가 자유와 민주를 요구했던 대중적 저항으로 기록되고 있다. 이에 대한 어떤 사람들은 그러한 역사적 사건

---

32 마벨 베레진, 박형신 옮김, 「안전 국가: 감정의 정치사회학을 향하여」, 잭 바바렛 엮음, 『감정과 사회학』, 이학사, 2010, 73쪽.
33 마벨 베레진, 위의 책, 75쪽.

들이 국가주의를 완전히 넘어선 것이 아니라는 점을 지적할지는 모르겠으나, 중요한 점은 우리는 그러한 폭발적인 역사적 사건으로부터 감정적 연대가 역사의 전환기를 만들어내는 데에 분명 중요한 요소였으며 또 이를 통해 감정은 개별적인 것이 아니라 '관계적'이라는 점을 확인할 수 있다는 것이다.

그래서 잭 바바렛 역시 "감정은 분명히 사회적 관계 속에 존재한다"고 명확히 하고 있는 것이다. 그것은 감정공동체가 단지 개별적인 개체들의 산술적 '집합적'(aggregative)으로 이루어진 것이 아니라 '집단적'(collective)이라는 점을 말해주는 것이다. 이러한 맥락에서 바바렛은 켐퍼가 다음과 같이 진술한다고 전한다. "소설가는 자신의 독자들에게 단지 등장인물이 처해 있는 상황과 관계를 지적함으로써 등장인물의 감정 상태를 인식시킨다. 왜냐하면 상황과 관계는 개인들이 경험한 감정을 불러일으키는 조건을 제시하기 때문이다. 이것은 중요한 지적이다. 즉 나의 육체 속에서 주관적 느낌으로 경험된 감정은 나 자신과 타자 간의 거래의 일부분인 것이다."[34]

따라서 주체의 형성은 개체의 수준이 아니라 바로 집단적 차원에서, 분단이 낳는 폭력과 고통에 민감한 감정공동체를 형성하는 차원에서 논의되어야 하는 것이다. 하지만 이것이 단순히 타인이 경험하는 폭력과 그로 인한 고통에 대해 동일시하는 감정을 가진 개인들을 형성해야 한다는 것을 의미하는 것은 아니다. 오히려 그것은 지금까지의 감정공동체에 대한 논의를 곡해하는 것이다. 핵심은 바로 분단이 낳는 폭력과 고통에 대해 민감하게 반응할 수 있는 '사회적 관계'에 있으며, 그 관계가 구축 가능한 물적 '토대'와 '조건'을 형성하는 것이 곧 주체 형성의 출발점이라는 것이다. 다시 말해, 분단국가주의를 재생하고 반복하는 지금까지의

---

34 잭 바바렛 엮음, 박형신 옮김, 「서론: 왜 감정이 중요한가」, 『감정과 사회학』, 이학사, 2010, 13쪽.

토대와 조건을 "적법한 아버지 없이 순환하는 말들의 덩어리들, 준-몸들인 한에서 몸들을 지배하고 제 목적지로부터 몸들의 방향을 전환"하고 "골절과 해체의 선들을 상상적·집단적 몸들 속에 도입"[35]하는 실천의 장으로 전환해나가야 한다는 것이다.

---

35 자크 랑시에르, 오윤성 옮김, 『감성의 분할』, 도서출판b, 2012, 54쪽.

주변부의 역사 기억과 망각을 위한 제의
임철우의 소설에서 역사적 트라우마를 서사화하는 방식과
그 심층적 의미

한순미*

1. 서사의 출발점: 주변부의 역사적 트라우마

임철우의 소설은 해방 전후에서 5·18에 이르는 역사적 트라우마를 서사화해 왔다. 그의 소설 세계는 달리 말해 시대적 망각에 대한 지속적인 저항의 결과라고 할 수 있다. 어떤 기억들은 "사람들의 쓰디쓴 기억의 잔에다가 조금씩 조금씩 맹물을 타넣어주었으므로"(《곡두 운동회》, 60쪽) 하나둘씩 지워졌고, 어떤 기억들은 "한사코 저마다의 뇌리에서 그들의

* 조선대학교 자유전공학부 교수.

기억을 송두리째 지워 없애려 지금껏 애써"(『붉은 산, 흰 새』, 66쪽) 왔기에 겨우 잊을 수 있었다. 그러나 "보다 확실하고 두려운 재앙의 정체에 대해서 미처 깨닫지 못"(〈불임기〉, 176~177쪽)한 것일 뿐, 아무리 지우려해도 상처의 흔적은 저주의 낙인처럼 우리의 몸에 남아 있다. 그의 소설들은 "죽음보다 더 깊은 망각의 늪 속에 빠져"(〈불임기〉, 177쪽) 있는 우리를 다시 저주스러운 기억 속으로 이끈다.

　해방, 전쟁을 직접 경험하지 않은 '미체험 세대'로서 역사적 기억을 쓴다는 것은 상상력으로 추체험된 '이야기'에 불과할 수 있다. 이 점을 들어, 임철우의 소설이 역사적 경험을 구체적으로 재현하지 못했다고 말할 수도 있을 것이다. 그러나 임철우의 소설이 우리에게 주는 울림은 역사적 사건을 직접 체험한 세대의 작가들과 다른 방식으로 역사적 트라우마를 서사화하는 데에 있다. 또 추체험의 글쓰기가 상상적 허구라고 단정할 수 없는 것은 임철우의 소설쓰기가 오월 광주의 직접적인 체험에서 비롯된 행위였고, 그것은 한편 산 자로서의 의무감으로 시작된 중대한 작업이었기 때문이다.

　　한 사람의 생애에서 더러는, 저 혼자 힘으로는 결코 건널 수 없는, 운명과도 같은 거대한 강물과 맞닥뜨리기도 하는 법이다. 그해 5월, 그 도시에서 바로 그 강과 마주쳤을 때 나는 스물 여섯 살의 대학 4년생이었다. (중략) 어느 사이엔가 내 두 손이 누군가가 흘린 붉은 피로 흥건히 젖어 있음을 난 깨달았다. 한동안 그 불길한 핏자국을 지워내려고 몸부림쳤지만, 그것은 끝끝내 내게 낙인처럼 남아 있었다. 결국 그것은 내 몸의 일부가 되었고, 조금씩 흐릿해지기는 할망정 그것과 함께 앞으로도 평생 보내게 되리라는 것을 이제 나는 안다. (중략) 고백건대, 그 열흘 동안 나는 아무 일도 하지 못했다. 몇 개의 돌멩이를 던졌을 뿐, 개처럼 쫓겨 다니거나,

겁에 질려 도시를 빠져나가려고 했거나, 마지막엔 이불을 뒤집어 쓰고 떨기만 했을 뿐이다. 그 때문에 나는 5월을 생각할 때마다 내내 부끄러움과 죄책감에 짓눌려야 했고, 무엇보다 내 자신에게 '화해'도 '용서'도 해줄 수가 없었다."(작가의 말,『봄날』1권, 9~11쪽)

작가 임철우에게 5·18의 "붉은 피", "그 불길한 핏자국"은 "낙인"처럼 평생 잊지 못할 저주의 기억을 "몸의 일부"에 각인시켜 주었다. 그래서 그는 광주의 오월을 생각할 때마다 "부끄러움과 죄책감"에 짓눌려 살아야 했고 아직 어떤 "화해"도 "용서"도 해줄 수 없다고 단호하게 고백한다. 임철우에게 광주의 오월은 종결된 역사적 과거가 아니라 분단 이후의 역사적 상처가 여전히 지속되고 있다는 것을 구체적으로 확인하게 하는 비극의 정점이었으며, 그리고 그와 같은 역사적 폭력과 희생이 더 이상 반복되지 않도록 폭력의 근원을 추적해야 할 성찰의 시작점이었다. 그의 소설들은 광주의 트라우마를 서사적 근원으로 하여 그 체험의 강도를 한국 현대사 전체로 확장하면서 음울한 어조와 환상적인 분위기로 주변부의 역사적 기억을 그려낸다.[1]

광주의 오월을 사실적으로 '증언'한『봄날』(1997)을 제외하고, 임철우의 소설에서 역사적 트라우마를 서사화하는 방식은 역사적 사건을 구체

---

[1] 임철우 소설의 서사적 원천은 크게 두 가지 계열, 즉 6·25 전쟁을 원천서사로 한 '낙일도 서사체'와 '5·18 광주'를 원천사사로 삼은 '광주 서사체'로 나눌 수 있다. 이 중에서 '광주 서사체' 계보의 소설 가운데 초기소설에 해당하는 작품들에 대해서는 공종구의 논문「임철우 소설의 트라우마: 광주 서사체」,『현대문학이론연구』제11권, 현대문학이론학회, 1999, 5~24쪽에서 소상하게 논의된 바 있다. 앞의 논의를 바탕으로 이 글은 임철우의 소설적 전개 과정이 오월 경험이 녹아든 '광주 서사체'에서 출발하여 '낙일도 서사체'를 아우르면서 한국근현대사로 그 트라우마의 서사를 확대해 왔다는 것, 그리고 이 과정에서 특히 '주변부'의 인물, 사건, 배경 등을 초점화하여 서사화하고 있는 것이 의미하는 바를 더 읽기 위해서 마련되었다.

적으로 재현하거나 증언하는 방식과 사뭇 다르다. 소설 속에서 반복되는 이미지, 감정, 공간, 에피소드 등은 모두 역사적 트라우마를 '말하는 방식'과 관련하여 해석될 서사적 징후들이다. 소설의 주요 공간무대인 '고향섬'은 역사적 트라우마를 서사화하는 방식을 보여주는 대표적인 예이다.[2] 고향섬 사람들에게 역사란 "그 알량한 이데올로기네 정치적 신념이네 하는 따위들을 이해하고 받아들이고 실천할 힘도, 재주도, 능력도 애당초 전혀 갖추지 못한 처지"(『붉은 산, 흰 새』, 180쪽)에서 직면할 수밖에 없었던 혼란스러운 경험 그 자체였다.

이와 같은 맥락에서 그의 소설에 자주 등장하는 아이, 여성, 노인과 같은 주변부적 인물들이 갖는 서사적 위치를 생각해 볼 필요가 있다.[3] 고향섬 사람들, 특히 아이, 여성, 노인 등 주변부적 존재들은 공식 역사의 기억에 포함되지 못한 주변부의 망각된 역사적 흔적들을 드러내는 데에 주요한 구실을 한다. 주변부적 타자들이 겪은 역사적 고통은 인식의 층위가 아닌 감각적 경험으로, 문자화할 수 없는 이미지로, 의식화될 수 없는 몸의 언어로 표현된다. 이들이 호소하는 증오, 분노, 저주, 원한,

---

[2] 작가의 실제 고향인 완도 평일도는 그의 소설의 주요한 심상공간이자 원형적 체험공간이다. 평일도는 소설 『붉은 산, 흰 새』와 『그 섬에 가고 싶다』에서 '낙일도'로, 『백년여관』에서 '영도'라는 이름으로 변형되어 등장하는데, 유폐된 '섬'의 이미지를 통해 주변부의 역사적 기억을 미시적으로 보여준다. 임철우의 '고향'은 김승옥, 이청준, 한승원 소설의 '고향'과 어떻게 같고 다른지를 더 살펴봐야 할 것이다. 김승옥의 고향탐색의 소설들이 자아찾기와 성장의 서사, 내면치유의 서사를 지니고 있다는 것을 살핀 다음의 논문은 비교연구를 위한 좋은 참조가 된다.(전흥남·이대규, 「'남도작가'의 소설에 나타난 고향탐색과 공간화 전략」, 『어문연구』 제52집, 어문연구학회, 2006, 315~339쪽.)

[3] 문학에서 역사적 상상력이 필요한 이유 중의 하나는 들리지 않는 이들의 말과 목소리를 듣기 위해서일 것이다. 가령, "공포나 분노에 직면해야 했던 젊은이들의 생각은 과연 어떤 것이었을까? 그들 가운데 상당수는 거리로 뛰쳐나갔지만 폭력을 목도하는 데 그친 숫자는 더 많았다. '의로운 청년들'로 편입되어야 했던 그들이 달리 할 말은 없었을까? 무모한 '돌마니'들이 꿈꾼 미래는 어떤 것이었을까? 불의에 구타를 당하고 총탄에 맞아 살해당한 사람들의 심정은 어떤 것이었을까?" (신형기, 『이야기된 역사』, 삼인, 2005, 36쪽 참조.)

서러움, 슬픔 등 감정은 색채, 소리, 냄새 등 감각적 이미지로 표출된다. 이 주변부적 존재들이 보여주는 '침묵'은 오히려 역사적 기록이 말할 수 없는 고통의 크기와 강도를 다른 방식으로 '증언'하고 있다고 할 수 있다.[4] 주변부적 타자들의 고통받는 '몸'은 역사적 트라우마가 여전히 지속되고 있다는 것을 말해주는 징후이다. 이에 관해선 이 글의 2장에서 더 자세하게 볼 것이다.

임철우의 거의 모든 소설에서 지속적으로 반복되는 감정은 "원한과 저주"이고, 자주 등장하는 어휘로는 "낙인(烙印)"을 들 수 있다. 그의 소설에서 역사적 트라우마는 한 마디로 "저주"의 "낙인"이라고 요약할 수 있다. 『붉은 산, 흰 새』와 『그 섬에 가고 싶다』에서 반복적으로 등장하는 '동백꽃' 에피소드는 '저주의 낙인'이 찍힌 '나'의 정체성의 기억을 내포하고 있는데, 이 글의 3장에서는 이것을 역사문화적 맥락에서 징후적으로 독해할 것이다. 이런 과정을 거쳐 '나'의 정체성의 서사를 구성하고 있는 "빨갱이"와 "문둥이"라는 낙인찍힌 주변부적 존재들이 어떻게 해방 이후에 이데올로기적 타자로서의 위치를 갖게 되었는지를 한편 해명하는 계기가 될 것이다.

저주의 낙인이 찍힌 사람들이 여전히 고통받고 살고 있다면, 역사적 트라우마는 지나간 역사의 유물이 아니라 아직 끝나지 않은 것이다. 임

---

4 김동윤은 4·3문학에서 하위주체가 형상화되고 있는 양상을 살피는 자리에서, "하위주체들은 여전히 4·3의 역사에서 주변인으로만 머물고 있는 것은 아닌가"라는 문제제기를 통해서 그들의 목소리가 무엇이었는지를, 역사 서술에서도 문학에서도 침묵당하고 있었던 것은 아닌지를 묻는다. 그에 따르면, 여성, 노인, 어린이 등이 '사태 비극성 드러내기 단계'까지의 4·3소설에서는 침묵으로 일관하고 있다는 것, 즉 "그들은 적극적으로 행동하지도 않거니와 자신들의 희생과 고통에 대해서도 스스로는 잘 발언하지 않는 양상을 보였다"는 것이다. 아울러 앞으로 4·3소설에서 역사 서술에서 침묵당한 하위주체들의 목소리와 역동적인 삶의 양상을 생활사의 복원과 함께 예술적으로 구현해야 한다고 요청한다.(김동윤, 「4·3문학의 향방과 하위주체의 형상화 문제」, 『기억의 현장과 재현의 언어』, 각, 2006, 155~178쪽.)

철우의 소설은 낙인의 상처를 "반복"적으로 서사화하면서 역사적 폭력이 지금도 지속되고 있음을 경고하는 한편 그것을 지나간 과거의 일로 망각하는 태도에 저항한다. 이런 점이 그의 소설 속에서 지속적인 '반복성'을 보이고 있다는 점은 각별하게 여겨진다.[5] 저주의 낙인을 지속적으로 반복하여 서사화하는 것은 곧 역사적 트라우마를 잊지 않겠다는 강한 요청이기 때문이다. 역사적 기억을 망각할 수도 없고 망각해서도 안 된다는 비극적 인식과 요청을 바탕으로, 임철우의 소설은 역사적 폭력에 의해 희생된 죽은 자들과 산 자들을 위한 구원 서사를 펼친다. 다양한 구원의 서사에 관해서는 이 글의 4장에서 살필 것이다.

지금까지 임철우 소설연구는 충분하게 이루어지지 않았다.[6] 『봄날』을 그의 대표작으로 거론하면서 『봄날』 이전과 이후의 작품들에 대해선 그다지 많은 관심을 보이지 않았다. 그러나 『봄날』 이전과 이후에 나온 모든 작품은 반복적으로 역사적 트라우마를 서사화하고 있어 서로 단절되지 않는 연속성을 이룬다. 역사적 기억과 결별하지도 못하고 현실의 삶에도 완전히 귀속되지 못한 이 '멜랑콜리'한 감정[7]은 『봄날』 이전과 이후의 소설 전체에 흐르는 지배적인 근본정조라 할 수 있다. 『봄날』

---

5 이런 점을 신화와 제의에서의 반복적 특성과 연관 지어 볼 수 있다. 신화학자 질베르 뒤랑은 '반복되는 동사'에서 신화적 특성을 찾고 있다. 반복되는 동사는 신화와 제의에서 되풀이되는 가치 행위를 의미한다.(질베르 뒤랑, 유평근 옮김, 『신화비평과 신화분석: 심층사회학을 위하여』, 살림, 1998, 272~279쪽.)

6 임철우 소설에 대한 대표적인 논의는 『봄날』에 관한 논의와 연구사를 상세하게 정리하고 있는 양진오, 『임철우의 『봄날』을 읽는다』(열림원, 2003)를 들 수 있다. 비평글로는 김병익, 「연민 혹은 감싸안는 시선」, 『달빛 밟기』, 문학과지성사, 1987; 김 현, 「아름다운 무서운 세계」, 『아버지의 땅』, 문학과지성사, 1984; 오생근, 「단절된 세계와 고통의 언어」, 『그리운 남쪽』, 문학과지성사, 1985; 정호웅, 「기록자와 창조자의 자리-임철우의 '봄날'론」, 『작가세계』, 세계사, 1998 등이 있다.

7 『백년여관』을 평하는 자리에서, 김영찬은 과거의 기억을 떠나보내지 못하고 끊임없이 소환하는 행위를 "원한의 멜랑콜리"라고 부른다.(김영찬, 「망각과 기억의 정치-임철우 장편소설 『백년여관』(한겨레신문사, 2004)에 담긴 역사적 트라우마를 중심으로」, 『문화예술』 통권 제306호, 한국문화예술진흥원, 2005, 42~44쪽 참조.)

이후에 출간된 『백년여관』에 이르기까지 임철우의 소설은 제주 4·3, 해방과 전쟁, 베트남전쟁, 5·18 등 해방 이후의 역사적 기억을 한 자리에서 다루면서 『봄날』의 '증언'이 끝난 뒤에도 주변부의 역사적 기억을 새롭게 서사화하는 작업을 지속해 왔다. 그것을 더 자세히 읽기 위해 이 글에서는 세 편의 장편소설 『붉은 산, 흰 새』(1990), 『그 섬에 가고 싶다』(1991), 『백년여관』(2004)을 중심으로 하되 몇 편의 중단편 소설을 포함하여[8] 주변부의 역사적 트라우마를 서사화하는 방식과 그 심층적 의미를 살필 계획이다. 이 글은 임철우 소설의 궁극적인 문제의식이 무엇인지를 서사적 징후를 통해 읽는 계기를 마련하여 앞으로 미체험 세대로서 역사적 기억을 다룬 다른 작가들과의 비교 연구를 위한 선행 작업이 될 것으로 기대한다.

2. 지속되는 폭력의 징후: 회귀하는 유령, 말하는 몸

임철우 소설에서 주요한 공간적 배경인 고향섬, 변두리 마을 등은 죽음의 냄새로 가득 차 있는 불모의 땅으로 묘사된다. 그곳의 땅과 바다 밑까지 죽은 아버지들의 핏덩이가 깊게 스며들어 있기 때문이다.

아버지의 몸뚱이로부터 흘러나온 검붉은 핏덩이가 개펄 여기저기에 고여 있는 게 눈에 띄었다. 자신을 낳아주고 오십 평생을 키워준 고향의 흙 속으로, 바닷속으로, 아버지의 피는 소리없이 스며들고 있는 거였다. 개펄 위에 썰물이 그려놓은 무수한 주름들은 마치도 굶주린 육식동물의 거대한 흡반처럼 보였다. 원구는 낙일도가

---

8 이 글에서 인용한 중단편소설은 소설집 『아버지의 땅』(문학과지성사, 1984)과 소설집 『그리운 남쪽』(문학과지성사, 1985)에 실린 작품을 참조했다.

아버지의 피를 빨아들이고 있다고 생각했다. 고향섬 전체가 게걸스레 피 묻은 입술을 다셔가면서 아버지의 몸뚱이를 서서히 삼켜가고 있는 거였다.(『붉은 산, 흰 새』, 193쪽)

수장된 이들 중 더러는 용케 식구들을 위해 흔적을 남겨놓기도 했다. 그들의 흔적은 어부들이 잡아 올린 물고기의 내장 속에서 발견되곤 했다. 집게발에 여자의 머리카락 뭉텅이가 친친 감긴 꽃게, 저고리 단추가 목구멍에 걸린 방어, 엄지손가락 마디를 덥석 문 고등어, 발가락 다섯을 한꺼번에 삼킨 우럭, 금니를 악착같이 움켜쥔 문어……. 심지어 눈알, 귀, 코, 손톱, 발톱, 은반지, 옷핀, 머리핀 등등 자그만치 수십 명의 흔적들을 고스란히 한 뱃속에 담고 있는 거대한 상어들도 있었다. 덕분에 그 해 내내 제주바다는 각양각색 물고기들이 엄청나게 몰려들어 너나없이 배가 터지도록 포식을 만끽했다. 덩달아 성게, 해삼, 멍게, 소라, 문어, 게, 전복, 말미잘 따위들까지 날마다 흥청망청 그야말로 야단법석들이었다.
(『백년여관』, 155~156쪽)

아버지의 죽음을 비롯하여 역사 속의 숱한 죽음은 그것으로 끝난 것이 아니라 고향섬의 땅과 바다 속까지 스며들어 그 흔적을 고스란히 간직하고 있다. 고향섬 마을은 죽은 아버지의 몸뚱이와 거기에서 흘러나온 핏덩이로 이루어져 있다. 그곳은 망각된 죽음의 역사를 증거한다. 역사의 소용돌이가 스치고 간 뒤 완전히 폐허가 된 한 마을에는 여자들이 아이를 낳을 수 있는 능력을 상실했고, 공동우물에서는 핏빛 물줄기가 솟구쳐 나온다.(〈불임기〉) 해방, 4·3, 전쟁을 연이어 겪은 제주도의 참상은 바닷속의 물고기와 해조류, 조개들의 살과 껍질 속에서 그 흔적을 발견할 수 있을 정도다.(『백년여관』)

역사 속에서 희생된 죽음은 "표상이 부재하는 자극"의 형태로 남아, 그것은 살아있는 사람들의 삶에 충격을 가한다. 죽은 자들의 얼굴은 절단된 신체, 죽음의 냄새, 정체불명의 소리 등으로 변형되어 끊임없이 산 자들의 영역으로 회귀한다. "누군가의 손가락에서 금방 뽑혀져 나온 게 분명한 사람의 손톱들"이 꽃잎처럼 강물 위로 떠내려오고(〈불임기〉, 176쪽), "손가락과 손톱과 손목을 가진, 인간의 손. 더없이 아름다운 사람들의 손, 손들"(『백년여관』, 337쪽)이 수시로 출몰한다. "윤곽이 해체된 색채와 음영, 그림자처럼 언뜻 망막에 비쳤다가 사라져버리는 짧은 이미지, 정체불명의 소리 혹은 아예 의미 해독이 불가능한 음성"(『백년여관』, 113쪽), 이 비실체적이고 비표상적인 이미지들은 역사적 트라우마가 아직 지속되고 있음을 보여주는 불길한 징후이다.

임철우의 소설에서 역사적 트라우마는 색채, 소리, 냄새 등 감각적 이미지의 언어로 변형되어 재현의 언어를 넘어선 고통, 표현의 영역을 초과해 있는 상처를 우리에게 끊임없이 환기시킨다. 실체가 없고 코드화될 수 없는 그것들은 가시화되지 않는 역사적 고통의 기억을 불러온다.[9] 그 저주스러운 살해의 기억은 산 자들에게 종결된 과거가 아니라 현재진행형의 삶인 것이다.

---

[9] 서동욱은 "트라우마를 표상이 부재하는 자극"으로 정의하고, 트라우마를 바르트가 말한 '푼크툼(*punctum*)'이라는 말과 연관하여 해석한다. 푼크툼은 사진의 정보와 지식, 사진가의 의도를 전하는 '스투디움(*studium*)'과 다르다. 푼크툼이라는 라틴어에는 "상처(*blessure*), 찔린 자국(*piqûre*) 혹은 날카로운 도구에 의한 흔적(*marque*)" 등의 뜻이 있다. 트라우마의 생산자인 푼크툼은 "그에 적합한 어떤 코드가 부재하는, 사진 속에 들어 있는 일종의 이해 불능의 상형 문자"이다. "어떤 표상도 가지고 있지 않기 때문에, 다시 말해 나의 어떤 개념 체계로도 거머쥘 수 없고, 따라서 나의 인식의 틀 안에 복속시킬 수 없는 것이기 때문에 그것은 나를 자극할 수 있고 찌를 수 있는 것이다.(서동욱, 「상처받을 수 있는 가능성」, 『차이와 타자』, 문학과지성사, 2001, 121~123쪽.) 푼크툼과 스투디움에 관한 논의는 롤랑 바르트, 김웅권 옮김, 『밝은 방』, 동문선, 2006, 41~43쪽 참조.

그(천씨 노안-인용자 주)는 바람 속에 은밀히 숨겨져 있는 그 묵직하고 비릿한 쇠붙이의 내음이 무엇을 의미하는지를 알고 있다. 그것은 잘 손질된 쇠붙이와 날 세운 무기의 내음 같기도 하고, 아직 채 식지 않은 피의 온기와 그것의 끈적거림, 누군가의 소름끼치는 비명과 고함 소리, 그리고 수백 수천 수만이 넘은 사람들의 목구멍으로부터 미친 듯이 터져나오는 통곡 소리를 숨기고 있는 것도 같다.(『붉은 산, 흰 새』, 12쪽)

아이는 안다. 세상엔 그런 것들과는 전혀 다른 아주 특별한 소리가 존재한다는 사실을. 물론 어른들은 아무도 그들의 존재를 알지 못한다. 그것들은 매우 특별한 시간, 특별한 장소에만 모습을 드러내기 때문이다. 그들은 하나같이 이상하고 기묘한 모습을 가졌다. 얼굴도 머리도 몸통도 없다. 다만 손 하나뿐. 손은 그들의 얼굴이고 머리고 몸뚱이다. 그들은 아주 밝고 연한 초록색을 띤다. 그래서 어둠 속에선 조그만 불덩이처럼 보이기도 한다.(『백년여관』, 57~58쪽)

천씨 노인은 불어오는 바람에서 "쇠붙이와 날 세운 무기의 내음"을 맡고, "피의 온기와 그것의 끈적거림"을 느끼고, 비명과 고함 소리, 통곡 소리를 듣는다. "바람 속에 은밀히 숨겨져 있는 그 묵직하고 비릿한 쇠붙이의 내음이 무엇을 의미하는지를 알고 있"(『붉은 산, 흰 새』, 12쪽)는 사람은 이 마을에서 올해 예순여덟 살인 '천씨 노인'뿐이다. 아이 신지는 정체불명의 소리가 "못 가! 못 간다! 아암, 차마 이대로는 못 가고말고!" (『백년여관』, 58쪽)라는 외치던 죽은 증조할머니의 울음소리와 닮았다고 생각한다. "바람"과 "손들"에 묻어 있는 불길한 징후를 보고 듣고 느낄 수 있는 노인과 아이는 그것이 무엇을 뜻하는지를 예감한다. 이들의 몸은 살아있지만 이미 죽음의 경험을 겪은 사람들, 즉 "아직 살아 있되 실은 벌써 오래전 죽은 자들"(『백년여관』, 182쪽)이기 때문이다. 그 정체 불명의 유령들, 낯선 이방인들이 노인과 아이에게 두려우면서도 친숙한 느낌으로 다가오는 이유는 그것들이 사실 우리 곁에서 함께 살다가 어느 날 문득 사라진 우리의 친숙한 '이웃'이기 때문이다.[10]

산 자들은 살아있는 것도 죽은 것도 아닌 중음(中陰)의 유령들처럼 삶과 죽음의 경계영역에 불안하게 거주하며, 그들은 늘 재앙의 위기에 처해 있다. 망각된 기억은 이들의 몸의 징후로 끊임없이 되살아난다. 혓바닥이 똑같이 뭉툭하게 잘린 채로 돌아온 아이들(〈불임기〉), 말더듬 증세를 보이는 무석과 미친 여자 귀단(『붉은 산, 흰 새』), 광기에 찬 '복수'와 기억상실증에 걸린 '요안'(『백년여관』) 등은 모두 4·3, 전쟁, 분단, 5·18의 역사적 고통을 몸 그 자체로 증언한다. 이들의 몸은 역사적 트라우마가 남긴 흔적을 광기, 외침, 침묵, 말더듬 등과 같은 비분절적 언어로 호소한다. 그런 점에서 임철우 소설에서 그려지고 있는 주변부 타자들의 '몸'은 역사적 고통을 말하기 위한 매개적 수단이 아니라 고통 그 자체를 '말하는 몸'이다. 몸의 징후는 "살아 있는 시체들"[11], "입이 없는 것들"이 증언하는 고통이다. 역사적 희생으로 인한 고통 속에서 지금도 살아가고 있는 사람들에게 삶이란 죽은 것과 다름없는 지옥의 경험일 뿐이다.

---

10 프로이트가 말한 '두려운 낯설음(unheimlich)'이라는 감정은 친숙한 것이 어둠 속에 숨어 있다가 외부로 나타났을 때 아주 낯설게 느껴지는 것처럼 이 감정은 오래된 것이지만 아주 친근한 것이고, 친근한 것이지만 아주 오래전의 것이어서, 그것은 문명의 오랜 억압을 지시한다.(지그문트 프로이트, 정장진 옮김, 「두려운 낯설음」, 『창조적인 작가와 몽상』, 열린책들, 1997, 102쪽.)

11 이들의 희생된 몸이 말하는 고통은 아우슈비츠의 고통을 증언하는 무젤만의 침묵의 고통과 동일시될 수 있다. "무젤만(der Muselmann[무슬림])"이라고 불리던 사람들만이 수용소의 부끄러운 기억을 말할 수 있는 유일한 사람이다. 그들은 오직 말할 수 없는 처지, 즉 인간도 아닌 인간이 아닌 것도 아닌, 살아 있는 시체들이었다.(조르조 아감벤, 박진우 옮김, 『호모 사케르-주권 권력과 벌거벗은 생명』, 새물결, 2008, 347쪽.)

망각될 수 없는 역사적 트라우마에 갇힌 주변부적 존재들의 몸을 통해서 임철우의 소설은 역사적 잘해와 폭력이 아직 끝나지 않았다고 묵시적인 어조로 경고한다. 바람 속에 묻어온 "내음"과 얼굴도 머리도 몸통도 없이 손 하나뿐인 "그들", 이 정체불명의 유령들은 산 자들의 삶을 혼란 상태로 몰아넣고 '우리'의 정체성을 위협한다.[12] 그러나 임철우의 소설은 그것이 "살아 있는 한, 고통이 여전히 지속되는 한, 그건 과거가 아니라 그들에겐 엄연한 현재"(『백년여관』, 21~22쪽)이며 악몽이나 몽상이 아니라고 강조한다. 유령들의 회귀가 계속되는 한, 현재는 고통이 지속되는 과거이며 도래할 미래 역시 역사적 고통이 반복되는 과거의 연장일 뿐이다.

3. 망각의 드러남: 빨갱이와 문둥이라는 "낙인", 그리고 '나'

임철우의 소설에 등장하는 인물들은 거의 저주와 공포, 부끄러움과 죄책감에 사로잡혀 있다. 그것은 "지워지지 않는 핏자국처럼 내게는 저주와 공포의 낙인으로 깊이 박혀 있"(〈아버지의 땅〉, 100쪽)는 '아버지'의 죽음과 관계가 있다. "아버지의 피는 다시 내 몸 속으로 흘러들어와 내 심장과 실핏줄 하나하나까지 완벽하게 지배하고 있었던 것"(〈붉은 방〉), 즉 '나'는 아버지의 "원한과 복수와 저주와 증오의 피"를 이어받은 "핏자국의 낙인"이다. 다시 말해 현재의 '나'는 죽은 아버지들의 기억 중에서 변형된 것 혹은 망각된 것 안에 기입되어 있는 것이다. 따라서 아버지라

---

12 "이방인·신·괴물은 우리를 변경으로 이끄는 극한의 경험을 재현한다. 그들은 이미 확립된 범주들을 뒤엎고는 다시 한번 생각해보라고 시비를 걸어온다. 그들은 알려져 있지 않은 것으로 이미 잘 알려져 있는 것을 위협하기 때문에 무시무시한 공포 저쪽으로 격리된다."(리처드 커니, 이지영 옮김, 『이방인·신·괴물: 타자성 개념에 대한 도전적 고찰』, 개마고원, 2004, 12쪽.)

는 "낙인"의 기호를 풀어내는 과정, 즉 아버지의 기억 중에서 망각된 것, 그 망각된 것의 드러남에 의해 비로소 '나'의 정체성이 해명될 수 있다. 소설 속의 '나'는 "아버지. 당신은 누구입니까. 아니, 나는⋯⋯ 나는 도대체 당신의 누구입니까."(『붉은 산, 흰 새』, 159쪽)라고 반복해서 묻지만 그 해답을 쉽게 찾지 못한다.

'나'와 '아버지'의 "낙인"에 얽힌 진실의 한 단락을 『붉은 山, 흰 새』와 『그 섬에 가고 싶다』에서 반복되고 있는 '동백꽃' 에피소드를 통해서 읽을 수 있다. 이 에피소드는 기억과 망각의 상호작용을 통해 "낙인" 찍힌 주변부적 타자들의 정체성이 어떻게 재구성 혹은 변형되었는지를 잘 보여준다. 두 편의 소설에서 유사하게 반복되는 장면 중의 일부를 읽어 보자.

① 높다란 진흙의 울타리 너머로 올려다보이는 둥글고 푸르른 하늘. 그 한 가운데에 언뜻 소리없이 떠올라 멈추어 있던 어머니의 얼굴. 그리고 자신의 가슴에 안겨져 있던 그 시들어빠진 동백꽃 묶음⋯⋯. 그 기괴하고 이상스러운 구도의 풍경은 아직도 그의 뇌리 한복판에 깊이 각인되어 있는 것이다.
세 살 때였을까. 아니, 네 살 혹은 다섯 살? 그때 어머니는 그를 왜 그 흙구덩이 속에 그처럼 오랫동안 버려두었던 것일까. 왜⋯⋯.(『붉은 산, 흰 새』, 168쪽)

② "으응, 사나흘 뒤엔가 즈그 어미가 공동묘지로 다시 찾아올라가 보았등갑드라. 가서 보니께, 영낙없이 잠이 들어있는 것 맨키로, 허리를 꼬옥 웅크린 채로 숨이 끊어져 있드란다. 즈이 어미가 따서 준 동백꽃을 그러안고 말이여. 그런디 세상에, 그 어린 것이 그 동안 저 혼자 구덩이 밖으로 기어 나올라고 얼매

나 흙을 긁어대고 몸부림을 쳤었는지, 열 손가락 손톱이 죄다
흙이랑 피 범벅이 돼서 훌렁 뒤집혀 있더라지 뭐냐.”(『그 섬
에 가고 싶다』, 261쪽)

①은 무석이 어렸을 때 동백꽃을 안은 채 흙구덩이에 갇혀 있던 기억
을 회상한 부분이고, ②는 할머니가 들려준 어떤 아낙네의 이야기이다.
①과 ②에서 동일하게 반복되는 장면은 한 아이가 ‘동백꽃’을 안고서 ‘구
덩이’에 버려진 채 있었던 기억이다. ‘나’는 누구인가 하는 정체성의 물
음은 왜 아이가 구덩이에 버려져 있었는가 하는 기억 속의 의문과 동일
한 것이다. 아이가 왜 구덩이에 버려지게 되었는지에 관해서는 주변에
장치된 곁이야기에 의해 차츰 밝혀진다.

①에 얽힌 이야기는 다음과 같다. 무석의 아버지 원구는 아내 귀단이
강제로 사내들에게 변을 당해 생긴 아들이 무석이라는 소문(이 소문은
낙일도 사람들에게는 공공연한 비밀이다)을 듣고 귀단에게 폭력을 휘두
른다. 원구에게 무석은 “빨갱이 놈들한테 받아온 씨앗일 뿐”(240쪽)이다.
결국 귀단은 어느 날 어린 무석을 해묵은 무덤 근처의 구덩이에 버린다.
②에서 할머니가 들려준 이야기는 이렇다. 에미끼미 동네에 살았던 불쌍
한 한 여자가 우연히 딸아이의 한쪽 엉덩이에 생겨난 이상한 반점을 발
견하고 진료소를 찾아갔는데, 의사는 아이의 반점을 보고 소록도로 데리
고 가라 한다. 여자는 아이가 문둥병에 걸렸다는 사실을 숨기기 위해 공
동묘지 근처에 있는 구덩이에 아이를 버리고 온다.

동일하게 반복되는 동백꽃 에피소드 ①과 ②를 한 편의 이야기로 연결
하여 읽어보면, 어린 무석이 ‘빨갱이’의 자식이라는 낙인 때문에 버림받
았던 사실이 나중에 ‘문둥병’에 걸린 딸아이의 이야기로 변형된 흔적이
드러난다. 즉 구덩이에 버려진 아이 무석은 원래 빨갱이의 자식이었는데
나중에 그 사실을 숨기기 위해 한 여자의 딸아이가 문둥병에 걸린 이야

기로 변형한 것이다.[13] 이 변형의 흔적이 무엇을 의미하는지를 읽기 위해서는 다음과 같은 질문이 더 필요하다. 어떤 '맥락'에서 빨갱이의 자식이 문둥병 환자로 치환되는 것이 가능했을까. 그 '무엇'이 이들, 빨갱이와 문둥이를 교환 가능한 관계로 만들었을까. 서로 관계없는 것들 사이에서 자리바꿈이 일어나기 위해서는 둘 사이에 어떤 공약수가 있어야 가능할 것이기 때문이다.

어떠한 맥락에서 빨갱이가 문둥이로, 이데올로기적 적색공포가 질병의 은유로 치환될 수 있었는지를 해명하기 위해서는 소설 속의 한 부분(③)과 한 나환자의 증언(④)을 참조하여 몇 가지 추정적 사실을 추출하고, 그것을 다시 텍스트 바깥에 있는 역사문화적 자료에 의지해 확인하는 방법적 읽기가 요구된다. 이런 읽기는 소설적 허구와 증언적 호소가 역사적 사실과 맞닿아 있는 부분을 확인하는 과정도 되어줄 것이다.

③ 문둥이 떼가 나타났다는 소문이 얼핏 스치기만 해도 집집마다 대문 방문을 꼭꼭 닫아 걸고 숨어버리던 마을 사람들의 모습이 떠올랐다. 만에 하나, 딸아이가 그 몹쓸 병에 걸렸다는 사실이 알려지는 날에는 아낙의 식구들은 고향땅에 발을 붙이고 살 수가 없을 거였다. 그들 부부는 물론이려니와 어린 아들까지도 문둥이 취급을 당할 건 뻔한 일이었다.(『그 섬에 가고 싶다』, 257~258쪽)

④ "그전에 유전이라 그랬는데. 유전도 아니에요. 단지 사람들이 무섭게 알고 막 그래서 이름도 더럽잖아요. 문둥병이라고… 이

---

13 이는 프로이트가 심리적 메커니즘의 한 과정으로 제시한 '자리바꿈'의 예라 할 수 있다. 프로이트는 원초적 기억이 너무 강한 충격으로 자리할 때 이를 다른 이야기로 변형시키는 방식, 즉 일부러 잘못된 기억을 채택하여 기억의 일부를 수정하여 현실적인 억압과 '타협'한 결과로 나타나는 현상을 '자리바꿈'이라고 설명한다.

병든 사람들 천대를 했는데 실은 아무… 피부병이여. 다른 거 시기가 아니고… 피부병이라도 꼭 보이는 데만 그렇거든요. 몸 뗑이에는 아무 이상 없어요. 누구든지… 병든 사람들 아무리 이상하게 생긴 사람도 근데 얼굴 있는디. 모가지 우로 하고. 손도 여기서 여기 보이는데. 다리도 이 밑으로. 안 보이는 데는 아무 거시기 없어요. 그런게 병이 무서운 병이죠. 보기만 흉하고." (중략) "몸에는 아무런 이상 없어요. 아무리 중한 사람도 뱃겨 놓고 보면 몸에는 아무 이상이 없어여. 그러니까 이 병이 무섭죠… 꼭 보이는 데만… 사람 보이는 데만 그런께. 긍께 사람들 무섭게 하는… 나는 사람들을 무섭게 하는 걸 이상하게 생각 안 해요. 내가 그래 안 했더라도 나도 그럴 것이다 그 생각을 했어."(나환자 권00씨의 증언)[14]

③에서 읽을 수 있는 것처럼, 나환자들은 신체적 고통은 물론이고 가장 가까운 가족에게도, 이웃에게도 소외되는 이중삼중의 고통을 겪어야 했다. 가족 중에서 나환자가 있다고 소문이 나면 그 가족 전체가 이웃들에게서 배척당해야 했기 때문이다. 이와 같이 나환이 '전염'된다는 잘못된 인식은 나환자들을 가족, 마을, 사회 전체에서 추방해야 한다는 논리를 낳을 수 있었다. 나환자들의 몸은 한 나환자의 증언에서 읽을 수 있듯이(④) 병의 흔적이 눈에 잘 보이는 곳에 위치해 있기 때문에 다른 사람들에게 더욱 큰 공포감을 주었다. 가시적으로 드러나는 곳에 있는 흔적은 나환자를 건강인과 뚜렷하게 구별 짓는 낙인이 될 수 있었다. 나환

---

14 위에서 인용한 내용은 해방 후와 전쟁 상황 하의 기억을 증언한 부분 중의 일부이다. 증언자 '권00'씨는 증언 당시(2005년 현재, 나이 77세) 서울근교에 거주하고 있는 한센인 여성이다. 이 여성은 7살 때 소록도로 들어와 해방 때까지 10년 동안 그곳에서 살다가 열일곱 살에 해방을 맞았다.(서울대학교사회발전연구소, 『한센인 인권 실태조사』(국가인권위원회 인권상황실태조사 연구용역보고서), 국가인권위원회, 2005, 633~649쪽.)

(자)에 대한 공포감은 나균이 전염된다는 것과 나환자의 몸에 직접 드러난 표식에 의해 가능했고 그것은 나환자를 역사적 타자로 만드는 구체적인 근거가 되었다.

이렇게 나환자들은 신체적인 접촉으로 인한 가시적인 전염의 공포뿐만 아니라 '미감아(未感兒, 아직 나균에 감염되지 않은 아이)'라는 용어가 잘 보여주는 것처럼 언제든지 나균에 전염될 가능성을 지닌 사람들, 즉 비가시적인 전염의 공포를 동시에 주는 두려운 사람들로 여겨졌다.[15] 이로 미루어 소설 속의 '동백꽃 이야기'에서 우리는 빨갱이가 나환자로 치환될 수 있었던 맥락에 대한 하나의 단서를 얻을 수 있다. 그것은 바로 '전염의 공포'이다. 가시적 혹은 비가시적으로 전염될 수 있다는 나환자에 대한 전염의 공포감은 곧 빨갱이의 사상에 전염되어 그들에게 협력할 수 있다는 논리로 빨갱이에 대한 전염의 공포를 강화하여 학살의 명분을 마련했던 것과 구조적으로 유사하다.[16] 가족 중의 한 사람이 빨갱이로 몰려 학살된 후에 한 가족 전체가 학살의 공포를 느껴야 했던 이유도 '좌익'으로 낙인 찍혀 학살된 가족을 둔 이유로 훗날 겪게 될 사상적 검

---

15 근대 이후, 나환자에 대한 부정적 인식은 소문 속에서 형성되어 이들에 대한 공포감은 결국 사회의 안정을 위해 그들을 격리 혹은 추방해야 한다는 논리를 낳았다. 일제강점기 식민지배 위생담론을 거쳐 유신체제기의 규율체제 아래에서 나환자들은 치료의 대상이라기보다는 "낙원건설"을 위한 "노동력"과 "정신혁명"이 필요한 대상이었다. 이에 자세한 논의는 한순미, 「나환과 소문, 소록도의 기억: 나환 인식과 규율체제 형성에 관한 언술 분석적 접근」, 『지방사와 지방문화』 제13권 제1호, 역사문화학회, 2010, 441~476쪽 참조.

16 한국전쟁기를 전후하여 나환자에 대한 전염의 공포는 단지 육체적인 것이 아니라 정신적인 것까지를 포함했다. 김정한의 소설 〈인간단지〉(1970.4)의 한 대목에서도 읽을 수 있다. "— 일종의 격리다. 병 — 육체의 — 그것도 남에게의 전염을 방지하기 위한, 격리 본래의 목적에 의한 격리가 아니다. 정신 문제다. 정신상의 병 — 불의와 부정을 싫어한다, 미워한다, 협잡배와 위선자를 고발한다, 규탄한다, 이것이 병이란 거다. 남이 동조한다. 그것은 선동에 의한 결과다. 말하자면 전염이다. 데모는 그와 같은 정신병의 완전한 전염이란 거다. 그러니까 부정을 규탄하는 정신병자는 대중으로부터 냉큼, 그리고 완전히 격리해야 한다. — 이런 투다.(『김정한전집 4』, 작가마을, 2008, 43쪽.)

열이나 이데올로기적인 보복이 더욱 무서운 공포를 주었기 때문이다. 그
것은 가족을 잃었다는 슬픔보다 더 큰 두려움이었다. '전염'이라는 질병
학적 은유가 보이지 않는 것 혹은 알 수 없는 것이 주는 두려운 '공포'감
과 결합하게 된 것이다.

해방공간을 전후한 시기에 일어난 나환자 집단학살 사건은 문둥이와
빨갱이로 낙인찍힌 사람들이 얼마나 근접한 관계를 이루고 있었는지를
보여준다. 여천 애양원 나환자 수용소에서는 부패한 권력에 대해 집단적
으로 항거한 나환자들이 지리산 유격대와 연결된 '빨갱이'라는 혐의를
받고 추방, 학살된 사건[17]이나 함안의 인근마을 유지들이 한센인들을 제
거하기 위하여 전쟁상황에서 한센인들을 통비분자라는 혐의를 씌워 학
살한 함안 물문리 28인 학살사건(1950.7)은 한센인에 대한 혐오와 국가
폭력이 결합된 전형적인 학살사건이다. 해방 이후부터 1957년까지 일어
난 한센인 집단학살의 성격이나 유형은 "경찰과 군에 의한 학살, 지방
좌익에 의한 학살, 주민과 한센인간의 충돌에 의한 희생 등" 다양한 형태
를 보이고 있으나 대체로 그 성격은 "한센인을 사회적 타자로 보는 정상
인들의 편견을 기초로 하면서 좌우이념의 투쟁을 이용한 학살의 형식"을
띠고 있었다고 할 수 있다.[18] 한편, "빨갱이"란 말은 해방공간에서 공산

---

[17] 여천 애양원교회에서 신사참배를 거부한 손양원 목사가 투옥되고, 동방요배거부
자 3~4인이 퇴원한 사건이 있은 뒤, 1952년 4월과 5월에 이르러 전쟁 전부터 잠재
하고 있던 박동수 장로 체제에 대한 불만이 다시 폭발했다. 당시 박동수 그룹은
자신들에게 비판적인 나환자들을 지리산 유격대와 연결되었다고 하면서 이들을
"빨갱이"로 몰아갔다.(정근식, 「사회적 타자의 자전문학과 몸·심숭의 "나문학"을
중심으로」, 『현대문학이론연구』 제23권, 현대문학이론학회, 342~344쪽.)

[18] 한센인에 대한 인권침해 중에서 가장 극단적 형태인 집단학살에 관한 증언 및
발굴자료는 『한센인 인권 실태조사』, 앞의 책, 53~61쪽 참조. 1945년 해방 이후의
나환자 집단학살의 사례로는 구례 또는 옥과에서 한센인 6명이 지리산부대(좌익
유격대)에 의해 학살된 사건(1948 또는 1950.10), 인민군이 후퇴할 당시, 퇴로가
막혀 산악지역으로 들어가 유격대 활동을 준비하고 있었던 좌익 세력들에 의해
부랑하는 습성이 있는 한센인들이 스파이로 간주되어 학살된 장흥 학살사건
(1950.9~10), 나환자들이 탈옥수들로 오인되어 학살된 무안 연동 학살사건

주의자를 가리키는 용어로 사용되다가 여순사건을 거치면서 위협과 적의를 제공하는 짐승, 비인간, 악마의 이미지로 부각된다. 좌우의 혼란 시기에 빨갱이라고 분류되는 사람들은 단순하게 공산주의 사상을 가진 사람이 아니라 '양민을 학살하는 살인마'라는 악마성의 이미지로 구체화된 것이다.[19]

위의 논의에서 얻은 추정적 단서와 역사적 사실에 의지해, 우리는 '동백꽃 이야기'에서 빨갱이가 나환자로 치환된 부분에 대한 하나의 해석에 이를 수 있다. 근대 이후 일제강점기를 거쳐 지속적으로 형성된 나환자에 대한 준비된 공포감은 빨갱이라는 비가시적인 존재성을 가시화하여 그들을 학살할 수 있는 하나의 심리적 동인이 될 수 있었다. 나환자에 대한 부정적 이미지는 해방공간과 여순사건의 혼돈 속에서 탄생한 '빨갱이'라는 말로 분류된 모호한 사람들에 대해 구체적인 표상과 이미지를 더해 준 것이다. 나환자에 대한 부정적 이미지와 전염의 공포는 빨갱이라는 이데올로기적 희생양을 지칭하는 표상과 이미지로 흡수되면서 나환자와 빨갱이는 역사적 타자로서의 '낙인'을 공유할 수 있었다.

지금까지 읽어본 대로, 임철우 소설 속의 '동백꽃 이야기'는 빨갱이와 문둥이로 "낙인" 찍힌 주변부적 타자들에 대한 학살의 기억이 변형 혹은 망각되는 과정과 밀접한 관계가 있다. 이는 또 '나'의 저주스러운 정체성을 "빨갱이"와 "문둥이"라는 낙인이 찍힌 주변부적 존재들의 이야기 형태로 바꾸어 서사화하고 있는 것이다. 학살의 기억을 견디기 위한 이야

(1949.9.15.), '좌익' 성향으로 알려진 고창의 나환자 집단 학살(1950년 전쟁기) 등을 더 들 수 있다.

19 김득중, 『빨갱이의 탄생』, 선인, 2009, 371~439쪽 참조. 누군가를 '국민'으로 승인하는 것은 항상 '국민이 아닌 자'를 구분하고 배제하는 과정을 동반하는데, 이승만 정부한테 '비국민'은 '빨갱이'였다. '빨갱이'란 기표에 담긴 '살인마' '비인간'의 이미지는 '국민이 아닌 자'를 배제하는 과정을 거쳐 대한민국 '국민'으로 승인하는 절차로 자리 잡았다. 반공논리는 국민의 의식에 내면화되어 지배권력이 위기를 맞을 때마다 빨갱이라는 유령을 불러냈다.

기의 변형은 양방향에서 동시에 이루어졌을 것이다. 빨갱이로 기억되는 죽음이 주는 공포가 너무 컸을 때 빨갱이라는 낙인을 숨기기 위해 문둥병 환자로 변형되는 한 방향, 이와 반대로 가족 중의 한 사람이 나환자라는 사실을 숨기기 위해 후일 나환자를 독립군이나 좌익세력으로 변형시키는 이야기가 다른 한 방향이다.[20] 이 중에서 동백꽃 이야기는 해방과 한국전쟁기를 거치면서 빨갱이라는 낙인이 나환자로 변형된 방향의 이야기로 생각된다.

이렇게 임철우 소설에는 주변부 타자들의 역사적 기억과 그 망각의 과정을 사실로 확인되지 않은 채 떠도는 '소문'과 할머니에게서 전해 듣는 '이야기'를 활용하여 드러낸다. 그것은 우리에게 망각된 역사적 기억의 지층을 한층 더 선명하게 보여준다. 그런 점에서 소설 속에 등장한 '동백꽃' 에피소드는 저주의 낙인이 찍힌 정체성의 기억과 연관될 뿐만 아니라 지배권력 담론이 소외시킨 변두리의 기억, 기록되지 못한 우연적 사건, 역사적 기록에서 추방된 사소한 것들을 복원하는 일종의 '대항기억'[21]의 서사로서의 역할도 감당하고 있다고 할 수 있다.

---

[20] 흥미로운 것은 몇몇 문학작품에서 나환자가 좌익으로, 좌익이 나환자로 바뀐 사람들의 이야기가 등장하고 있는 점이다. 나환자의 자전적 기록을 소설화한 『유령의 자서전』(2003)에서는 나환자가 독립군이나 좌익세력으로 바뀌는 이야기가 등장한다. 이와 반대로, 이청준의 『신화를 삼킨 섬』(2003)에는 좌익세력으로 빨치산 투쟁에 가담했다는 소문에 휩싸였던 사람이 사실은 나환자였다는 이야기가 삽입되어 있다. 이 부분에 관해서는 한순미, 「나환의 기억과 서사적 욕망: 맥락과 징후」, 『국어국문학』 제155집, 국어국문학회, 2010, 357~384쪽에서 간략하게 언급한 바 있다.

[21] 푸코가 말하는 '대항기억(Gegen-Gedächtnis)'이란, 기원이라 불리는 거대한 사회적 연속성의 기억에 맞서 오히려 우연적 요인들로 간주된 미세한 일탈들이 만들어내는 불연속적·단층적 출발점들에 대한 기억이다. 김영목, 「기억과 망각 사이의 역사 드라마와 과거 구성」, 최문규 외 공저, 『기억과 망각: 문학과 문화학의 교차점』, 책세상, 2003, 197~198쪽 참조.

4. 구원의 글쓰기: 끝나지 않을 제의

앞서 읽은 '동백꽃 이야기' 속의 '나'의 고립된 처지는 5·18당시 광주 안에 갇힌 채 바깥에서 구원자가 와주길 기다리던 광주 사람들의 외로운 상황과 다르지 않다. 이러한 기억 구도는 밖에서 학살의 현장을 지켜봤던 방관자들과 싸움의 뒤편에 있었던 가해자들이 결국 같은 공범이라는 인식으로 귀결된다. 따라서 임철우 소설에 등장하는 피해자는 누구의 도움도 받지 못한 채 외롭게 죽어간 모든 사람을 가리키며, 살아남은 우리는 집단적 죄의식을 공유하고 있는 가해자들이다.

> 달숙은 걸레쪽처럼 찢겨진 살점들을 주워담다가, 문득 고개를 들어 철길을 에워싸고 있는 구경꾼들을 무서운 눈으로 노려보았다. 그들 중 누구도 그 지긋지긋한 작업을 벌이고 있는 그녀의 식구들을 도와주지 않았다. 저만치 몇 발짝 거리를 두고 떨어져서, 그들은 하나같이 뱃속에 든 밥찌끼를 금방이라도 토해내고 싶다는 듯한 기묘한 표정들을 떠올린 채, 그래도 끈질기게 이쪽의 동작 하나하나를 주시하고 있을 뿐이었다. (중략) 달숙의 눈에 비치는 그들은 바로 악마의 떼거리 그것이었다. 식은 핏덩이와 부패해가는 살덩이의 내음을 맡고 어디선가 몰려든 무수한 까마귀떼들이었다. (『붉은 산, 흰 새』, 216쪽)

> 그녀는 공범이었다. 남편도, 다섯 살 난 아들도, 자취하는 계집애들도, 한결같이 공범자들이었다. 그들이 자신에게 닥칠지도 모를 위험을 회피하기 위해 스스로 방임해두고 있는 완충지대에서 그 끔찍한 범죄는 독버섯처럼 자라나고 있었고, 그 독버섯을 키우고 있는 사람들은 다름 아닌 바로 그들 자신이었다. 분명히 그녀들은

어떤 음모를 묵인하고 있었고 그 범죄에 결과적으로 협력하고 있는 셈이었다.(〈그들의 새벽〉, 60쪽)

"너희들이야. 너희들이 바로 아이들을 죽인 거야! 거짓말하지 마. 너희들은 모두 알고 있어. 더 이상 속이려 들지 마! 너희들이야. 아이들을 죽인 것은 너희들이란 말야! 너나없이 우리는 공범이야! 모두가 똑같은 공범이라구!"(〈불임기〉, 206쪽)

아버지가 죽는 광경을, 아이들이 끌려가는 광경을 구경하듯 방관했던 사람들은 결국 학살을 자행했던 가해자들과 마찬가지로 공범인 것이다. 유폐된 섬에서, 광주에서 피해자와 가해자로 나뉘어 싸운 사람들은 모두 역사의 희생양들이다. 임철우의 소설에서 가해자와 피해자 간의 용서와 화해의 자리가 쉽게 마련될 수 없는 이유는 바로 여기에 있다. 월북한 큰아버지의 환영을 저주의 낙인으로 지닌 오기섭과 빨갱이를 사탄이고 악마라고 생각하는 최달식, 이들 중에서 누가 가해자이고 피해자인지를 가늠할 수 없다면(〈붉은 방〉), "용서해야 할 쪽은 누구이며, 또 용서받아야 할 쪽은 어느 쪽이란 말인가."(『붉은 산, 흰 새』, 288~289쪽). 또 살해의 현장을 기억하고 있는 사람들이 그 기억으로 인해 여전히 고통받고 있다면 살해의 기억을 절대 잊어서는 안 된다고 임철우의 소설은 말한다. 따라서 임철우의 소설에서 용서와 화해는 가해자가 먼저 용서를 빌 때 가능한 미래의 일로 연기된다. 화해는 오직 역사적 진실이 규명되고 희생자들의 기억을 구원하는 과정을 거친 다음에 해야 할 미래의 것이다.

이러한 방식은 역사적 기억과 섣부른 화해를 의미하는 것이 아니며, 용서와 화해만이 지난 세월의 고통을 극복할 수 있다는 종교적인 메시지[22]와도 분명히 다른 것이다. 진정 용서를 먼저 빌어야 할 사람들은 학살을 담당했던 가해자들과 묵묵하게 방관했던 살아있는 우리이며, 가해자들인 우리가 용서를 빌어야 할 사람들은 역사의 주변부에서 무고하게 살해된 죽은 자들, 살해의 기억을 안고 살고 있는 소외되고 버림받은 노인, 여자, 아이들이다.

이와 같은 고뇌를 안고, 임철우의 소설은 첫 소설집 『아버지의 땅』에서 『백년여관』에 이르기까지 역사 속에서 희생된 사람들을 위한 구원의 서사를 지속적으로 펼쳐 왔다. 구원의 주체는 『붉은 산, 흰 새』의 무석, 『그 섬에 가고 싶다』의 '나', 『백년여관』의 복수와 소설가 진우처럼 저주의 기억에서 아직 벗어나지 못한 채 고통받고 있는 사람들이다.

첫 번째, 구원의 방식은 『그 섬에 가고 싶다』에서 읽을 수 있다. 이소설은 희생된 수많은 사람이 본래 하늘에 살던 아름다운 별이었는데, 타락한 세상에 유배되어 타락해버리고 말았다는 이야기에 기초한 구원의 서사이다. 그래서 이 소설에서는 미친 여자, 절름발이, 곱사등이, 당골네, 군대에서 죽은 칠성이 형 등 이름 없이 살다간 사람들의 이야기를 각각의 장에 담아 "크거나 작거나, 반짝이건 흐릿하건, 못생겼거나 예쁘거나, 네모졌건 동그랗건, 길쭉하건 뭉툭하건 간에", "똑같은 고향을 지닌 똑같은 별들"(『그 섬에 가고 싶다』, 18쪽)로 되돌려 보내준다. 익명의 존재들의 고통을 하나씩 기억하는 글쓰기는 역사적 기록에 남아 있지 않은 주변부 희생자들의 고통을 망각되지 않도록 하기 위한 저항적 구제 행위에 비견된다. 여기에서 마련된 구원은 고통의 기억을 안고 있는 사람들이 역사 속에서 희생된 모든 사람의 기억을 되살려 그들의 고통을 치유해주고 그들 또한 거기에서 벗어나 현재적 삶의 질서를 회복하기 위한 자기구원 형식의 제의이다.

다음으로 『봄날』 이후에 출간된 『백년여관』은 산 자와 죽은 자 사이에서 이루어지는 구원 서사이다. 이 소설에서 구원의 방식은 제주 4·3을

22 　교황 바오로 2세는 광주와 소록도를 연이어 방문하여 '불화와 증오'를 넘어서 '화해와 평화'가 필요하다고 강조했다. 《동아일보》, 1984.5.4. 기사 참조.

겪은 강복수와 제주 무당의 딸 조천댁을 중심으로 이루어진다.[23] '백년여관'에 모여든 사람들은 한결같이 역사적 고통을 여전히 앓고 있는 사람들이다. 4·3으로 온 가족을 잃고 영도로 건너온 여관집 주인 강복수, 6·25 전쟁 때 보도연맹 학살사건 당시 어머니의 죽음을 경험한 후 기억상실증에 걸린 재미교포 요안, 베트남전에서 민간인을 학살하고 외팔이로 돌아온 문태, 5·18의 상처를 안고 사는 은희와 순옥, 소설가 진우 등은 살아있지만 이미 오래전 죽은 자들이다. 그들은 백 년 동안 이어진 죽음의 기억에서 아직 벗어나지 못한 바다 밑의 '푸른손'들처럼 여전히 기억의 섬을 맴도는 자들이다. 이곳 영도(影島)는 "산 사람이 딱 절반, 원통한 귀신들이 딱 절반"인 "중음(中陰)의 영토", "육신은 살아 있으되, 사실은 한이 맺혀 벌써 죽은 지 오랜 사람들이고, 살점이랑 창자는 오래전 썩어 문드러졌으되 원통해서 차마 고향을 떠나지 못하니 아직 살아 있는 사람

---

23 이 소설의 중심서사에 해당하는 강복수와 귀덕녀의 이야기는 제주의 역사적 트라우마를 확인해준다. 1942년 제주도 안덕면 출생으로 나이 55세인 강복수의 집안은 일제 말 징용으로 끌려가 북해도 탄광에서 폭발사고로 인한 죽음, 미군기의 폭격으로 배가 침몰하여 일가족이 사망, 해방 후 46년 6월 육지에서 시작된 콜레라가 제주도를 휩쓸기 시작하면서 콜레라로 사망, 3·1절 기념식에 모여든 시위군중을 향해 경찰이 총을 쏘는 바람에 사망, 그리고 48년 4·3으로 인한 죽음 등 1945년부터 1949년까지 스물네 차례의 죽음을 치러야 했다. 그 후 복수는 입산자라는 명목으로 체포되어 처형당한 아버지와 내란죄로 복역한 어머니를 둔 부역자의 아들이라는 이유로 법과대학 최종합격자 명단에서 탈락된다.
　한편, 제주도 조천읍이 고향인 무당 조천댁은 6·25가 나기 바로 몇 달 전 어머니 귀덕녀와 단둘이 제주에서 영도로 왔는데, 그녀의 어머니 귀덕녀는 4·3 난리에 남편과 두 아들이 죽자 실성한 후 신이 들려 무당의 길을 걷게 되었다. 귀덕녀는 해안에서 중산간으로, 한라산을 넘어 다시 크고 작은 오름들에 이르기까지, 조천에서 안덕, 성산포에서 모슬포, 애월에서 한림, 중문, 법환, 남원까지를 돌아다니다 중산간 마을 계집아이의 혼령을 들어와 강신무가 되었다. 그녀는 한라산에서 토벌대가 놓은 불에 타 죽었다고 하는 아이귀신의 힘을 빌려서 억울한 혼령들을 길을 닦아 저승으로 보내주는 일이 해 왔다. 그러나 4·3 난리에 원통한 죽음을 당한 사람들이 수만 명이라, 그녀는 그 섬에서 살아갈 수가 없었기 때문에 고향을 등지고 영도로 건너온다. 강복수와 조천댁이 겪은 수난의 서사는 4·3의 역사적 기억이 현재의 고통스러운 삶으로 얼마나 오랫동안 이어져 왔는지를 보여준다.

들"(146쪽)이 함께 거주하는 섬이다.

이곳에서 산 자들과 죽은 자들을 위한 큰굿이 마련된다. 소설의 마지막 부분에서 조천댁이 주재하는 큰굿[24]은 바다 밑의 심연에 갇힌 죽은 넋들과 함께 역사적 고통에서 헤어나질 못하는 백년여관 사람들을 위한 구원하기 위한 제의이다.

> 케이일까. 케이가 날 부른 것인가. 그림자는 끝내 사라졌다. 그때, 절망적으로 고개를 푹 꺾어 내리는 당신의 귓전에서 누군가 나직하게 속삭였다.
> "그래. 결코 지난날들을 잊어서는 안 돼. 망각하는 자에게 미래는 존재하지 않아. 기억해. 기억해야만 해. 하지만 친구야. 그 기억 때문에 네 영혼을 피 흘리게 하지는 마."
> (중략)
> "오오, 사랑하는 자식들아, 이젠 그만 우리들을 놓아다오. 분노와 증오, 원한과 절망, 눈 부릅뜬 저주와 어둠의 시간들로부터 벗어나서, 아아 우리 이제는 그만 돌아가려 한다. 한과 슬픔과 미련을 모두 지워내고, 이 추악한 지상의 시간, 서럽고 아픈 과거들을 이제 그만 너희에게 온전히 맡겨둔 채로, 저 영원한 망각의 세상에서 이제는 깊이 잠들고 싶다…… 가엾은 내 자식들아. 너희의 눈물과

---

24 조천댁이 주재하는 큰굿은 제주굿 '영개울림'에 해당한다. 4·3의 기억을 구원 서사의 원점으로 삼고 있는 이 소설에서 제주의 문화장치인 영개울림을 활용한 부분은 의미심장하다. 제주의 영개울림 굿에서는 심방이 일인칭의 화법으로 눈물을 흘리며 사령(死靈)의 이야기를 전하고, 가족들은 눈물을 흘리며 그 이야기를 듣는다. 이 영개울림은 제주 도민의 고통을 드러내면서 제주도 굿 공동체와 전체 민중의 사회적 자의식을 형성, 발전하는 데 기여했다. 이는 오랫동안 보복이 두려워 어떤 형태로도 표현할 수 없었던 도민(道民)들의 집단적 한(恨)과 반정부적 태도를 보여준 것이다.(키스터 다니엘,『삶의 드라마-굿의 종교적 상상력 연구』, 서강대학교출판부, 1997, 119쪽.) 4·3 내력굿에 대한 증언은 제주4·3연구소 편,『이제사 말햄수다』(4·3증언자료집1), 한울, 1989, 21~34쪽 참조.

통곡과 슬픔을 이제는 거두어다오. 고통 속에 사로잡힌 너희를 두고서는 우린 차마 떠날 수가 없으니……. 잘 있거라. 사랑하는 내 아들, 가엾은 내 딸들아……."(『백년여관』, 336~337쪽)

죽은 자들은 산 자들에게 눈물과 통곡과 슬픔을 거두어 주길 주문한다. 산 자들은 죽은 자들의 목소리를 듣고 고통받고 있는 자신들의 아픔을 위로한다. 광주의 5월을 함께 겪었던 케이에게 자신의 죄를 고백하지 못했던 기억으로 죄책감에 시달리고 있는 진우에게 케이의 목소리는 기억을 잊지 않되 그 기억으로 인해 더 이상 고통받지 않기를 당부한다. 주변부의 문화장치 중의 하나인 '영개울림'은 오직 죽은 자들만을 위한 제의가 아니라 아직 완전히 죽지 못한 유령들, 삶과 죽음의 경계에서 살아가는 백년여관 사람들, 그리고 소설가 '당신', 이렇게 역사적 트라우마를 벗어나지 못한 모든 역사적 희생양을 위한 제의이다. 이처럼 『백년여관』에서의 구원의 방식은 죽은 자들에 의해 산 자들이 구원을 받는 형식이다.

죽은 자들이 그들의 기억을 망각하고 완전히 이곳을 떠날 때라야만 비로소 산 자들의 삶이 평온해질 수 있다. 그러나 소설가 진우에게만은 그 제의에서조차도 자신의 기억을 온전히 망각하지 못한다. 소설가 진우는 제의가 끝난 뒤 영도를 떠나면서 이들의 이야기를 소설로 쓰기 시작하겠노라고 다짐한다. 진우는 스스로를 '당신'이라고 호칭하면서 '당신'의 소설에 역사적 기억에서 벗어나지 못한 죽은 자들과 산 자들의 고통스러운 기억을, 아직 역사적 고통에 갇혀 있는 백년여관 사람들의 상처를 받아쓰기 시작한다.

그런 점에서 소설 『백년여관』의 무대인 '영도'는 역사적 기억과 고통이 완전히 망각되고 끝나는 곳이 아니라 역사적 기억을 넘어서 새로운 요청이 시작되는 곳이며 '당신'의 소설쓰기가 새롭게 시작되는 통과제의의 장소라 할 수 있다.[25] 즉 '영도'는 역사적 기억의 매듭을 새롭게 풀어가야 할 역사적 기억의 원점인 것이다. 이곳에서 벗어나는 순간, 다시 시작될 소설가 '당신'의 소설쓰기는 역사적 고통이 지속되고 있는 현실에서 결코 끝날 수 없는 것이다. 이는 또한 앞으로 쓰게 될 임철우 소설의 방향을 예고한다. 망각할 수도 없는 기억, 망각되어서도 안 되는 역사적 기억을 진정 망각하기 위한 임철우의 제의적 글쓰기는 끝나지 않을 것이다.

5. 임철우 소설의 역설: 기억하면서 망각한다는 것

해방과 전쟁을 직접 체험한 작가들과 달리, 5·18이전의 역사적 경험이 없는 작가 임철우의 소설에서 역사적 트라우마를 서사화한다는 것은 처음부터 사실적 경험을 바탕으로 한 재현의 방식일 수 없었다. 이 재현적 한계 앞에서, 임철우는 5·18의 경험을 바탕으로 이전의 역사적 트라우마를 추체험하는 방식에 기대어 그것을 사실적 증언이나 재현이 아닌 방식으로 서사화해 왔다. 임철우의 소설은 광주 오월에서 겪은 고통의 강도를 해방 이후의 역사적 기억 전체로 확장하면서 그 폭력의 강도를 반복적으로 현재화한다.

2장에서 살펴본 것처럼 노인, 아이, 여인 등 주변부적 존재들이 감지하는 정체불명의 것들과 그들의 '몸'에 나타난 병적 징후를 통해서 역사적

---

[25] 터너는 제의의 주요한 속성을 리미널리티(liminality)로 설명한다. 리미널(liminal) 한 단계에서 이루어지는 신성하고 종교적인 순간적 경험을 리미널리티로 부르고, 이러한 순간이 전개되는 공간을 '코뮤니타스(Communitas)'라고 부른다. '문지방'을 의미하는 라틴어 리멘(Limen)에서 나온 리미널은 혼돈에서 질서의 세계로 옮겨가는 과정이다.(빅터 터너, 이기우·김익두 옮김, 『제의에서 연극으로』, 현대미학사, 1996, 77쪽.)

폭력이 지속되고 있음을 보여준다. 유령들의 회귀가 계속되는 한, 현재는 고통이 지속되는 과거이며 도래할 미래 역시 역사적 고통이 반복되는 과거의 연장일 뿐이다. 3장에서는 '저주의 낙인'이 찍힌 '나'의 정체성을 소설 속에서 반복적으로 등장하고 있는 '동백꽃' 에피소드를 통해 읽어보았다. 이 에피소드는 '빨갱이'가 '문둥이'로 변형된 흔적을 담고 있는데, 우리는 이것을 역사문화적 맥락에 의해 독해함으로써 주변부적 타자들이 이데올로기적 희생양으로 낙인찍힌 과정을 함께 엿볼 수 있었다. '동백꽃' 에피소드는 저주의 낙인이 찍힌 정체성의 기억과 연관될 뿐만 아니라 지배권력 담론이 소외시킨 변두리의 기억을 복원하는 일종의 '대항기억'의 서사로서의 역할도 하고 있다. 임철우 소설의 구원 서사는 4장에서 살핀 바와 같이 산 자와 죽은 자를 동시에 구원하는 방식으로 이루어진다. 그러나 역사적 트라우마를 벗어나지 못한 모든 역사적 희생양을 위한 제의는 진정한 구원과 화해의 순간을 끊임없이 연기하면서 그것은 곧 새로운 역사적 기억 쓰기를 요청하는 시작점이 된다.

임철우의 소설은 역사의 변두리에서 아직도 고통을 겪고 있는 주변부적 존재들의 아픔을 반복해서 다루어 그들의 역사적 트라우마를 공동의 기억으로 신화화한다. 이를 통해 주변부적 역사 기억을 결코 망각되어서는 안 되는 공동체 전체의 역사 이야기로 구축한다. 주변부의 역사적 기억을 반복적으로 서사화한 임철우의 소설들은 다시는 똑같은 역사적 경험이 반복되지 않기 위해서는 과거의 기억을 쉽게 망각해서는 안 된다고 호소한다. 즉 그의 소설이 역사적 트라우마를 서사화하면서 드러내는 심층적 의미는 역사적 기억을 진정 망각하기 위해서 그것을 새롭게 기억해야 한다는 역설이다.

제3부
치유와 통합을 위한 사회적 실천

서사적 상상력과 통일교육

박재인*

1. 미래세대를 위한 통일교육

통일미래세대를 위한 통일교육의 중요성은 지속적으로 강조되어 왔다. 여러 방안이 제안되고 실천되었으나 그 실효성에 대한 의문은 계속 제기되었다. 청소년 통일교육은 그 교육 여건이 제대로 갖추어지지 않았으며, 지식전달 위주의 교육이라고 비판되어 왔다.[1] 분단국가에서 이는 마땅히 중요하게 다루어져야 함에도 불구하고 그에 부응하는 교육 방안의 마련이 부족하다는 지적이 지금까지도 계속되고 있다.

---

* 건국대학교 통일인문학연구단 HK연구교수.

[1] 고경민, 「제4장 박근혜 정부의 통일담론과 통일교육 활성화 방향」, 『통일전략』 제15권 제3호, 한국통일전략학회, 2015, 127쪽.

이에 현 정부는 '통일친화적 사회로의 전환', '통일미래세대에 대한 통일교육 강화'를 통일교육의 주안점으로 천명했다. 통일미래세대를 위한 교육프로그램 개발 및 보급에 주력하면서 현재 청소년들에게 고착화되고 있는 통일에 대한 회의적 시선을 전환하고자 했다. 현재 통일교육원에서는 교과보조용 체험학습 콘텐츠(IPTV활용)를 제공한다거나, 통일교육주간 시 통일박람회, 모의국무회의, 각종 공모전을 진행하여 보다 창의적이고 체험적인 학습을 진행하고 있다. 또한 전국적 범위의 통일리더캠프를 개최하여 놀이프로그램, 통일에 대한 리더십 함양, 통일 가상마을 제작 등을 통해 자기주도적 통일교육을 실천하고 있다.

학계에서도 청소년 통일교육의 현황을 진단하며 개선 방안을 마련하는 논의가 계속되면서,[2] 이전의 한계에 대한 대안으로 새로운 교육방법들이 주목되고 있다. 학습자가 보다 능동적으로 참여할 수 있도록 참여·체험식 학습, 학생위주 교수·학습, 다양한 매체 활용 등의 새로운 접근방식이 제안되었다.[3] 이는 '앎의 과정'을 스스로 경험하게 하면서, 창의

---

[2] 최근 통일의 당위성에 대한 보다 합리적이고 실질적 근거를 위해 '통일편익'에 대한 다각적인 시각의 필요성을 주장하거나, 남북주민의 통합, 통일 과정과 이후의 삶을 중시하면서 통일 한국의 비전을 구체적으로 구상하는 교육 내용의 필요성도 제기되었다. (우평균, 「21세기 통일교육의 방향성: 현행 체제에 대한 평가와 지향」, 『평화학연구』 제12집 제3호, 한국평화통일학회, 2011; 고경민, 「제4장 박근혜 정부의 통일담론과 통일교육 활성화 방향」, 『통일전략』 제15권 제3호, 한국통일전략학회, 2015; 장성호, 「통일 미래를 위한 청소년 통일교육의 방향: 통일한국의 미래상과 통일 준비 필요성을 중심으로」, 『사회과학연구』 제26권 제4호, 충남대학교 사회과학연구소, 2015.)

[3] 교육 방법 차원에서는 주입식 교육에서 벗어나, 참여·체험 중심의 학습(김창현, 「청소년들의 통일안보 현장체험학습의 효과에 관한 연구」, 『정책개발연구』 제14권 제1호, 한국정책개발학회, 2014; 강동완·김현정, 「체험인지형 지역통일교육 활성화 방안: 부산, 경남지역 사례를 중심으로」, 『정치정보연구』 제18집, 한국정치정보학회, 2015.), 창의력이나 인성 교육과의 접근 방법과 학습자 주도의 교육 방법론(박보영, 「청소년 통일교육의 활성화를 위한 관점 전환의 필요성: 학습자의 체험을 중심으로 한 자기주도학습으로」, 『교육의 이론과 실천』 제15집 제2호, 2010; 박찬석. 「도덕과 통일교육 내용의 인성 창의성 교육 적용」, 『도덕윤리과교육연구』 제41호, 한국도덕윤리과교육학회, 2013.)이 제기되었다. 또한 진로교육,

적이고 자율적인 통일에 대한 주관을 확립하도록 하는 통일교육 전략이라고 할 수 있다.

이러한 통일교육의 전환기에 발맞추어 본고는 서사적 상상력을 통한 통일교육을 제안한다. 분단 역사와 통일 과제를 '사람' 중심의 서사로 사유하고, 통일 과정과 이후의 삶을 '사람' 중심의 서사로 상상하는 방식의 통일교육이 어떻게 가능한지를 논하고자 한다. 통일에 대해 공감하고, 통일친화적인 정신과 신체로 전환될 수 있도록, 우리 삶과 멀지 않은 거리에서 사람의 이야기로 통일교육을 실행하는 것이다.

통일교육에 대해 지속적으로 지적되어온 지점 중에 본고가 특히 주목한 바는 통일 과제에 대한 능동적인 사유를 가능하게 하는 내용의 필요성이었다. 미래지향적 통일관을 형성하고 통일 한국의 비전을 구체적으로 구상하는 교육 내용이 필요하다는 것이다.[4] 그리고 그간에 통일교육은 정작 우리 사회에 대한 정당한 이해는 부재했다고 지적하며, 통일 한국의 미래상을 구체화하기 위한 선행작업으로 우리 사회에 대한 이해도 중요한 사안임이 주장되었다.[5] 이에 남남갈등[6]이나, 우리의 의식 깊숙이

창의적 체험활동을 통해 교과외 영역을 활용한 방안 마련이나, 음악, 미술, 창작교육을 통한 통일교육 방법이 제안되기도 했다. 이렇게 기존 통일교육의 한계를 극복하면서, 보다 학습자의 흥미와 참여도를 높이기 위한 다양한 방안이 고안된 것이다.

[4] 우평균, 「21세기 통일교육의 방향성: 현행 체제에 대한 평가와 지향」, 『평화학연구』 제12집 제3호, 한국평화통일학회, 2011; 장성호, 「통일 미래를 위한 청소년 통일교육의 방향: 통일 한국의 미래상과 통일 준비 필요성을 중심으로」, 『사회과학연구』 제26권 제4호, 충남대학교 사회과학연구소, 2015.

[5] 전형권, 「청소년의 통일 무관심과 통일교육의 새로운 접근법: 중학교 통일교육을 중심으로」, 『인문사회과학연구』 제13집, 호남대학교 인문사회과학연구소, 2005; 장성호, 「통일 미래를 위한 청소년 통일교육의 방향: 통일 한국의 미래상과 통일 준비 필요성을 중심으로」, 『사회과학연구』 제26권 제4호, 충남대학교 사회과학연구소, 2015.

[6] 박찬석, 「현대 청소년 교육의 현실적 과제와 미래지향적 정향: 남남갈등 극복을 중심으로」, 『청소년과 효문화』 제7권, 한국청소년문화학회, 2006; 박찬석, 「남남갈등 해소를 위한 통일교육의 구현 방안」, 『도덕윤리과교육연구』 제39호, 한국도

자리한 분단의식, 분단지향적 가치관에 대한 현실 인식과 통일교육 대안
의 필요성이 제기되었고,[7] 더불어 사회통합적 역량을 고취하는 통일교육
방안[8]이 마련되어 왔다. 통일 과정과 그 이후에 전개될 사회 변화에 능동
적으로 대처할 수 있는 판단력과 역량을 함양하는 데에 있어서 필수적
교육 과제이다.

서사적 상상력을 통한 통일교육은 기왕의 논의들에서 제기했던 통일
교육의 한계점을 보완하면서도, 분단과 통일의 과정에서 '나'를 인식하
고 사람의 '삶'을 그려보는 창의적이고 능동적인 교육 효과를 기대하게
한다. 그 기획 과정과 교육프로그램 실행 결과, 보완책 마련을 논의하는
이 글은 향후 서사적 상상력을 통한 통일교육의 전문화를 위한 시론(試
論)이라고 할 수 있다.

덕윤리과교육학회, 2013.

7 권혁범, 「내 몸속의 반공주의 회로와 권력」, 『우리 안의 파시즘』, 삼인, 2000; 안
승대, 「분단 구조와 분단 의식 극복을 위한 통일교육의 과제」, 『통일인문학논총』
제54집, 건국대학교 인문학연구원, 2012; 이인정, 「남북통일과 시민성 세대갈등
통합과 교육적 과제」, 『도덕윤리과교육연구』 제41호, 한국도덕윤리과교육학회,
2012; 안승대, 「그람시(Gramsci) 사상을 통한 통일교육의 새로운 방향성 정립을
위한 연구」, 『동아인문학』 제30집, 동아인문학회, 2015; 함규진, 「민주주의의 심
화와 통일교육」, 『정치정보연구』 제18집, 한국정치정보학회, 2015.

8 김국현, 「통일 이후 청소년을 위한 반편견교육에 대한 연구」, 『도덕윤리교육연
구』 제3집, 청람도덕윤리교육학회, 2003; 조혜영, 「사회통합적 측면에서의 통일교
육 내용구성에 대한 연구」, 『윤리교육연구』 제10집, 한국윤리교육학회, 2006; 박
광기, 「새로운 학교 통일교육의 방향성 제고: 통일교육에서 통합교육으로」, 『시민
교육연구』 제39권 제3호, 한국사회과교육학회, 2007; 정하윤, 「남북한 통일 이후
사회통합과 민주시민교육의 방향」, 『한국민주시민학회보』 제13집 제2호, 한국민
주시민교육학회, 2012; 추병완, 「통일교육에서의 간문화 역량 개발」, 『윤리교육
연구』 제33집, 한국윤리교육학회, 2014; 강진웅, 「한국사회의 종족적 민족주의와
다문화 통일교육」, 『교육문화연구』 제21집 제3호, 인하대학교 교육연구소, 2015.

2. 통일교육에서의 서사적 상상력

서사적 상상력을 통한 통일교육 기획은 청소년 통일교육에 대한 요구로부터 출발했다.[9] 기왕의 통일교육에 대해 청소년들은 '지루하다', '어렵다', '설명이 충분하지 못하다' 등의 반응을 보이고 있다고 보고된다.[10] 그렇다면 청소년들의 능동적인 참여를 가능하게 하면서, 분단과 통일을 자기 삶의 문제로 생각하고, 통일 한국에 대한 능동적 대처를 가능하게 하는 교육은 어떻게 가능할까? 이를 위해서 본고는 '사람'과 '서사', 그리고 '상상력'에 주목했다. 통일 과제를 '나'와 '삶'의 문제로 인식하는 것, 그리고 분단과 통일에 유관한 여러 가치를 새롭게 조합하여 통일 한반도를 설계할 수 있는 능동적인 상상력을 함양하는 것이 이 교육의 목표이다.

본고에서 논의하는 통일교육의 내용은 통일인문학의 기조에 근거한다. 통일인문학은 분단의 역사와 통일 과제에 대한 '사람' 중심의 사유, 인문학적 접근을 시도한 학문이다. 분단의 원인, 분단과 전쟁, 그리고 현재의 삶까지도 파고드는 상처들에 대해서 '사람' 중심으로 이해하고, 통일 과정과 통일 이후의 과제에 대해서도 '사람'의 삶에 집중하여 고민하는 것이다.[11]

이러한 교육 내용은 일방향적인 강연보다는 다양한 형태의 콘텐츠로 전달될 때에 더욱 효과적이다. 정보 전달만으로 학생들의 이해와 공감을

---

9 통일교육 프로그램 기획 과정은 '교육 요구분석 → 프로그램 목표 설정 → 학습자 분석 → 교수설계'으로 이루어진다.(조정아 외, 「알기 쉬운 통일교육Ⅲ」, 『통일연구원 기타간행물』 2013년 12호, 통일연구원, 2013.)
10 전형권, 「청소년의 통일무관심과 통일교육의 새로운 접근법: 중학교 통일교육을 중심으로」, 『인문사회과학연구』 제13집, 호남대학교 인문사회과학연구소, 2005.
11 통일인문학의 주지와 방법론, 관련된 다양한 개념에 대한 학술적 논의는 김성민, 『소통, 치유, 통합의 통일인문학』, 선인, 2009에서 확인할 수 있다.

얻기 어렵고, 다큐멘터리, 애니메이션, 영화, 문학 작품, 실제 분단 역사를 경험한 사람들의 구술자료 등 다양한 방식으로 접근할 때에 그 이해와 공감의 정도가 높아질 수 있다. 시각적·청각적 정보가 함께 전달될 때 실제 벌어졌던 사태들을 생생하게 접하게 하여 흥미와 몰입을 강화하기 때문이다.

통일인문학 교육은 분단체제 속에서 살아온 사람들의 이야기를 적극 활용한다. 역사적 사건에 대한 지식의 제공과 동시에, 그 안에서 살아온 사람들의 삶을 소개하며 분단의 상처에 대한 공감을 높일 수 있기 때문이다. 이는 교육 내용이 서사적 맥락으로 구성될 때가 학습자에게 분단과 통일이 '나'와 '삶'의 문제로 기억될 수 있다는 것에 대한 방증이기도 하다. 역사의 현장에서 살아온 사람들의 살아온 이야기는 마치 문학작품과 같은 서사구조를 띠고 있다. 서술자에 의해서 과거의 기억이 진술되는데, 인물의 대응방식과 그것에 반영된 사고와 정서 등이 드러나면서 그 이야기 속에 몰입하게 한다. 이전 서울 소재 고등학교에서 실행된 청소년 통일인문학 교육 현장에서도 '사람' 중심의 사유를 중점으로 교육했는데, 학생들의 통일의식 개선에 효과적이었다.[12]

서사 형태로 정보가 전달될 때의 학습 효과는 더욱 효율적일 수 있다. 서사가 지닌 교육 효과는 이미 인정되었고 다방면에서 활용되어 왔다. 이 연구에서는 서사에 대한 '이해'의 차원을 넘어서서, 보다 적극적으로

---

[12] 2015년 청소년 통일인문학 아카데미(서울 혜화여고)에서는 〈근현대사로 알아보는 한민족이야기〉, 〈분단트라우마의 실상과 치유〉 등 역사, 심리, 철학, 문학이 융합된 교육 내용과 한국인의 살아온 이야기로 접근하는 분단 역사와 통일인문학 교육을 실시했다. 혜화여고에서는 학생들의 통일의식을 조사하기 위해서 설문 문항을 구성하여 2015년 3월과 10월에 사전·후 조사를 실시했다. 그 결과 일반 학생들에 비하여 이 아카데미에 참여한 학생들은 통일 문제에 대한 관심도가 8.6~9.9%, 북한에 대한 긍정적인 감정 24.9~31.2%나 높게 책정되었다. 통일의 필요성에 대해서도 다른 학생들은 사전·후 조사 수치 차이가 2~5.7%였으나, 참여 학생들은 통일이 반드시 필요하다는 답한 비율이 15%에서 47.5%로 대폭 상승했고, 필요하지 않다고 대답한 비율은 5.0%에 불과했다.

서사를 '상상'하는 통일교육에 적용하려고 한다. 공감과 몰입을 넘어서, 분단체제 속에서 갈등과 분열을 어떻게 능동적으로 대처하며 사회통합을 지향할 수 있는지에 대한 구체적 방안 설계를 위해서 서사적 상상력이 힘을 발휘할 수 있는지를 확인하고자 한다. 단지 그러한 상황과 필요성에 대한 이해와 인정 차원을 넘어 가상적 체험으로의 서사적 상상력을 동원해보고자 한 것이다.

서사학과 인지과학에서는 사람의 모든 것은 서사로 기억되고 사유된다고 말한다.[13] 서사에 대한 이해 능력은 곧 인지 능력이자, 자신과 세계를 이해하는 능력인 것이다. 서사를 이해하고 소통하는 능력이 발달할수록 정신활동 내용의 성숙도가 고취될 수 있으며, 자신을 둘러싼 현실에 대한 인지 능력이 발달할 수 있다는 것이 인지과학의 주장이다. 이러한 관점에서 볼 때 서사 형태로 정보가 전달될 때의 학습 효과는 더욱 효율적일 수 있다.

특히 통일인문학 교육의 주안점은 분단체제가 지속되면서 벌어지는 갖가지 현재적 문제들에 대한 깊은 이해와 공감에 있는데, 이를 위해서는 '서사적 상상력'이 요구된다. 마사 누스바움은 타자와 공존하고 타자의 고통을 느끼는 일에 서사적 상상력을 강조한다. 타자에게 감정이입을 할 수 있는 이야기로 동감의 상상력(sympathetic imagination)을 통해 일련의 도덕적 능력, 상실의 고통이 자신에게도 벌어질 수 있다는 사고와 그 사태의 벌어진 원인과 대처방안에 대해 질문하는 능력이 향상된다고

---

13 서사학과 인지과학 영역에서는 사람의 정신활동의 기본 양식을 서사의 형태라고 보았다. 서사학자 툴란은 사람이 행하는 모든 것은 서사로 보이고, 설정되고, 설명될 수 있다고 했다. 그리고 인간의 마음에서 이루어지는 정보 처리 과정을 연구하는 인지과학자 마크터너 역시 서사는 인간 정신활동의 기본 양식이며, 인지과학의 핵심은 서사적 마음(literary mind)에 있다고 했다.(마이클 J. 툴란 저, 김병옥·오연희 역, 『서사론: 비평언어학 서설』, 형설출판사, 1993, 15쪽; Mark Turner, The Literary Mind, New York, Oxford: Oxford University Press, 1996, p. 5.)

말한다.[14] 분단과 통일 문제가 내 삶과 무관하다고 여길 때, 분단의 상처를 직접 대면한 이들의 목소리로 전해지는 생생한 이야기들을 접하면 그 고통에 몰입하고 이것이 다만 특수한 사례가 아닌 자기 삶의 문제로 다가오며 능동적으로 대처해야 할 과제임을 인식하게 돕는다는 것이다.

이처럼 서사적 상상력이 지닌 교육 효과는 이미 인정되었고 다방면에서 활용되어 왔다. 이 연구에서는 서사적 상상력을 '이해'의 차원을 넘어서서, 보다 적극적으로 '상상'하는 통일교육에 적용하려고 한다. 공감과 몰입을 넘어서, 분단체제 속에서 갈등과 분열을 어떻게 능동적으로 대처하며 사회통합을 지향할 수 있는지에 대한 구체적 방안 설계를 위해서 서사적 상상력이 힘을 발휘할 수 있지를 확인하고자 한다. 단지 그러한 상황과 필요성에 대한 이해와 인정 차원을 넘어 가상적 체험으로의 서사적 상상력을 동원해보고자 한 것이다.

선행 연구에서 창의력과 인성 교육에 맞물린 통일교육의 필요성이 제기되었는데, 문제에 봉착했을 때 보다 다수의 행복이 결정되는 선택으로 이끄는 창의력과 인성이야말로 중요한 교육 내용이라고 말한다.[15] 통일한국을 준비하고 변화에 대처하고, 미래상을 구체적으로 그릴 수 있는 역량 강화에 있어서 서사적 상상력이야말로 중요한 역할을 할 수 있을 것이다. 서사를 통한 이해 단계는 분단의 아픔에 공감하며 문제의 심각성을 인정하는 단계였다면, 서사를 상상하는 단계는 그러한 문제 상황 속에서 어떠한 대처가 가능하고 성공적일 수 있는가를 상상의 서사로

---

14 마사 누스바움 저, 우석영 역, 『공부를 넘어 교육으로』, 궁리, 2012; 임옥희, 「서사적 상상력: 인문학적 페미니즘의 가능성」, 『탈경계인문학』 제13집, 이화여자대학교 이화인문과학원, 2012; 황은덕, 「민주 시민과 서사적 상상력」, 『오늘의 문예비평』, 오늘의 문예비평, 2010.
15 박찬석, 「도덕과 통일교육 내용의 인성 창의성 교육 적용」, 『도덕윤리과교육연구』 제41호, 한국도덕윤리과교육학회, 2013; 오기성, 「통일교육의 창의·인성교육적 접근」, 『평화학연구』 제14집 제3호, 한국평화연구학회, 2013.

꾸려보는 것이다. 그러한 차원에서 서사적 상상력이 발휘되는 교육은 '서사 창작' 활동이다.

과연 분단과 통일과 관련하여 서사를 상상하고 창작하는 것이 통일미래세대들의 역량 강화에 효과적일까. 알래스데어 매킨타이어(Alasdair Machintyre)는 『덕(德)의 상실』에서 이야기로서의 자아, '서사적 자아(narrative self)'의 인간상을 주장한다. 인간은 탄생부터 죽음까지 진행되는 하나의 이야기를 살아가는 과정 속에 존재하고, 한 이야기의 주체로서 존재한다는 것은 이야기 될 수 있는 삶을 구성하는 행위와 경험에 책임을 진다는 것을 의미한다며 '서사적 자아'를 설명한다.[16] 그는 역사와 사회적 맥락 속에서 자신의 인생과 행위를 (자신과 타인에게) 이해 가능한 것으로 해명해야 할 책임을 지닌 자아를 발견하는 일을 중시하며, 덕의 발현을 기대했다. '이야기로서의 역사(narrative history)'로 내가 누구인지, 내가 무엇을 해야 하는지 끊임없이 탐구하는 삶의 통일성을 부여하며 자아의 정체가 확인된다는 것이다. 또한 개인이 공동체에 속한 자신의 사회적, 역사적 역할과 지위라는 특수성으로부터 자신의 정체성을 파악하는 것이 덕(virtue)을 추구하는 데 있어서 필수적이라고 한다. 그것은 이해 가능성(intelligibility) 형태로 자신과 타자에게 소통될 수 있을 때 '인간존재는 자기가 (행위) 하기 시작한 것에 대해서 책임질 수 있는 존재'로 거듭난다고 한다[17]

분단의 역사 속에 살아가는 사람의 이야기를 서사로 상상하며 구성하는 창작 활동은 분단과 통일의 역사 속 서사적 자아를 확립하는 활동이라고 할 수 있다. 분단의 역사 속에 살아가는 인물을 상정하며 행위와

---

16 알래스데어 매킨타이어, 이진우 옮김, 『덕의 상실』, 문예출판사, 1997, 320~323쪽.
17 이원봉, 「글쓰기 교육을 통한 대학에서의 인성교육 가능성 모색: 매킨타이어의 서사적 정체성 개념을 중심으로」, 『작문연구』 제27권, 한국작문학회, 2015, 21~49쪽.

그 결과를 조명하고 사태의 전말을 구성하는 일은 분단과 통일에 있어서 자신의 행위를 이해 가능한 것으로 해명해야 할 책임을 지닌 자아를 발견하는 작업인 것이다. 매킨타이어가 '자신의 도덕적 출발점(moral starting point)을 아는 자아'의 중요성[18]을 강조하는데, 이 통일교육에서는 분단의 역사와 통일 과제라는 배경을 미리 설정해 놓음으로써 사회적, 역사적 정체성을 발견하도록 유도한다.

본고가 주목하는 서사적 상상력의 교육적 효과는 매킨타이어의 이론은 물론, 태편과 브라운의 작가의식(authorship) 발달, 리쾨르의 서사적 정체성(narrative identity)에 대한 주장과 멀지 않다. 사태의 처음과 끝을 만들고, 그 요소 하나하나를 연결하는 논리를 구성하는 일이 가져오는 도덕적 책임감이나, 자신의 삶과 세상을 대하는 성숙함을 제고한다고 전제한 것이다. 이러한 관점들을 실제 교육적 활동에 적용하면 문학치료학[19]에서 실행해왔던 창작치료의 방법론[20]으로 가능할 수 있다.

---

[18] 매킨타이어가 말하는 서사적 자아란, 무엇보다도 자신의 도덕적 출발점을 아는 자아, 즉 자신의 사회적, 역사적 정체성을 아는 자아를 말한다. 그는 자신이 속한 다양한 공동체에서 특정 역할의 담지자로서 존재하며, 자신의 가족이나, 도시, 부족이나 민족으로부터 다양한 부채와 유산, 정당한 기대와 책무를 물려받는다는 생각을 가진 자아이다. 바꾸어 말하면, 매킨타이어가 정서주의적 자아의 도덕성을 의심하는 것은, 그러한 자아란 바로 이 정체성을 부정하는 방식으로 자신의 정체성을 표현하는 자아이기 때문이다. 이러한 정체성이란 그 자체로 현재 내가 맺고 있는 관계들을 일그러뜨린다는 점에서 비도덕적이라고 보아야 한다. (방진하, 「매킨타이어 '서사적 자아'(narrative self) 개념의 교육적 의미 탐색」, 『교육철학연구』 제36권 제2호, 한국교육철학학회, 2014, 71~99쪽.)

[19] 문학치료학에서는 작품서사와 자기서사가 서로 영향을 주고받는다는 사실에 주목함으로써 문학치료학이 진단(診斷)과 예측(豫測)과 대처(對處)가 가능한 학문임을 강조했다.(정운채, 「문학치료학의 학문적 특성과 인문학의 새로운 전망」, 『겨레어문학』 제39집, 겨레어문학회, 2007.) 문학작품과 사람은 서사를 매개로 소통하며, 사람은 자기 내면의 이야기, 자기서사의 취약점을 문학작품의 작품서사를 통해서 발견하고, 개선의 힘을 제공받을 수 있다는 것이 문학치료의 전제이다. 문학 감상을 통해 작품의 이해방식을 조정하거나, 창작 활동을 통해 서사적 논리를 구성하는 과정에서 자기서사의 취약점이 개선되는 효과를 도모하는 것이 문학치료이다.

이 교육에서는 분단 역사와 통일 과제에 대한 통일인문학적 관점이 작품서사가 되고, 그로부터 발동된 서사적 상상력으로 서사를 만들어 내는 창작 활동이 주안점이 된다. 주어진 작품서사에서 다양한 변용, 새로운 길 탐색으로 자신이 원하는 작품을 창작해 보는 것이다. 서사 창작은 분단과 통일의 문제를 나라는 사람을 중심으로 맥락화하는 활동이며, 창작을 통해 서사 논리를 스스로 채워가면서 분단과 통일에 관한 자아를 구축해가는 활동이다. 작품서사를 통한 자기서사(분단의식이 고착화된 자기서사)의 개선을 목표로, 아직 채 메워지지 않은 괄호'( )'의 공백이 어떠한 서사로 꾸려지는가, 혹은 어떠한 서사로 꾸려져야 하는가가 이 교육의 핵심이다.

서사를 구성해 낸다는 것은 이해의 차원을 넘어 사태에 대한 종합적인

---

20 문학치료학에서는 서사가 지닌 다기적인 속성을 활용하여 창작 활동의 가능성을 확인했고, 창작 활동의 진단과 치료적 효과를 인정해왔다. 특히 고전서사를 기반으로 갈등의 기점에서 다양한 서사적 경로를 선택하게 함으로써 현대적 장르 영화를 창작하게 하는 문학치료 활동을 중점으로 그 효과를 확인한 바 있다.(정운채, 「영화창작의 문학치료적 성격」, 『문학치료연구』 제2집, 한국문학치료학회, 2005; 정운채, 「질투에 대한 영화창작치료의 실제」, 『고전문학과교육』 제13집, 한국고전문학교육학회, 2007.) 정운채의 문학치료학에서 진단자료로 활용되는 자기서사 진단검사 역시 원하는 서사로의 변경으로 자기서사의 형태를 추론하는 방식이며, 이밖에도 설화 다시쓰기, 소설과 시 창작에 대한 문학치료 성과가 마련되기도 할 만큼 문학치료학에서는 창작 활동의 자기서사 개선 효과를 인정한다.
  필자는 독해력이나 언어구사능력에 맞춰서 평가해온 문해력과 다른 차원의 서사능력을 중시하며, 서사 이해 능력, 서사 구성 능력, 서사 표현 능력으로 세분하여 언어구사능력과 차별화된 서사능력을 제고하는 일의 중요성을 강조한 바 있다. 문학치료학적 창작 활동은 문학이 남의 이야기가 아니라 곧 우리 삶의 문제를 말하고 있다는 것을 각인시키는 활동이기에, 문학작품을 접하는 일에 거부감을 느끼는 대상들에 대한 효과적인 접근방법일 수 있다. 문학작품에서 말하는 우리 삶의 문제를 해결하는 데 동참해보기도 하고 거부하기도 하고 혹은 더 나아가보기도 하면서 서사능력은 점차 증진될 수 있다고 주장했다. 그리고 서사능력이 증진되면, 자신이 새롭게 구성한 서사의 의미가 부각되도록 이야기의 구조를 정밀히 하고 원활히 소통할 수 있도록 자신의 내면을 언어로 구조화하도록 노력하면서 언어구사능력이나 문해력도 함께 함양될 수 있음 확인했다.(박재인, 「문해력이 부진한 아동의 서사능력에 대한 문학치료적 고찰」, 『겨레어문학』 제43집, 겨레어문학회, 2009.)

판단력 요구하기에, 최근 통일교육의 새로운 주안점으로 떠오른 '한반도 통일시대 준비'에 적절한 교육이 될 수 있다. 서사적 상상력을 통한 통일교육은 국가적 차원에서 통일의 당위성을 피상적으로 인정하는 것과 '나'를 중심으로 통일의 필요성을 인정하는 것 사이의 간극을 메우며, 여러 가치의 새로운 배합을 시도하고 스스로 미래를 구상해보는 상상력을 키우는 데에 효과적일 것이다.

3. 서사 창작을 통한 통일교육의 실례

서사적 상상력을 기반으로 한 청소년 통일교육의 목적은 자기 삶의 문제로 인식과 몰입, 분단과 통일에 대한 성찰과 건강한 사유라는 논리적 사고, 통일 한국의 미래상과 자기 삶에 대해 전망하는 창의력에 있다. 요즘 통일교육 현장에서 분단과 전쟁에 얽힌 이야기를 활용하고, 동화·시·소설·시각자료 등 창작을 매개로 한 통일교육이 활발하게 진행되고 있다. 기존 교육과의 차별성은 분단 상황에서 인간의 행위에 초점을 두고, 이야기의 처음과 끝을 완결하면서, 갈등에서 비롯된 상처들을 어떻게 처리하고 회복 가능성의 길을 만들어내는가에 주목한 점이다. '분단과 통일'이라는 주제의 범위는 열어 놓아 자유로운 상상력을 허용하면서, '문제와 해결'이라는 틀로 그 서사의 형식을 구체적으로 요구한다. 그리고 개인의 삶에서 분단을 바라보고, 통일의 과정을 상상한다는 점에 무게를 실어, 통일의 문제를 자기 삶의 문제로 인식하는 데에 초점을 둔 것이 이 교육의 특징이라 할 수 있다.

이 교육 과정의 큰 틀은 ①'사람' 중심의 분단과 통일에 대한 이해, ②분단과 통일 관련 서사 창작으로 구성된다. 청소년기본법에 의거하여 9세 이상과 24세 이하를 청소년으로 규정하고, 이 교육의 대상을 초등학생과 중·고등학생, 대학생에 한정했으며, 연령대에 맞추어 서사적 상상력을 통한 통일교육 과정을 각각 기획했다. 교육 과정의 큰 틀 안에서 연령대에 맞추어 어떻게 정보를 제공하고, 어떠한 방식으로 서사를 창작하게 하는지를 구성한 것이다.

첫 번째, 연령대에 따른 학습역량을 고려하여 통일인문학 교육의 비중을 달리했다. 초등학생의 경우 통일인문학 교육을 선행하지 않았다. 9세 이상의 초등학생들은 복잡다단한 분단의 역사나 그 역사를 대면했던 성인들의 삶을 이해하기도 어렵고, 분단과 통일을 자기와는 먼 어른들의 이야기로만 인식하기 쉽기 때문이었다. 그러면서도 선행 교육 없이 사회적, 역사적 역할과 지위를 스스로 구상하기에는 어려움이 따를 수 있으므로, 무작정 분단과 통일에 관한 서사적 상상력을 요구하는 것이 적절치 않았다고 판단했다. 이에 초등학생에게는 분단과 통일의 문제가 간명하게 전달되면서도, 자기 삶과 동떨어지지 않은 차원으로의 접근이 필요했다. 그래서 분단·통일과 관련되면서 초등학생의 일상과 멀지 않는 상황을 담은 서사를 감상하는 것으로 시작하여, 재창작과 연극 활동을 실행하고, 마무리 시간에 분단과 통일의 문제에 적용하여 사유하는 시간을 갖는 구성을 택했다.

중·고등학생의 경우는 초등학생보다는 분단의 역사와 통일 과제에 대한 정보를 많이 접했기 때문에 통일인문학 교육을 충실히 진행할 수 있다. 이 시간으로 분단의 역사에 대한 사전지식을 상기하거나 왜곡된 기억을 조정하고, 분단과 통일의 문제를 '사람' 중심으로 사유할 수 있도록 했다.

대학생의 경우는 자신의 사회적, 역사적 역할과 지위에 대한 고민이 더 많은 연령대이기 때문에, 상상력을 차단하기보다 먼저 자신의 사유와 주관을 앞세울 수 있도록 기획했다. 1차 창작 활동 후에 통일인문학 교육을 실행하도록 구성한 것이다. 1차 창작으로 자신의 내면을 먼저 표현하고, 이후 통일인문학적 관점과 대비하여 스스로 점검하고 판단하도록 했다. 이렇게 통일인문학적 관점에 대한 교육 단계는 분단과 통일에 관한 사전지식의 정도, 분단국가 속의 사회·역사적 역할과 지위에 대한 자기인식 정도에 따라 차등적으로 적용했다.

두 번째, 연령대에 따른 사람과 인생에 대한 성숙도와 서사구성 능력을 고려하여 창작 방식을 달리했다. 초등학생의 경우는 서사 창작이 막연하게 느껴지지 않도록, 분단과 통일 문제를 다룬 텍스트를 먼저 접하게 하고 그 서사의 재창작 활동을 기획했다. 작품을 감상한 후 작품의 일부를 바꾸어보는 활동을 점진적으로 거치면서 자기만의 스토리로 재창작하도록 했다. 9세 이상의 초등학생에게 적합한 자료로 극본 〈들판에서〉(1996년)[21]가 있다. 〈들판에서〉는 본래 7차 교육과정의 중학교 국어교과서에 수록되었던 작품이지만, 요즘 초등학생들의 문해력으로 충분히 소화될 수 있는 수준이며, 자신들의 삶과 멀지 않은 차원에서 남북관계를 이해할 수 있다는 강점이 있다. 또한 극본 형태이기에 형제의 싸움과 화해의 과정이 인물 간의 대사로 쉽게 전달되고, 연행 활동이 가능하여 연기를 통해 자신을 대입해 보는 체험적 이해를 가능하게 한다.[22]

---

21 한국의 희곡작가 이강백은 교육부의 의뢰로 남북의 갈등을 형제의 싸움으로 그려내고, 그 화해의 과정을 다룬 통일 이야기를 창작했다. 이강백의 극본 〈들판에서〉의 내용은 다음과 같다. 들판에서 평화롭게 살아가던 형제가 형제의 땅을 탐낸 측량기사의 이간질로 인해서 싸우기 시작했고, 그 과정에서 형제의 내면에 숨어 있던 갈등요인들을 드러낸다. 형제의 갈등은 밧줄, 벽, 총, 감시대를 통해 점차 심화되고, 서로를 미워하다가 땅마저 빼앗긴 형제들은 들판의 민들레꽃을 보며 지난 행복한 나날을 떠올리고 반성하여 우애를 회복한다. 애정과 적대감으로 복합된 남북관계의 특징과 외부세력의 개입, 그리고 서로를 미워하면서 잃게 된 많은 것에 대해서 쉽고 간명하게 제시하는 이 극본은 7차 교육과정 중학교 2학년 국어교과서에 수록되기도 했다.
22 성민정, 「교육연극의 이론적 기초와 실천적 적용에 관한 연구」, 『모드니 예술』 제4집, 한국문화예술교육학회, 2011, 214쪽.

그 연령대에는 오랜 시간 자리에 앉아 읽고 쓰는 활동보다는 자기 몸을 움직여 서사를 신체적으로 체험해보는 활동이 분단과 통일 문제로의 몰입을 강화할 것으로 보았다. 그래서 그림 그리기, 소품 제작 활동, 연기 활동 등 몸을 움직이는 연행을 함께 실행했다. 그래서 〈우리가 만드는 통일연극〉이라는 제목으로 분단과 통일 관련 연극대본을 제공하고, 재창작 과정을 거쳐 초등학생들의 힘으로 연극 한 편을 꾸려보도록 했다. 이렇게 초등학생의 경우는 특정 텍스트를 제공하여 일부를 변형하는 방식과 다양한 연행을 접목하여 서사적 상상력을 자극하는 활동으로 구성했다.

중·고등학생이나 대학생의 경우는 하나의 텍스트, 특정한 문제 상황으로 상상력을 한정 지을 필요가 없었다. 이에 스스로 서사의 출발점을 지정하고, 문제 상황을 설정할 수 있도록 특정한 텍스트 제공 과정은 생략하고 서사 창작 활동으로 직입하도록 했다.

중·고등학생의 경우는 다양한 콘텐츠에 익숙하고 디지털 기술이 생활화된 세대임을 고려했으며, 진로적성에 대한 미래적 계획과 맞물려 활동에 참여할 수 있도록 '콘텐츠 제작'을 요구했다. 중·고등학생들이 여가시간에 주로 접하는 다양한 콘텐츠를 직접 제작한다는 흥미로움으로 활동 과정에 몰입하게 유도한 것이다. 또한 자아가 확립되는 시기임을 고려하여 개인적 취향과 기호를 적극 수용하는 차원에서 창작 장르를 넓게 허용했다. 만화(혹은 웹툰), 그림, 사진, 광고, 영화나 다양한 디지털 콘텐츠 장르에 대한 기획·개발 능력, 작가 및 연기자 등의 역량을 발휘하도록 폭넓게 구성한 것이다. 중·고등학생이 스스로 다양한 직업 역할을 경험하게 하여, 자기주도성을 발휘하며 성취감을 얻도록 구상했다.

대학생에게도 동일한 과정을 적용할 수 있으나, 여기에서는 대학생이라는 계층적 특성을 고려하여 차별화된 창작 활동을 기획했다. 필자는 이 시대의 대학생이 지향해야 하는 바를 '지식과 지혜를 생산하는 주체'

라고 보았는데, 이러한 자기 정체성을 확인할 수 있도록 특별히 '사관 (史官)'이라는 지위를 부여해 보았다. 우리의 역사를 어떻게 기록하여 기억하게 하는가의 권위를 부여함으로써 역사와 사회에 대한 자신의 역할과 지위를 고민하도록 한 것이다. 그래서 역사적 사실에 자신의 상상력을 더하는 팩션(faction)²³ 장르로 설정하고, '역사서 만들기' 활동을 적용했다.

서사적 상상력을 통한 통일교육은 대상별로 진행되었는데, 현재까지 초등학생과 대학생 통일교육은 시범운영이 완료된 상태이며, 고등학생을 대상으로 하는 통일문화콘텐츠 제작 교육은 현재 진행 중이다.²⁴ 여기에서는 기 운영된 프로그램의 성과를 점검하고, 공통적으로 발견되는 한계점에 대해 논할 것이다.

서사적 상상력을 통한 통일교육은 '①'사람' 중심의 분단과 통일에 대한 이해, ②분단과 통일 관련 서사 창작 과정'으로 이루어진다. 먼저, 초등학생 대상의 〈우리가 만드는 통일연극〉에서 ①단계는 극본 〈들판에서〉의 줄거리 기억, 싸움의 원인과 화해의 과정에 대한 이해의 시간으로 꾸

---

23 팩션은 팩트(fact)와 픽션(fiction)을 합성한 신조어로 역사적 사실이나 실존인물의 이야기에 작가의 상상력을 덧붙여 새로운 사실을 재창조하는 작업을 말한다.
24 〈우리가 만드는 통일연극〉의 당초 기획은 8회기였으나, 시범운영 때는 3회기로 진행되었다. 초등학생 대상의 〈우리가 만드는 통일연극〉은 2015년 1월 광진정보도서관에서 4~5학년 10명이 참여하여 3회기 활동으로 압축적으로 실행되었고, 정식과정은 2016년 3~4월 8회기에 걸쳐 진행되고 있다. 자세한 사항은 선행 연구에 논의한 바 있어(남경우, 「문학치료 연극 활동을 통한 청소년 통일교육」, 통일인문학연구단 학문후속세대 학술심포지엄 '통일인문학의 실천적 적용' 자료집, 2015.), 본고에서는 간략하게 논의했다.
  대학생 대상의 〈나만의 역사서 만들기〉 프로그램은 2015년 2월 건국대학교에서 2회기에 걸쳐 압축적으로 진행되었다. 이들은 20~22세로 이제 막 성인의 길로 들어선 청년들 4명이 참여했으며, 향후 정식과정은 8월에 진행될 예정이다. 중고생 대상의 〈우리가 만드는 통일문화콘텐츠〉는 2016년 4월에 8회기의 정식 과정으로 운영되고 있으며, 현재까지 3회기까지 진행되었다. 경기권의 고등학교 3학년 50여명의 학생이 이 수업에 참여하고 있으며, 한 달의 2회기씩 총 8회기에 걸쳐 1학기 동안 진행될 예정이다.

려졌고, ②단계는 극본 〈들판에서〉의 서사 재창작, 대본 작성과 연기, 무대연출, 상연회의 과정으로 진행되었다.

첫 번째 단계는 날씨 변화와 주요 소재에 따른 형제의 관계 변화를 중점으로 작품의 줄거리를 접하게 하는 시간으로 시작되었다. 대략적 줄거리를 알고 접하는 것이 긴 글에 대한 문해력을 돕기 때문이었다. 이후 극본 〈들판에서〉을 직접 읽게 하고, 다시 싸움의 원인, 과정, 화해 가능성에 대한 질문을 던져보면서 작품에 대한 기억을 도왔다.

이 과정에서 분단의 역사나 통일에 관한 언급은 최소화했다. 그 까닭은 서사에 대한 몰입이 우선이고, 자기 삶으로의 적용을 목적에 두었기 때문에 국가나 민족적 차원의 거시적 안목이 앞서기 이전 먼저 자신을 고려하게 하기 위해서였다. 향후 연극 활동을 마무리하는 시간에 자세한 설명을 덧붙이고 활동 경험을 바탕으로 하여 통일에 대한 자신의 생각을 표현할 수 있는 토론시간을 가졌다.

두 팀으로 나누어서 진행한 결과, 학생들은 갈등 해소의 어려움을 담은 서사와 갈등 속에서 잃었던 것을 되찾는 서사를 꾸려내었다.[25] 이러한 창작활동에서 드러난 효과는 남북관계에 대한 능동적인 이해를 가능하게 했다는 점에 있다. 초등학생들은 형제들의 갈등과 화해 과정을 체험하면서, 남과 북의 관계에서 분단의 문제와 양쪽 주민들의 마음의 중요성을 짚어내었다. 분단 극복과 통일 과제에 있어서 남북 주민들의 통합이 중요하다는 것은 창작연극에서도 발견되었으며, 이후 토론 시간에서

---

[25] A팀의 창작극 〈자존심은 사과를 허락하지 않는다〉의 경우는 형제의 갈등에 대한 학생들의 공감이 특별했는데, 갈등이 전적으로 측량기사에 의한 것이 아니라 본래 존재했던 형과 아우의 내면이 측량기사의 개입으로 표면에 드러난 것으로 작품을 수정했다. 그리고 상대가 진심을 받아주지 않을 수도 있다는 걱정과 너무 늦었다는 생각 때문에 끝내 화해하지 못하는 결말로 마무리된다. B팀의 창작극 〈잃어버린 땅을 찾아서〉는 형제의 갈등에서 경쟁심과 질투라는 감정을 더 추가하여 장면을 새롭게 꾸렸으며, 땅을 빼앗은 측량기사의 악행이 더 부각되었고, 경찰의 등장으로 잃어버린 땅을 되찾고 측량 기사를 처벌하는 결말이 추가되었다.

도 주장된 바이다.[26]

　그리고 통일에 대한 자세한 정보가 제시되지 않은 상황에서도 학생들의 상상력은 자연스럽게 사람 간의 소통과 화합, 지난 역사에 대한 치유의 안목을 담고 있었다. 특히 〈잃어버린 땅을 찾아서〉에서처럼 갈등 과정에서 잃게 된 가치들을 회복하는 일의 중요성이 강조되었듯이, 분단 극복에서의 관계 회복과 치유의 필요성이 자각된 것으로 해석된다.

　그러면서도 한계점이 노출되기도 했다. 〈자존심은 사과를 허락하지 않는다〉에서 특히 드러났는데, 애초에 갈등이 벌어진 것이 문제이며, 한번 싸움이 나면 예전의 관계로 돌아가기 어렵다는 회의적 시각이 분명했다. 이 서사를 주도적으로 꾸려낸 학생은 형제들의 이후 삶에 대해서 "매번 싸울 때마다 벽을 허물고 하다가 거지가 되었을 것 같아요."라며 비관적으로 전망하기도 했다. 회복의 가능성을 희박하게 보며, 깨진 신뢰감을 복원하기에는 민들레꽃(작품에서 과거 형제가 우애를 다지던 객관적 상관물이자 민족 동질성의 상징물)만으로는 부족하다는 인식이었다. 한편 다른 학생에 의해서 소나 집을 형이나 아우 한쪽에게 모두 주고 상대의 신뢰감을 얻어야 한다는 주장이 제기되기도 했으나, 현실적이고 설득력 있는 화해 방법은 어려웠다. 서로에 대한 적대감이 해결되고 상생적 관계를 이루는 구체적 방안에 대한 상상은 어려운 면이 있었던 것이다.

　다음으로 대학생들을 대상으로 한 〈나의 역사서 만들기〉[27] 사례이다.

26　두 팀 모두 싸움의 근본 원인이 형제에게 있음을 인지하고 있었으며, 화해가 좀처럼 쉬운 문제가 아님을 체감한 후 남북관계의 특수성을 이해했다. 토론시간에 한 학생은 "오랜 시간을 거쳐서 점점 싫어하는 점이 많아졌을 수도 있고, 더 많아지기 전에 말로 화해를 해야" 한다고 주장을 펼쳤다. 그리고 통일에 대해서 무엇보다 국민들의 의사가 중요하다고 하면서 북한과 우리나라 둘 다 통일에 대한 좋은 점을 많이 이야기에서 관심을 이끄는 것이 필요하고, 오랜 기간 떨어져서 서로 많이 달라졌으니 다른 점을 양쪽에서 교육해야 한다는 의견도 제기되었다. 분단이 정지된 상태가 아니라, 분단체제와 단절이 지속될수록 미움과 적대감은 커진다는 인식, 그리고 양쪽 주민들의 통일 의지가 중요하며 서로에 대한 이해와 교육이 필요하다는 현실적인 의식들이 마련된 것이다.

20~22세의 참여대학생들은 청소년기에 받은 통일교육의 영향력 안에 놓여 있었으므로, 그간 축적하여온 분단과 통일에 대한 사유가 어떠한지 탐색하기에 적절한 대상이었다. 그리고 철학과 국문학 전공자로 비교적 서사 구성 능력이 수준 높은 편이었기에 진행상 어려움이 없었다.

우선 참여 대학생들이 기본적으로 가지고 있던 분단과 통일에 대한 의식을 사전적으로 검토하기 위해 통일인문학 강연 이전에 1차 창작의 시간을 가졌다. 창작 활동은 역사적 사실에 상상력을 덧붙인 팩션 장르로 설정했으며, 역사적 사실과 상상력의 허용을 담은 용어로 '역사서' 제작이라고 명명했다. 대학생이 직접 사관(史官)이 되어봄으로써 분단의 역사를 기억하고, 상상하게 했던 작업이었다.

먼저 서사 개요를 구상하기를 제안했는데, 이때 서사의 개요는 '사건 이전의 주인공의 상황, 핵심사건 당시 주인공의 상황과 대응 방식 및 결과, 사건 이후 주인공의 상황'의 형태로 제시하기를 요청했다. 사건의 상황은 당시 사회상과 인물이 처한 환경을 구체적으로 설정하여, 자신의 역사 지식과 관점이 반영되도록 했다. 그리고 그때의 주인공의 정서를 서술하게 하면서 상상력을 통한 체험을 유도했고, 대응 방식과 그 결과를 상상하게 하여 역사적 위기에 대처할 수 있는 역량이 드러나도록 했다. 특히 강조된 지점은 사태가 종료된 후 주인공의 삶과 정서, 세계관을 서술하도록 한 것인데, 이 단계는 상처와 아픔을 극복하고 미래로 나아

---

27 이 프로그램은 다음과 같이 이루어졌다.

회기		활동 내용
첫째 날 140분	30분	■ '나의 역사서' 제작 과정 설명
	30분	■ 1차 서사 구성
	30분	■ 자신이 창작한 서사 개요 발표하고, 토론하기
	50분	■ 분단과 전쟁에 관한 통일인문학 강연
둘째 날 160분	40분	■ 자료조사 후 아이디어 발표와 토론
	60분	■ 2차 서사 구성 & 나의 역사서 제작
	60분	■ '나의 역사서' 제작 후 발표회 및 소감

가는 과정에 대한 상상력이 가능한가를 진단하기 위해서 설정되었다. 최종적으로 사태에 대한 사관으로서의 평가를 추가하여, 위의 사항들에 대한 전반적 통찰력을 발휘하도록 했다.

서사적 상상력을 통한 통일교육의 공통된 틀로 이 과정을 이해하면, ②단계 분단과 통일 관련 서사 창작 과정은 1, 2차로 나누어 진행되었다. 1차 창작 후에 ①'사람' 중심의 분단과 통일에 대한 이해 단계로 분단과 통일에 대한 자율적 판단을 위해 상세한 역사지식과 통일인문학 관점의 해석을 제공하는 과정이 이루어졌고, 이후 2차 수정이 진행된 것이다.

먼저 통일인문학 교육 이전의 창작한 서사는 표 1과 같다.

첫 번째 창작과정에서 4명의 대학생은 각자 서사를 구상했다. 3명은 유복하거나 행복한 환경에서 살아온 주인공의 삶이 분단과 전쟁으로 급변하는 상황을 그려냈으며, 신체와 정신에 새겨진 상처에 주목했다. 그중 1명은 이전의 화목했던 관계가 분단의 시간을 거쳐 다시 회복될 수 없는 거리감을 갖게 되는 이야기를 구상했다. 이들이 창작한 서사에서는 분단의 상처가 민간에게 미친 영향이 그려져 있었고, 신체적·정신적인 상처가 구체화되어 있었다.

이들은 대다수 직접 경험이나 매체를 통해서 서사적 상상력이 가능했다고 말했다. 참여자A는 동네에서 자주 뵙던 팔 한쪽을 잃으신 참전용사 할아버지를 떠올렸고, 참여자B는 2차 대전을 배경으로 여성의 삶을 조명한 〈말레나(Malena, 2000)〉라는 영화 작품에서 아이디어를 얻었다고 했다. 참여자D는 평소 통일인문학 강연을 들은 경험이 있다고 말했다. 그중 참여자C는 창작의 어려움을 호소했는데, 개인 경험을 바탕으로 재회와 관계회복의 어려움에 집중하고 있었다. 이렇게 학생들은 서사적 매체 혹은 자기 경험 등을 통해 서사를 상상하며, 분단이 야기한 신체적·정신적인 상처를 이해하고 있었다.

표 1. 〈1차 창작 줄거리〉

A	유복하게 자라고 폭력을 싫어하던 선한 한건수가 참전하면서, 살기 위해 살해하는 고통을 경험한다. 전쟁 중 팔 한쪽을 잃고 복귀하는데, 육체적·정신적 한계로 정상적인 생활이 불가능하다. 매일 전쟁의 악몽을 꾸는 트라우마 증세에 시달린다.
B	이데올로기가 무엇인지도 모르고 그저 가족들과 안정된 삶만 바라던 한 여성이 있었다. 남편이 전쟁에 강제로 징집되고, 마을은 남과 북의 군인들이 수도 없이 들쑤신다. 생계에 허덕이던 여자는 몸을 팔아 식량을 구한다. 어느 날 남쪽의 군인에게 공격당한 북한 인민군은 분풀이로 마을에 불을 지른다. 결국 여자의 아이들은 죽게 되고, 여자는 불에 타들어가는 집에서 자살을 시도하다가 이웃집 아이를 발견한다. 여자는 남편의 생사도 확인하지 못한 채 전쟁이 끝나도록 다락에서 그 아이와 숨어산다. 여자는 그 자리에서 계속 기다리며 무의미한 삶을 지속한다.
C	어린 두 소녀가 있었다. 소녀들은 매일을 함께 하며 즐겁게 보냈다. 그리고 전쟁이 터졌고, 두 사람은 남과 북으로 갈라졌다. 세월이 흐름 뒤 남북의 민간 교류가 자유로워지자, 남쪽의 소녀가 북쪽의 친구를 찾았다. 너무나 그리웠던 친구를 만났지만, 실상 그녀들의 재회는 어색한 기운만 감돌았다. 대화를 나누며 서로의 차이를 발견하고, 만남의 자리는 형식적으로 마무리되었다. 두 사람은 우리가 이전과 같이 가까이 지내기에는 너무 많이 달라졌음을 깨닫고, 다시 만나지 않고 각자의 삶을 살아갔다.
D	유복하게 자라온 한 남자는 의사인 아버지의 영향으로 사회주의 성향이 짙었다. 6·25 전쟁이 터지자 주인공의 삶이 파괴되었고, 가족들은 산산이 흩어졌다. 주인공은 아버지와 월북을 계획하지만 실패하고, '빨갱이'라는 주홍글씨로 삶은 더욱 힘들어진다. 아버지는 매를 맞아 정신병이 생겼고, 어머니는 남의집일을 하며 생계를 꾸려간다. 주인공은 자신과 가족들의 삶을 바꾸어버린 사회주의를 혐오하고, 조금이라도 그러한 성향이 있는 자들을 폭력으로 대한다.

그러나 이 서사들은 공통적으로 부정적인 인물과 상황에 대한 현상을 비추는 지점에 머물러 있으며, 주인공이 불행에서 벗어나지 못하는 결말을 보였다. 분단 문제 대한 극복의 길이 제시되어 있지 않고, 비극의 현장에만 시선이 멈춰있는 것이 공통된 특징이었던 것이다.

이후 발표와 토론의 시간에 필자는 주로 이들에게 주인공의 삶이 당시에만 그쳐있다는 점을 지적하면서, 현대에까지 이어지는 미래상을 그려

보도록 유도했다. 사태가 종료된 후 주인공의 삶이 어떠했을지 상상하도록 한 것이다. 상처와 아픔의 기억을 회복하고 미래로 나아가는 과정에 대한 상상력의 가능성을 보기 위한 중요한 작업이었기 때문이었다. 그리고 주인공의 상황이나 정서에 대한 여러 질문을 던지며, 다소 모호한 맥락에 대해 구체적인 논리를 제시할 수 있도록 유도했다. 그리고 작품 구상을 위해 분단 역사에 대한 상세한 정보 전달, 통일인문학의 주요 관점들을 상세히 설명하는 과정이 진행되었다.

2차 창작과정에서 참여자 4명은 〈악몽을 끝내는 방법: 참전용사 한건수의 삶〉, 〈엄마의 된장찌개〉, 〈화해의 언덕〉, 〈상처〉이라는 제목을 짓고 서사를 수정했다.

수정 후 2차 창작에서는 이전보다 구체화된 서사가 발표되었다. 그리고 분단, 전쟁 당시에 이어 이후에 지속된 주인공의 삶에 대한 이야기가 추가되었다. 참여자A의 〈악몽을 끝내는 방법: 참전용사 한건수의 삶〉에는 그가 끝내 전쟁 트라우마를 극복하지 못하고 자결로써 악몽을 끝내는 결과가 이어졌다. 참여자B의 〈엄마의 된장찌개〉는 다락 속에 은신, 무의미한 삶의 결말에서, 아이와 나와 새 삶을 시작하고 새로운 모자지간의 정을 통해 삶의 의미를 발견하는 방향으로 수정되었다. 참여자C의 〈화해의 언덕〉은 분단의 역사와 함께 굳혀진 이질감을 다룬 이야기에서, 이데올로기로 인한 한 가족의 몰락이 아버지와 아들의 세대갈등으로 번지고, 죽음을 앞둔 노쇠한 아버지의 모습 앞에서 소통의 마음을 내민 아들의 이야기로 대폭 수정되었다. 참여자D의 〈상처〉는 빨갱이이라고 세상의 비난을 받던 아버지를 바라보며 자란 인물이 그 좌절감과 분노로 빨갱이 혐오증을 갖게 된 폭력적 인물을 그려내고 있으며, 수정 후에는 그 폭력이 자해를 동반한 트라우마 징후였음을 밝혔다.

표 2. 〈2차 창작 줄거리〉

A	〈악몽을 끝내는 방법: 참전용사 허건수의 삶〉 (이전은 1차 서사와 동일) 악몽과 술로 살아가던 그가 한 여자를 만나 결혼했다. 그녀는 남편을 이해해주었고 생계를 위해 궂은일도 마다하지 않았지만, 생계보조금을 위해 혼인신고도 못 하며 생활은 나아지지 않았다. 오랜 세월이 지나도 기초생활수급자라는 한계를 벗어나지 못하고, 70이 넘은 아내가 돈을 벌기 위해 외출한 사이 허건수는 한 손으로 집에 불을 질러 생을 마감한다. 그렇게 악몽을 끝낸 것이다.
B	〈엄마의 된장찌개〉 (이전은 1차 서사와 동일) 3일 후 여자는 아이의 손을 잡고 고향을 떠난다. 둘은 힘들게 살았지만, 아이는 무사히 고등학교를 졸업한다. 늘 여자는 밤마다 흐느껴 울었고, 아이는 여자를 위해 실망시키는 일을 하지 않고 자랐다. 여전히 여자는 작게 흐느끼지만 작은 행복을 발견하며 살았다. 세월이 흘러도 두 사람은 고향 속초를 방문하지 않았다. 아이는 자신을 키워준 여자와 닮은 아내와 결혼했다. 여자는 결혼식에 참석하고 고향으로 향했다. 남편과 세 아이, 그리고 지금까지 함께 살아온 아이의 모습이 보였다. 여자는 고향에서 생을 마감한다. 아이는 여자의 장례를 마치고 그녀가 끓여준 된장찌개를 그리워했고, 그녀의 일기장에서 자신에 대한 사랑과 어머니의 인생을 발견한다.
C	〈화해의 언덕〉 아버지와 끝없이 갈등하는 한 남자가 있었다. 아버지는 전쟁 중 절름발이가 되었는데 자신을 방치하는 국가에는 충성을 다하고, 홀로 집안을 책임지는 어머니에게는 감사함도 표현하지 않는 사람이었다. 어렵게 대학에 입학한 남자는 화염병을 들고 모든 부조리와 폭력의 근원인 국가에 대항했다. 아버지는 그의 사고에 반대하고 재떨이로 내려치기까지 했다. 이후 그는 결혼을 하고 단 한 번도 본가를 찾지 않다가, 아버지가 위독하다는 소식을 듣는다. 참전용사인 아버지의 병실에는 어떠한 영광도 없었고, 남자는 아버지가 버려진 존재라는 생각을 했다. 산소 호흡기를 기대어 의식도 없는 아버지에 대고 남자는 대화를 시작했다. 며칠 뒤 아버지는 호국용사 묘지에 묻혔다.
D	〈상처〉 (이전은 1차 서사와 동일) 폭력을 행할 때마다 주인공 한준은 묘한 쾌감과 함께 밤잠을 못 이룬다. 괴로움을 못 이기고 자해를 한다. 시간이 흘러 한준은 할아버지가 되었다. 1993년 문민정부가 들어서고, 60세 노인이 된 한준은 군인이 있어야 나라가 산다며 주장한다. 한창 열을 내던 한준이 방으로 들어서며 잠옷으로 갈아입는데, 그의 노쇠한 몸에는 자해의 상처가 가득했다.

특히 서사 창작을 어려워하던 C는 통일인문학 교육 후에 본격적인 창작이 가능했다. 수정된 서사는 분단의 문제가 후세대에까지 전이되고, 또 다른 갈등을 야기하는 문제의식을 구체적으로 접근하면서도, 그 회복 가능성을 심도 있게 다루고 있다. 〈화해의 언덕〉의 주인공은 아버지가 결국 역사로부터 소외되고, 세월의 흐름에 무력해진 모습을 대면하면서, 먼저 화해의 손길을 내밀며 오랜 갈등의 시간을 마무리 짓는다. 아버지 역시 사회 구조 속의 피해자이며 버려진 존재임을 깨닫고, 아버지에 대한 분노와 적대감을 해소하는 인물의 성장과정을 담아내고 있었다. 이 서사의 흐름은 통일인문학에서 말하는 분단의 상처에서 시작되어 서로에 대한 책임전가로 이어진 적대감을 치유하는 길의 가능성을 잘 보여주고 있다. 이렇게 C의 경우는 '오랜 시간 떨어져 있다가 다시 만나면 어색하다'의 서사에서, '상대에 대한 이해와 아픔의 연대'에서 기인한 관계 회복의 가능성을 담은 서사로 전환된 성과를 보였다.

D의 경우는 이전의 서사보다 분단 트라우마의 실체를 구체적으로 그려내는 변화를 보였다. 좌절감과 분노의 폭력적 분출을 상세하게 다루면서, 그 상처의 실체를 '자해'로 발견하게 했다. 〈상처〉의 마지막 장면은 온몸을 자해해왔던 할아버지 한준을 비추면서 '상대에 대한 미움은 곧 자신의 취약점에 근거한다'는 진실을 드러내 보였다. 이는 실존의 한계를 깨달으며, 우리가 증오했거나 증오를 받았던 대상에 대한 새로운 이해를 가능하게 한다. 분단으로 인해 벌어진 갖가지 증오와 적대감이 곧 실존의 한계에서 비롯된 것이며, 역사적 트라우마의 징후로 이해하는 사고력이 반영되어 있기 때문이다. D의 수정된 서사에는 그러한 의미인 '자해의 상처'가 제시되며, 악인에 대한 이해와 공감을 가능하게 하기에, 분단 현실과 극복에 대한 한층 깊어진 서사적 상상력이 발견된다고 할 수 있다.

B의 〈엄마의 된장찌개〉에서는 새로운 가능성이 포착되기도 했다. 다락에 은거, 무의미한 삶으로 그려지는 1차 서사에서 새로운 가족관계 형성과 아픔을 공유한 서로에 대한 애착 등으로 삶의 의미를 발견하는 서사로 수정되었다. 수정된 서사는 상처는 극복되기 어렵지만, 상처와 함께 공생하며 삶의 의미와 행복을 스스로 찾아가는 치유적 안목을 담고 있었다. 주인공이 가족의 몰살 이후에도 '어머니'로서의 인내와 희생의 가치를 추구하는 삶을 지속하는 모습에서는 매킨타이어가 말한 서사의 통일성이 발견된다.

또한 다른 3개의 작품과 달리 미래적 상상력이 확인되기도 했다. 주인공이 우연히 만난 아이의 손을 잡고 새 삶을 꾸려나가는 지점과 되돌아가기 어려웠던 고향을 다시 방문하는 장면은 주디스 허먼이 말한 트라우마 치유 과정에 부합된다.[28] 생계를 위해 몸을 팔고도 불 속에서 자식들을 구출하지 못했던 좌절감은 의붓아들에 대한 정성과 사랑으로 승화되었고, 그것의 실천을 위해 다시 세상으로 나아가 삶을 재건하는데, 이는 타자와의 연대감 속에서 세상에 대한 깨진 신뢰감이 다시 구축되는 '일상과의 연결 단계'가 실현되는 장면이었다. 그리고 고향을 재방문하여 전장에 나간 남편과 죽은 자식들을 떠올리고 현재 의붓아들의 모습을 상기하는 장면은 과거의 아픔에 대한 충분한 애도와 온전한 기억을 의미하며, 상처에 대면할 힘이 마련된 주인공의 회복 상태를 보여준다.

이처럼 4명이 창작한 작품들은 과거 분단과 전쟁의 역사가 낳은 상처 문제를 전면으로 다루고, 분단의 역사가 과거의 일만이 아니라, 현재의 삶에도 지속되는 아픔임을 확인하고 있었다. 이들이 창작한 서사는 회기를 거듭할수록 구체성과 논리가 확보되었으며, 역사적 트라우마의 치유 과정이 포함된 형태로 변화되었다. 이는 공감을 전제로 했을 때 보다 촘

---

28 주디스 허먼, 최현정 옮김, 『트라우마: 가정폭력에서 정치적 테러까지』, 플래닛, 2007.

촘한 논리를 갖춘 서사를 창작할 수 있다는 점을 시사한다. 이렇게 당초 목표로 삼았던 분단과 통일에 대해서 '사람' 중심의 사유가 그들이 꾸려낸 서사를 통해 확인되었으나, 과거의 상처들로부터 자유로워진 결말이 부족했다는 한계점이 발견되기도 했다. 자결이나 자해, 아버지의 죽음 이후에 화해를 시도하는 등의 서사는 문제 상황에 대한 좌절과 체념의 강도가 짙고, B처럼 적극적으로 대응하는 상상력은 부족했다. 이는 과거 극복, 과정으로의 통일, 사회통합에 대한 상상력이 보강되어야 하는 한계점을 보여준다.

이상의 사례를 통해 서사적 상상력을 통한 통일교육의 가능성을 확인했다. 분단 역사와 통일 과제에 있어서 공감의 상상력이 발휘되고, 사태를 이해 가능한 형태로 서술하면서 역사성 위에 자아를 발견하고 있었기 때문이다. 하나의 서사를 구성한다는 것 자체가 사태를 인과적으로 서술할 수 있는 논리를 구축하는 일이며, 분단 상황에 대한 통찰력이 필요하기에, 이해 가능하고 사태의 전말이 완결된 형태의 서사를 창작했다는 것만으로 그 효과를 인정할 수 있다. 그러나 갈등상황이나 역사적 비극 앞에서 무력해지는 서사가 대부분이었던 것으로 보면, 아직은 극복의 과제에 대한 부담감이 크고, 사태에 대한 자기주도성 및 능동성을 발휘하기 어려웠던 것으로 판단된다. 서사적 상상력을 통한 통일교육에서 과거 극복, 과정으로의 통일, 사회통합에 대한 상상력은 닫혀있는 상태이며, 이에 대해 적극적인 조치가 필요함을 확인할 수 있었다.

4. 통합서사적 상상력을 키우는 통일교육

분단의 역사에 대한 심도 있는 인식만으로 분단의 비극에서 자유로워지거나, 통일 한국을 준비하는 역량이 확충되었다고 보기 어렵다. 정부에서 통일교육의 목표로 세운 바와 같이 "통일을 이룩하는 데 필요한 가치관과 태도"(통일교육지원법, 1999)를 기르기 위해서는 과거와 현재에 대한 진단은 물론이며, 미래를 상상하는 능력을 키우는 대안이 필요하다. 통일은 새로운 사회를 건설하는 과제이므로, 통일 미래의 상(像)을 진지하게 생각할 수 있는 교육, 문제의식과 해답을 찾아나가는 과정을 담은 교육이 반드시 수반되어야 한다.[29] 이로 보았을 때 서사적 상상력을 통한 통일교육은 아직 '무엇을 어떻게 교육할 것인가' 내지 '무엇을 상상할 것인가'가 미결된 상태이다. 이에 본고는 통일 미래에 대한 상상력을 고취할 수 있는 방안으로 통합서사[30] 교육을 제안한다.

역사적 트라우마 극복 방안으로 제기된 통합서사는 "역사적 사건의 배후에 깔린 비인간성을 고발하면서도 분노와 원한보다는 온정과 화해로 이끌어 내는 말하기 방식과 그 내용"으로 정의된다.[31] 그간의 통합서

---

29 장성호, 「통일 미래를 위한 청소년 통일교육의 방향: 통일 한국의 미래상과 통일 준비 필요성을 중심으로」, 『사회과학연구』 제26권 제4호, 충남대학교 사회과학연구소, 2015.

30 역사적 트라우마에 대한 인문학적 방법론들이 치유책으로 제시되는 가운데, 정운채는 삶과 서사, 문학의 관계를 논하는 문학치료학적 관점으로, 우리 사회의 분열과 대립을 조장하는 분단서사에 대한 극복방안으로 문학작품에서 발견한 '통일서사'를 제안했다. 그리고 역사적 경험에 관해 자신의 이야기를 털어놓는 구술행위가 역사적 트라우마에 대한 치유책으로 주목되었고, 그 치유의 힘을 방법론으로 정립하고자 하는 시도가 이루어지기도 했다.(정운채, 「우리 민족의 정체성과 통일서사」, 『통일인문학논총』 제47집, 건국대학교 인문학연구원, 2009; 정운채, 「정몽주의 암살과 복권에 대한 서사적 이해: 분단서사와 통일서사의 역사적 실체 규명을 위하여」, 『통일인문학논총』 제53집, 건국대학교 인문학연구원, 2012.) 이어 김종군은 역사적 트라우마 극복에 대한 인문학적 대안으로 구술치유에 주목하면서, 전쟁과 분단을 경험한 한국인의 살아온 이야기에서 발견되는 분단서사와 통합서사의 치유적 힘을 분석하는 연구를 거듭했다.(김종군, 「전쟁 체험 재구성 방식과 구술 치유 문제」, 『통일인문학논총』 제56집, 건국대학교 인문학연구원, 2013; 김종군, 「구술생애담 담론화를 통한 구술 치유 방안:『고난의 행군시기 탈북자 이야기』를 중심으로」, 『문학치료연구』 제26집, 한국문학치료학회, 2013.) 본고에서 말하는 통합서사 개념은 김종군의 논의에 따른 것이다.

사는 전쟁과 분단의 비극을 경험한 한국인의 살아온 이야기를 대상으로 연구되어 왔다. 그것에는 이데올로기 갈등에 자기 분노를 더해 관계를 파국으로 치닫게 하는 이야기, 역사적 상처가 복수심과 적개심으로 변질되는 이야기 등 코리언의 역사적 트라우마를 발견할 수 있는 스토리가 무수하다. 그러는 반면, 가족과 이웃을 지켜낸 영웅들의 이야기, 극한 상황 속에서도 이해와 용서가 일어난 이야기, 초극적인 관용과 포용심이 발휘된 이야기 등 통합서사적 가치를 보유한 스토리도 많이 발견된다.

한국인의 살아온 이야기는 당사자의 과거와 현재가 함께 자리한 복합적 시점을 보유하고 있기 때문에, 과거의 상처를 소화하며 현재까지 살아온 여정이 고스란히 담겨 있다. 역사경험담에서 통합서사적 가치를 발견하는 의의는 역사적 사건 당시에 제보자가 경험했던 참혹함과 비극을 세세하게 드러내며 역사적 담론이 다 말해주지 않았던 사건의 진실을 이해하는 것에 있다. 더 중요한 몫은 그 경험이 현재를 살아가는 삶에 어떠한 영향을 미쳤으며, 경험자는 무엇을 기억하고 상처를 어떻게 소화하며 살아내었는가에 있다. 통합서사에서 '역사적 사건의 배후에 깔린 비인간성을 고발'하는 문제는 과거로부터 현시점에 대한 진단과 통찰력이라면, '분노와 원한보다는 온정과 화해로 이끌어 내는' 서사의 방향성은 미래적 상상력에 해당된다. 우리가 분단을 마주한 현재에서 통일로 향하는 미래로 나아가기 위한 상상력은 바로 이러한 통합서사의 형태로 마련되어야 하며, 그 예시는 통합서사적 가치를 담고 있는 한국인의 살아온 이야기로 가능하다.

예컨대, 한국전쟁 중 남편의 빈자리를 홀로 채워나간 여성들의 생애담에서는 배우자에 대한 애정 문제뿐만 아니라 당시의 여성이 사회적 진출이 어려운 상태에서 남편의 부재는 삶에 대한 강탈이었다는 치명적인

---

31 김종군, 「한국전쟁 체험담 구술에서 찾는 분단 트라우마 극복 방안」, 『문학치료연구』 제27집, 한국문학치료학회, 2013, 115~145쪽.

상처를 확인하게 한다. 그 아픔의 기억을 토로하는 과정에서 원한과 분노보다 타자와의 연대와 소통을 통해 붕괴된 생활공간에서 새로운 형태로 공동의 규칙을 구축하며 살아 버틴 기적의 서사도 발견된다. 불가능 속에서도 가능성을 발견하며, 새로운 삶의 의미를 자생적으로 마련해온 여성들의 살아온 이야기는 앞서 제시한 〈엄마의 된장찌개〉에서 보여준 통합서사적 가치와 같다.[32]

이러한 구술 자료에는 과거의 비극이 현재의 갈등으로 이어지는 역사적 트라우마 문제에 대한 극복의 길도 발견된다. 자료 중에는 개인감정이 이데올로기 갈등으로 번진 마을전쟁의 참혹함을 다룬 경험담도 존재하는 가운데, 아군·적군을 막론하고 서로에게 식량을 제공하거나 목숨을 건사할 방도를 제공하는 등의 역설적인 기적의 상황도 많이 전해지고 있다. 이러한 절명의 상황에서도 피어오르는 인간애는 분단을 이겨낼 수 있는 희망적 상상력을 자극한다.

특히 호남지역 사회주의 집안의 사례가 그러한데, 그 후손들은 아버지가 빨갱이, 간첩으로 몰려 사형을 당한 비극을 경험했음에도 건강한 사회구성원으로 성장했다. 이들은 세상이나 아버지에 대한 분노의 감정을 갖고 있는 것이 아니라, 그러한 세상을 용서하고 아버지와의 지극한 사랑을 기억하며 살아왔다. 이 이야기는 대학생 교육과정에서 창작된 서사 가운데, 이념적으로 아버지와 갈등하는 C의 서사와 빨갱이 아버지 영향으로 빨갱이 혐오증에 시달리는 인물을 그려낸 D의 서사에서 통합서사적 가능성을 열어주는 사례가 될 수 있다.

이렇게 서사적 상상력을 통한 통일교육에서 보충될 점은 바로 이러한

---

[32] 전쟁 중 남편의 빈자리를 홀로 메워 살아 버틴 여성들의 구술담에서 발견되는 통합서사적 가치에 대해서는 박재인, 「한국전쟁 체험담에 나타난 남편 잃은 여성들의 상처와 통합서사」, 『분단체제를 넘어선 치유의 통합서사』, 도서출판 선인, 2015에서 상세하게 논의되고 있다.

통합서사적 상상력을 키우며, 상생을 도모하는 미래지향적 사고를 제고하는 방향에서 이루어질 것이다. 거시적 안목의 사회통합 방안을 꾸려내는 것도 중요하지만, 이렇게 자신이 추구하는 삶의 범위 속에서 타인과의 소통, 상처의 연대의식, 그리고 나와 가족, 이웃을 지켜왔던 힘을 발견하는 서사적 상상력 또한 중요한 일이다. 역사로 인한 좌절감이 애꿎은 적대감으로 변질되지 않고 오히려 타자와의 연대의식으로 승화되는 면모, 그리고 자신을 삶을 능동적으로 끌어가는 범위에서 상생의 가치를 실현하는 서사적 상상력이야말로, 통일 미래를 준비하는 중요한 역량이다.

통합서사적 상상력은 통일교육의 효과와 더불어 개인의 생의 의지를 고취하는 계기를 마련해 줄 수 있다. 우리는 살아 숨 쉬는 사람이기에, 역사의 비극적 장면을 직면하고 '나는 어떠한 삶을 살 것인가'를 고민하지 않을 수 없다. 우리 앞에 펼쳐진 역사의 길을 비춰 주면서, 자기 삶의 주체로서 올곧이 서 있는 힘을 담고 있는 통합서사는 단지 통일을 희망하게 하는 것에서 머무는 것이 아니라, 통일을 위해 달려가는 길에서 개인의 삶 또한 질적으로 풍요로워질 수 있다는 긍정적 신념을 강화한다. 통합서사적 상상력은 남북분단이라는 비극이 디딤돌이 되어 한반도 미래의 길이 더 넓게 확장될 수 있을 것이라는 희망을 고취하고, 자기 삶에 밀접한 통일 한반도를 상상하며 내면을 성숙하게 할 것이다. 앞서 제시한 역사경험담에서 발견된 통합서사적 가치는 바로 이러한 상상력의 예시로서, 교육 대상들의 상상력의 지평을 확장해주는 역할을 할 수 있다.

그렇다면 통합서사의 교육은 어떻게 효율적으로 이루어질 수 있을까. 문학치료학은 위약한 자기서사, 이를테면 분단의식이나 좌절감에 경도된 자기서사를 변화시키는 동력을 서사 간의 비교를 통하여 가능하다고 말한다. 서사는 인생의 시뮬레이션이며, 다수의 서사를 접하면 "보다 나은 결과에 이르는 서사"를 찾을 수 있게 된다는 것이다.[33] 유형화된 서사들을 통해서 '서사의 갈림길'에서 다양한 선택을 하는 서사의 주체들이 대응하는 방식과 사태의 결과를 견주어보는 과정으로, 보다 나은 서사에 대한 이해와 공명이 자연스럽게 이뤄진다는 것이다. 이는 매킨타이어가 말한 도덕적 선택 능력과도 연결되고, 그는 그로써 덕의 가치가 함양된다고 주장한다.[34]

통합서사 교육은 더 나은 서사를 스스로 판단하게 하는 과정으로 가능하다. 스스로 가치를 발견하고 체험하면서, 자율적 판단에 의거하여 민주시민으로서의 가치관과 태도를 함양하는 것이다. 기왕의 통합서사 논의에서는 우리의 삶을 분단으로 고착화하는 서사로서 '분단서사'와 이에 대한 극복의 '통합서사'를 개념화했다. 이 틀로 서사를 유형화하여 교육 대상 스스로가 가치를 경험하게 하는 교육도 가능하며, 문학치료의 서사지도, 서사 발달 단계의 틀로 서사 유형의 세분화도 가능할 수 있다. 다양한 유형의 서사를 접할수록 선택의 폭이 넓어지고, 서사를 상상할 수 있는 영역이 확장되기에, 통합서사의 유형화는 필수적이다.

서사적 상상력을 통한 통일교육은 통합서사적 상상력과 통합서사 유형화로 보완될 것이다. 고등학생을 대상으로 하는 통일교육은 바로 이지점을 염두에 두어 향후의 과정을 진행할 예정이다. 콘텐츠 제작과정을 통합서사 구술 아카이브에 제시된 다양한 통합서사를 바탕으로[35] 제작

---

33 정운채, 「자기서사의 변화 과정과 공감 및 감동의 원리로서의 서사의 공명」, 『문학치료연구』 제25집, 한국문학치료학회, 2012, 370쪽.

34 매킨타이어는 서사 속에서 자아를 발견하는 과정을 어느 하나의 행위를 선택하는 지점에서의 도덕적 선택의 상황이라고 말한다. 여기에서의 "해야 한다"(ought)의 당위는 칸트가 말한 "할 수 있다"는 능력을 포함하지 않으며, 의무론적 논리로 설명할 수 없다. 모든 것을 행할 수 없는 상황에서의 '선택'을 의미한다.(알래스데어 매킨타이어, 이진우 옮김, 『덕의 상실』, 문예출판사, 1997, 330쪽.) 즉 "보다 나은 결과에 이르는 서사"를 선택하는 과정과 유사하다.

35 '우리가 만드는 통일문화콘텐츠' 프로그램은 통일문화콘텐츠 〈희熹스토리〉의 제작과정을 따라서 청소년의 창작 능력을 고취하는 과정으로 마련되었다. 이 웹툰의 원작은 한국에 살아남은 사회주의 집안의 실제 경험담에서 본떴는데, 가족을

과정을 진행할 것이다. 향후 2차 창작은 통합서사적 가치가 발견되는 다양한 콘텐츠와 통합서사 구술 아카이브[36]에 제시된 240여 개의 통합서사 자료를 접하게 한 후 진행한다. 그리고 팀을 구성하고 본격적인 제작 과정에 진입하면서, 관련 주제에 해당하는 통합서사의 여러 유형을 제공할 것이다. 역사적 사건에 맞물린 다양한 사람들의 살아가는 모습을 유형화하여 제공하면서, 역사적 비극에 대한 통찰력과 비극 이후 미래에 대한 상상력을 자극해 보려고 한다.

통합서사적 상상력 교육이 강조된 보완 프로그램의 효과는 향후 보고될 것이며, 서사적 상상력, 통합서사의 가치가 지닌 교육 프로그램의 전문화를 위한 연구 작업은 지속될 예정이다. 이 글에서는 다소 거칠게 논의가 되고 있으나, 고등학생들의 콘텐츠가 제작된 후에는 정리된 형태로 통합서사적 상상력의 통일교육 효과에 대한 정밀한 분석이 가능할 것으로 전망된다.

중심으로 벌어진 사태와 제보자들의 통합서사적 진술을 바탕으로 화해와 용서의 이야기를 창작하고 웹툰으로 구현한 것이다. 웹툰 〈희喜스토리〉는 2014 인문학대중화사업 인문브릿지의 지원을 받아 제작되었다. 건국대학교 인문학연구원은 수년간 수집한 한국인의 역사경험담에 우리 사회를 통합으로 이끌 수 있는 통합서사 가치를 발견하고, 사회적 확산의 방안으로 가장 대중적인 매체 웹툰으로 콘텐츠를 생산했다. 그 과정은 정진아 외, 『통일문화콘텐츠 희喜스토리』, 패러다임북, 2015에서 확인할 수 있다.

36 통합서사 구술 아카이브(www.tongilcontent.com) 식민·이산·분단·전쟁·탈북의 상처를 견뎌온 코리언의 살아온 이야기에서 통합서사적 가치를 지닌 자료를 소개하는 공간이다. 우리 사회를 화해와 치유의 길로 이끌 수 있는 통합서사의 영상·문서·사진 자료 244건을 확인할 수 있다.

말과 역사, 그리고 치유

트라우마 치유의 가능성과 구술사 방법을 성찰하며

김귀옥*

1. 인간을 위한 구술사를 찾아서

말은 치유의 수단이다. 물론 잘못된 말 한 마디는 사람을 죽이기도 하지만, 말 한마디로 천 냥 빚을 갚기도 한다. 〈임금님 귀는 당나귀 귀〉를 외치고 나자 비로소 이발사의 화병이 나았다는 것은 억압적 침묵을 둘러싼 보편적 이야기이다. 벙어리 3년을 살다가 우울증 걸린 주부 이야기는 말할 것도 없고, 4·3제주사건 때나, 한국전쟁 때, 남편이나 가족을 피학살로 잃은 것도 억울한데, 수십 년을 항변도 못 한 채, 빨갱이로 숨죽이면

* 한성대학교 교양교직학부 교수.

서 살아야 했던 수많은 민간인이 과연 제정신으로 살 수 있었을까? 한국 사회 곳곳에서 트라우마 현상을 보고 느끼게 된다.

2000년대 들어 구술사 연구는 한국 현대사의 굴곡진 사람들의 경험 속으로 깊이 파고들었다. 이미 1980년대 5·18의 처절한 경험을 잊지 않기 위해 잡힐 각오, 매 맞을 각오를 하면서 구술증언 조사를 하여 세상에 나온 책이『죽음을 넘어 시대의 어둠을 넘어: 광주 5월 민중항쟁의 기록 1, 2』(풀빛, 1985, 1987)이다. 이 책의 지은이는 황석영으로 되어 있지만, 실제 집필을 주도한 사람은 이재희와 기독교 관계 단체 일을 보던 조봉훈, '5·18 최후의 수배자'로 불리는 고(故) 윤한봉이 한때 주도하던 현대문화연구소[1] 측이었다(광주매일正史5·18특별취재반, 1995, 114~115). 광주 지역에서 양심적인 지성인들과 시민들은 국가폭력에 대항하기 위해 공포를 무릅쓰고 침묵당해야 했던 고통스러운 기억을 구술 조사해 나가기 시작했다.[2] 이러한 구술 기록들은 1990년대 중반 김영삼 정부 시절 '5·18특별법'이 만들어질 때 중요한 밑그림이 되었다고 말할 수 있다.

그러한 사정은 4·3사건 관련자들도 마찬가지였다. 4·3과 관련하여 연구자들이 조사 연구하기 전부터 4·3은 무속문화 속에서 기억되고 말해지고 있었다.[3] 4·3조사는 1989년 제주 4·3연구소[4]가 설립되면서 진실 규명 차원에서 가속이 붙기 시작했다. 그 연구소는 진실회복을 목표로 관

---

1 '현대문화연구소'는 광주, 전남 지역의 청년운동의 근거지로서 1979년 6월에 설립되었다. 이 연구소는 지역의 많은 민주인사의 기부금으로 운영되었고, 5·18 직전까지 광주운동권의 회의장이자, 정보생산보급창구가 되었으며, 민중문화운동 조직인 '광대'나 여성운동회의 '송백회'도 그것에서 활동했다고 한다. 광주매일正史5·18특별취재반,『正史5·18』, 사회평론, 1995, 114~115쪽.
2 최정기(전남대학교 사회학과 교수) 구술 증언(2005년 7월 25일).
3 김성례,「한국 무속에 나타난 여성체험 : 구술생애사의 서사분석」,『한국여성학』 제7호, 한국여성학회, 1991, 25쪽.
4 이 연구소는 1987년 겨울 재경 제주 출신이 만든 제주사회문제협의회와 1987년 설립된 아시아·아프리카·라틴아메리카연구소(일명 아라리)가 통합되면서 설립되었다.

련 문서를 수집하는 한편 관련자 증언을 채록, 수집하여 자료집을 발간했다. 그 첫 성과가 『이제사 말햄수다 1, 2』(한울, 1989)로 결실을 맺는다. 또한 『제주일보』 4·3특별취재반이 수십 개 마을을 방문하여 촌로들을 직접 인터뷰하여 생생한 증언 자료를 수집하면서 소문으로 전해지던 이야기들이 진실로 구체화되기 시작하면서 진실규명운동도 탄력을 받았다. 그러한 활동이 모여 2007년도에는 '제주 4·3사건 진상규명 및 희생자 명예회복에 관한 특별법'이 제정될 수 있었다.

그러한 과정에서 국가적 기록이 부재하거나 왜곡되어 있는 현대사의 진실을 규명하는 데에 구술사 방법론이 요긴하게 사용될 수 있음이 인식되기 시작했다. 언론사에서도 짧은 취재에 만족하지 않고 심층취재를 하는 과정에서 구술사 방법을 활용하기 시작했다. 2000년대에는 텔레비전에서도 구술사를 활용하여 현대사를 재발굴하는 기획물을 제작했다. 그 한 예로는 한국방송공사가 해방 60년을 기념하기 위해 제작한 『우리는 8·15를 어떻게 기억하는가』 시리즈 1부의 'TV 구술사' 4편을 들 수 있다. 문화방송의 『이제는 말할 수 있다』 역시 구술사 방법론을 적극 활용한 예라고 할 수 있다. 또한 민족문제연구소는 국가보훈처 프로젝트로 2005년 4월부터 독립운동가 280명이 구술하는 '영상기록, 생존 독립운동가의 일상(가칭)'을 제작할 것을 기획한 바 있다.[5]

구술사 연구의 주제도 처음 도입될 때는 한국 현대사, 전쟁과 학살, 일본군위안부, 여성, 탈북자 등의 주제에 한정되어 있었으나 2000년대에 이르러 방법론에서부터 구술기록 관리에 이르는 범주로 걸쳐 있고, 강제징용이나 일제 항일운동, 해방과 전쟁기 등을 포함한 현대사 문제로부터 일상생활에 걸친 주제나, 사회적 소수자로서의 노인, 성소수자, 장애인, 비전향장기수, 양심수, 외국인 이주민 등의 문제, 그리고 체육, 의료, 복

---

5 《연합뉴스》, 2005.3.31.

지, 과학, 대중매체, 영화를 포함한 예술 분야에 이르는 다양한 분야와 연구로 확산되어 그 주제를 넓혀 나가고 있다. 이처럼 구술사는 보급된 지 얼마 되지 않았고 대학 내 정규 학과나 강좌도 제대로 개설·운영되고 있지 않으나, 학위논문이나 연구논문, 보고서가 꾸준히 제출되고 있다. 그러한 연구 환경에 힘입어 2009년에는 한국구술사학회(초대회장 함한희 교수)가 창립되기도 했다. 한국구술사학회는 구술사 관련 개인 연구자들의 연구교류 활동뿐만 아니라, 한국학중앙연구원, 민족문제연구소, 민주화운동기념사업회 자료관, 각 대학 연구기관들과도 교류 활동을 주도하며 운영되고 있다.[6]

그렇다면 한국학 연구를 다양화하고 확산하기 위한 방법론의 하나로서 구술사 연구는 그밖에 어떤 유용성이 있는가? 그간 많이 언급되었던 점으로서는 역사의 전면에 오르지 못한 사람들의 역사를 발굴하는 데 1차적 유용성이 있다. 역사적 기록을 남기지 못한 사람들, 승리자나 지배자의 관점에서만 기억되거나 기록되는 사람들이 '스스로' 말하도록 함으로써 역사적 기록을 남길 수 있다. 그러한 사람들은 1차적 문맹자, 사회적 약자, 뭇 백성(민중), 대다수의 여성 등도 있으나 정치적으로 억압을 당한 사람들(민주화운동가, 독립운동가, 반체제인사, 혁명가, 냉전의 희생자들)의 기억을 역사화하는 데에도 유용하다. 또한 행위의 이면, 즉 동기를 이해하는 데에 이만큼 유용한 방법은 없다. 기록된 자료에는 진실한 이유를 드러내는 문자기록보다는 지배자의 행위나 정책을 합리화하는 문자기록이 허다하다. 또한 숫자화되어 있는 통계자료는 진실이 드러나지 않는 경우가 많기 때문에 진실의 문을 여는 또 다른 방법이 필요하다. 이런 점에서 구술사 방법은 다른 연구방법이 갖지 못한 장점이 있다.

---

6   김귀옥, 「한국학 발전을 위한 구술사 연구의 쟁점과 과제: 구술사 연구 동향과 쟁점」, 『기록인IN』 제20호, 국가기록원, 2012, 24쪽.

다음으로 구술사는 침묵의 기억으로부터 구술자를 해방시키거나 치유하는 기능을 할 수 있다는 점에서 유용성이 있다.

최근 사회 곳곳에 소통이 문제가 되면서 치유에 대해서 어느 때보다도 관심이 많다. 공동체가 급속히 해체되고, 가족들의 삶의 방식이 다원화되면서 친밀성에 기반을 둔 소통의 기회가 급감해 있다. 인터넷의 확산이 사람들의 소통방식을 대체하고 있으나, 대면적 소통이 줄 수 있는 정서적 신뢰와 안정을 인터넷에 의한 소통이 대체하기는 어렵다. 현재 한국 사회에서 인터넷은 정보나 지식을 확산시키는 데에는 큰 기여를 하고 있지만 개인들의 닫힌 관계를 극복하는 데에는 미흡한 점이 많다. 한국 사회에 이미 정신병원이나 심리상담소 등은 깊숙이 자리 잡고 있다. 이런 사회적 분위기에서 대화의 원리가 치료의 기초가 될 수 있다는 인식이 형성되고 있고,[7] 그러한 담론은 힐링 문화(healing culture)로 자리 잡혀가고 있다.[8]

반면 한국의 구술사 연구는 민중사 연구에 활용되어 왔다. 그러한 구술사 연구는 그간 침묵되고 억압되며, 왜곡되고 고통에 찬 기억에 집중되어 온 경향이 있다. 다시 말해 현대사가 개인의 기억 속에 내장되어 있는 가해의 기억에 대한 연구가 많았고, 그것은 역사적 트라우마와 연결되어 있었다.[9] 그리고 최근에는 구술사 연구와 치유의 관련성도 언급

---

7 쇼나 러셀·매기 캐리, 최민수 옮김, 『이야기 치료, 궁금증의 문을 열다』, 시그마프레스, 2010, 32~34쪽.

8 박종희·권영미, 「트랜스포메이션 경제시대에 있어서 힐링의 관광 상품화 가능성에 대한 연구」, 『한국관광·레저학회』 제21권 제2호, 한국관광·레저학회, 2009, 358쪽; 정진홍, 「'힐링 현상'과 관련하여 생각하고 싶은 것 : 인문학 또는 종교학적인 자리에서」, 『현실과 철학』 제94호, 철학문화연구소, 2012, 76쪽; 김귀옥, 「'힐링' 없는 힐링의 사회」, 《프레시안》, 2012.9.14.

9 그러한 연구로서는 정근식 편, 진주 채록, 『고통의 역사: 원폭의 기억과 증언』, 선인, 2005; 김경학 외, 『전쟁과 기억』, 한울, 2005; 김귀옥, 「한국전쟁과 이산가족: 지역에서의 이산가족의 기억과 고통」, 『동아시아의 전쟁과 사회』, 한울, 2009; 한국구술사학회, 『구술사로 읽는 한국전쟁』, 2011 등을 들 수 있다.

되고 있다.[10] 과연 구술 대화가 치유와는 어떤 관계가 있으며, 과연 치유의 방식으로 활용될 수 있는가? 지난 구술사 연구를 보면 억압된 기억의 해방이라는 점에서는 구술사의 역할이 돋보이지만, 치유라는 점에서는 인과관계가 명확하다고 말하기 어렵다.

그러므로 구술사는 연구 과정에서 무엇을 어떻게 해방시킬 수 있는가를 우선 살펴보도록 한다. 둘째, 구술사 연구 과정에서 구술 연구자들이 만나게 되는 구술자의 기억과 기억 속에 파묻혀진 트라우마의 문제를 살펴보도록 한다. 셋째, 구술사가 과연 트라우마를 치유하는 역할을 할 수 있는가를 살펴보고자 한다. 마지막으로 치유의 가능성을 보다 발전시킬 방안이 있는가를 모색해보고자 한다.

2. 구술사는 해방적인가?

모든 연구에서 구술사 방법론이 요구되지는 않는다. 문헌 분석 연구나 통계자료에 기초한 연구가 충분한 경우도 있다. 또 어떤 연구는 문헌 자료로 남아 있지 않은 무형물이나 기억, 생활을 바탕으로 수행된다. 무형물 등에 관심을 가진 연구가 민속학이나 고고학 등이라면 살아있는 사회생활 자체가 연구되는 분야는 전통 인류학에서 주로 사용되어온 에쓰노그라피(ethnography)[11]이다.

에쓰노그라피는 한국에서 다양하게 번역되어 사용되었는데, 주로 민족기술지, 민속기술지로 해석되다가, 1990년대 이래로는 '문화기술지'로

---

10 윤택림, 「치유를 위한 자기서사: 한 실향민 여성 구술생애사와 자서전 비교 분석」, 『구술사연구』 제2권 제2호, 한국구술사학회, 2011, 103쪽.
11 에쓰노그라피와 관련된 대표적인 저서로는 John D. Brewer, *Ethnography*, Buckingham: Open University Press, 2000를 참고하기 바람.

번역되는 추세이다. 에쓰노그라피는 서구인의 관점에서 소수민족이나 집단을 보고, 느끼는 대로 기록하는 연구 방법이라 할 수 있다. 내용 면에서 보면 그것은 타민족, 소수민족, 타자를 연구자라는 주체의 관점에서 이해하는 방식이라고 할 수 있다. 에쓰노그라피는 타민족의 생활이나 상호작용(interaction), 사회적 관계, 의식·무의식적 행위나 태도 등을 참여관찰 방법(participant observation)으로 기술하는 방법이다. 참여관찰의 대상은 타민족, 소수민족, 타자의 생생한 생활 현장이자 의미화된 세계이다. 텔레비전의 토착민 탐사 프로그램과 같이 낯설기도 하지만 인간의 공통성 발견에 의해 감동을 받는 과정이 드러난다. 또한 서구 사회에 비하여 다소 단순하다고 할 수 있는 토착민의 사회과정을 관찰하는 과정은 그 문화적 차이로 인해 연구자들이 숱한 위기에 봉착하게 된다. 그런 과정을 거쳐서 나온 연구에 여러 편의 대작이 있다. 최고봉의 연구로는 레비스트로스(Claude Levi-Strauss)의 『슬픈 열대』나 마거릿 미드(Margaret Mead)의 『마누스족 생태(生態)연구』(1930), 『세 미개사회의 성과 기질』(1935), 루스 베네딕트(Ruth F. Benedict)의 『문화의 유형』(1934) 등이 있다.

　그러한 에쓰노그라피가 수행되는 전체 절차나, 인류학자들 혹은 학자들이 객관적으로 조사에 참여하는 큰 틀에는 권력관계가 작동된다. 서구나 미국의 연구자들은 문명과 야만, 선진과 후진, 지배와 피지배의 관점에서 식민주의를 예비하거나 또는 정책을 개발하거나 적용하는 입장에서 현지조사를 수행하기도 했다. 그 결과를 바탕으로 문화의 유형이나 사람들—부족이기도 하고 민족이기도 한 집단—의 심성구조, 인류 기원의 문제, 사회적 관계 등을 설명했다. 레비스트로스처럼 서구의 문명 대 야만의 시선으로 보는 인식에 도전하고 서구 중심의 '제국주의'화된 '자민족중심주의(ethnocentrism)'의 인식을 극복하며, 상대주의 인식을 구체적 분과학문에서도 설파해 나가며 '실증주의'적 세계관을 스스로 파괴하는 경향도 있다.

그러나 에쓰노그라피에서 면담은 부차적으로 사용되고, 주로 '참여관찰'이 사용된다. 관찰되는 것은 행위의 이면에 담긴 어떤 것이기보다는 현상적인 것이다. 그렇다면 왜 모르는 어떤 것에 대해 물음을 던지지 않는 것일까? 여기에는 '시선'의 제국주의성이 존재한다고 할 수 있다. 참여관찰되는 현장은 연구자와는 전혀 다른 세계이다. '낯선 사람'으로서의 감수성은 이론적 사실을 발견할 가능성도 존재하지만, 행위자와는 다른 연구자의 '시선'의 폭력이 작동하기 쉽다. 서구에서 발전시켜온 에쓰노그라피 연구자는 연구에 '전지전능'적인 제3의 관점과 해석을 가지기 쉽다. 관찰과 해석에는 서구인 대 비서구인이라는 1차적 권력관계와 연구자 대 현지인이라는 2차적 권력관계마저 작동한다. 이러한 과정에서 연구자와 현지 피조사자의 관계는 대개 평등하기보다는 불평등하기 쉽다.

예컨대 현지에서 관찰하던 중 우울증에 걸린 사람의 행위를 보면서 한 집단의 전형적인 사람으로 간주하여 그 사람을 통해 그 집단의 특성을 추론하는 것은 어떤가? 그렇다면 우울증에 걸린 사람은 어떻게 알게 되는가? 이는 우울증에 따른 행동질환을 통해 추론을 할 수는 있으나 의학적 전문가가 제대로 면담(진찰)을 통해서 진단해야 알 수 있다. 즉 면담이라는 과정을 거쳐야 우울증에 걸린 사람과 아닌 사람을 판별할 수 있다. 그런데 대체로 관찰되는 사람들과 서구의 지식인들은 언어 면에서나 문화 면에서 이질적이어서 그 언어에 정통하지 않는 한 면담하기란 쉬운 문제가 아니다. 더욱이 언어에 깔려 있는 심리적 기제를 제대로 파악한다는 것은 쉬운 문제가 아니다. 한편 '대화'하는 인식의 기저에는 서로 평등하다는 인식이 작동한다. 일방적으로 가르치고 일방적으로 배우는 사이에서나, 일방은 관찰하고 타방은 행위를 하는 사이에서는 진정한 대화가 쉽지 않다. 대등한 대화가 수반되지 않은 관찰은 연구자의 깊은 통찰과 이해력에도 불구하고 피관찰자의 행위의 진정한 의미를 파악하는 데에는 제한적일 가능성이 높다. 관찰 중심의 연구는 연구자의 세계관에 의해서 파악되어 '해방적 지식'을 발견하는 데 실패할 가능성이 높다.

그렇다면 구술사 방법론은 어떠한가? 구술사 방법론에서도 연구자 중심주의를 근본적으로 벗어나지 못함은 시인해야 한다. 그럼에도 불구하고 구술사 방법론은 몇 가지 점에서 기존의 실증주의적인 연구나 참여관찰과도 차별적인 성격을 가지고 있고, 특히 해방적 지식에 접근하는 방법론이 되고 있다.

첫째, 구술사 방법론은 연구내용을 구성하는 단계에서도 해방적 성격이 있다. 구술사 내용을 결정하고, 장차 연구 주제를 결정하거나 자료를 만들어가는 것은 연구자와 구술자의 쌍방향적 과정(interactive process) 또는 '연구자와 구술자의 상호작용의 산물'[12]이다. 대개 연구자는 구술자를 조사하기 전에 연구 주제를 설계하고 연구 질문 문항들을 만들어 놓은 후 만나기 쉽다. 그러나 제대로 훈련을 받은 연구자라면 연구 주제나 질문 문항들을 설계하기 전에 구술자와 사전에 만나 충분히 이야기를 주고받는 과정에서 연구 주제와 질문 문항을 구체화하게 마련이다. 이를 '사전 조사(pilot study)' 과정이라 한다. 심지어 구술사 방법론은 기존의 연구에서 영감을 받은 연구로서 '보완'적인 성격도 있으나, 누군가와 이야기를 하던 중 기존의 연구에서는 접한 적이 없는 사실을 발견하게 되어 시작되는 연구로서 '대체'적인 성격도 있다. 이러한 연구 과정은 자기 발견적이며, 기존에 알지 못했던 지식과 기억, 경험이 표출되는 과정이다. 구술사 방법을 제대로 수행한다는 것은 구술자의 기억과 구술에 토

---

[12] 윤택림·함한희, 앞의 책, 55쪽.

대로 두어 진행된다는 것을 의미한다. 따라서 협의의 연구 과정에서 구술자의 해방적 지식이 구술연행(oral performance)된다.

둘째, 구술사 방법론에서 구술자의 지위 자체가 해방적 성격을 갖는다.[13] 구술사 방법론의 출발은 '문자기록'에서 배제된 사람들의 기억이다. 문자기록에서 배제되었다는 것은 당대의 피지배권력자라는 것을 의미한다. 물론 대부분의 민중은 당대에 숨 쉬고 활동하고 사회를 형성하는 데에 기여하지만, 국가로부터 기록되지 않거나 기록되더라도 지배자의 관점에서 기록될 뿐이다. 그러한 민중 가운데 국가폭력에 의해 희생되거나 희생된 후 그 고통이 지금까지 계속되고 있는 사람들이 있으나 기록이 되지 않아 그 폭력사건의 전말이나 진정성 자체가 알려지지 않은 사람들도 있다. 예를 들어 '거창양민학살사건'에서 국가가 말하는 '학살'은 없었으나, 거창민에 의해 국군에 의한 무고한 죽음으로서의 '학살'의 진위가 밝혀지는 것은 구술에 의해서이다. 따라서 문자기록을 배제당한 사람의 기억을 '말하도록' 하는 구술사 방법론은 구술자를 '투명인간' 또는 '배제당한 타자'로부터 '주체'로서의 지위를 부여한다는 점에서 해방적 성격을 갖는다.

셋째, 구술사 방법론은 구술자의 기억을 '자유롭게' 한다는 점에서 해방적 성격을 갖는다. 구술사 방법론은 기억 속에 남아 있는 사실에 접근하는 방법론 중 하나이다. 사회적으로는 침묵이 강요되거나 표출이 억압된 기억을 '구술언어'로 변환하는 과정을 거친 후, 다시 녹취 과정을 통해 '구술문자'로 정착시키면 '구술자료'로 바꿀 수 있다. 예컨대 1991년 "나는 일본군위안부였다"[14]고 첫 발화한 고 김학순 씨의 행위는 실로 억

---

13 그렇다고 하여 누구나 구술자가 되고 싶어하는 것은 아니기 때문에 구술자에게 구술조사의 중요성과 내용을 잘 설명해야 한다. 특히 트라우마가 심한 사람일수록 구술조사에 참여하기를 꺼리는 경향이 있으므로 용기를 북돋워주면서도 편하게 구술에 임할 수 있도록 할 필요가 있다.

14 고 김학순 씨는 8월 14일 여성단체연합 사무실에서 정신대문제대책협의회가 마

압되고 왜곡된 기억을 해방시키는 것이었다. 한국전쟁을 전후한 시기에 학살당했던 일부 유족들의 고통에 찬 기억 역시 구술을 통해 해방되는 과정을 거칠 수 있었다. 이러한 과정에서 구술자 개인들은 과거의 악몽을 가져다주는 기억으로부터 자유롭게 되는 가능성을 경험할 수 있다.

넷째, 구술사 방법론은 구술자 개인의 기억만을 자유롭게 하는 데서 멈추지 않고, 사회적으로 해방적 성격을 가질 수 있다. 구술자 개인의 발화가 사회적 공감을 얻게 되는 과정에서 예술과도 만나게 되고, 문제를 함께 풀 수 있는 사회집단들과도 만나게 된다. 예를 들어 위에서 언급했던 고 김학순 씨의 발언 후에 일본군 위안부의 실상을 다룬 '여명의 눈동자'와 같은 소설이나 드라마, '노을에 와서 노을에 가다'(연출 홍민우, 극단 빛누리)라는 연극[15], 정대협을 중심으로 한 '수요시위' 등이 전개되면서 사회적으로 공감을 얻어낼 수 있었다. 이러한 과정은 사회적으로 집합기억이 발화하는 과정이기 도하며, 집합의 정체성을 회복하는 과정이기도 하다.

이러한 구술연행 과정에서 자연스럽게 개인적으로나 사회적으로 억압된 기억이 자유롭게 해방될 수 있다. 따라서 구술사 방법론은 억압된 기억이 학술적으로 기록됨으로써 해방적 기능을 수행한다고 할 수 있다.

련한 기자회견장에서 "당한 것만 해도 치가 떨리는데 일본 사람들이 정신대란 사실 자체가 없었다고 발뺌하는 것이 너무 기가 막혀 증언하게 됐다"고 밝혔다. 김학순의 고발은 한국뿐만 아니라, 일본 내에도 충격을 주어 일본군위안부 문제 해결을 위한 한일 여성이나 관계자들의 활동을 활성화하는 데 촉진제가 되었다. 《경향신문》, 1991.8.15.
15 이 연극에는 김학순 씨가 출연하여 정해진 각본이 없는 채, 한풀이 마당 방식으로 구연을 했다. 《동아일보》, 1995.10.27.

3. 구술사, 기억으로 구성되다

구술사는 주로 구술자의 기억으로 구성된다. 그런데 구술사 연구를 둘러싸고 가장 널리 지적되고 있는 문제는 '신뢰'의 문제이다. 실증주의적 입장에서는 기억 훈련이 되지도 않은 민중의 구술 기억은 종종 '불확실'하여 믿기 어렵다고 지적되어 왔다. 기억을 둘러싼 신뢰의 문제는 몇 가지 문제를 안고 있다. 그중 하나는 기억이라는 의식의 원래적 성격에 기인한다. 기억하는 방식에 선행하여 '본다'고 하는 의식 자체가 분절적이고 자기중심적이기 쉽다는 것이다. 전체를 보기보다는 부분을 보기 쉽고, 장시간 보기보다는 순간적으로 보게 되고, 360도를 보기보다는 자신의 각도와 관점에서 보게 마련이다. 어떤 의미에서 사물 그 자체(the thing itself)로 보기는 자체를 포기함으로써 가능한지도 모르겠다. 아무튼 이러한 과정에서 사물이나 사건을 보는 구술자의 기억은 불완전하다. 또한 구술자는 구술하기 전에 권력이 없거나 박탈당한 존재이다 보니, 기억하는 행위는 훈련이 되지 않은 상태로 남아 있게 마련이다. 설령 잊지 않기 위해 혼자서, 또는 비밀스럽게 기억 훈련을 했다고 하더라도, 그 과정은 사건 그 자체로서 기억되기보다는 어떤 기억은 강조되거나 왜곡될 수도 있고, 또 어떤 기억은 사상되거나 잊어버릴 수도 있다. 이런 점에서 기억은 또한 불안정하다. 나아가 구술하는 단계에서 구술자가 기억을 말하는 과정에서도 사건 또는 사물 그 자체로서 연행하거나 시간의 순서대로 기억하기는 거의 힘들다. 연상되거나 과장되거나 사상되는 일이 기억 연행 과정에서 반복되어 일어난다.

또한 기억에는 '망각'이 작용한다. 망각은 기억의 노화, 착오와 오류[16],

---

16 기억을 말할 때에는, '그때 그일'을 정확하게 말하기보다는 착오나 오류를 범하며 말하기가 다반사이고, 기억 연구자들에게 기억 오류는 대단히 중요한 일이다. 대니얼 L. 샥터, 박미자 옮김, 『기억의 일곱 가지 죄악』, 한승, 2006, 8쪽. 구술 연구

건망증 등에 기인한다고 할 수 있다. 또한 인간의 의식 속에서는 현재의 더 많은 기억을 축적하기 위해 오래된 기억을 지워버리는 습성이 있다고 한다. 또한 극심한 스트레스나 정신적 충격으로 불안과 고통을 피하기 위해 특정 기억을 지우고, 그러한 불편한 기억에 대해서는 스스로 억압하여 의식 저변으로 밀쳐두기도 하는 현상으로서의 망각도 있다. 일종의 부분적 기억상실증으로서 해리성 장애(dissocialtive disorders)나 심인성 기억상실증(Psychogenic amnesia)[17]이라고 할 수 있다. 심지어 사람은 자신의 행위를 합리화하거나 변명하는 경향이 강하다. 불편한 진실에 대해 실제로 망각했을 수도 있으나, 의도적으로 '거짓'을 말할 수도 있다.

기억을 말하는 과정은 기억 훈련과 연관되어 있는데, 기억을 연출하는 훈련이 잘되어 있을수록 기억력은 발달할 수 있다. 그러나 모든 기억이 표출되기보다 자신의 행위나 동기를 합리화할 수 있는 의식의 연출이 발달하기 쉽다. 특히 한국과 같은 반공냉전에 의한 자기검열기제가 발달해온 사회에서는 구술자 개인도 반공적 기억의 재구성력이 높아졌을 수 있다. 역으로 자신에게 불리한 기억에 대해서는 '망각'하는 능력도 발달했다고 볼 수 있다. 정신분석학이나 심리학에 대해 전공을 하지 않은 구술 연구자에 불과한 내가 구술자에게 어떤 망각의 요소가 기억을 말하는 과정에 작용하는가를 제대로 분석하기는 대단히 어려운 일이다.

누구든 자신의 인생을 회고하는 데 있어 고통과 공포로 얼룩지지 않은 기억을 가진 사람은 드문 편이다. 특히 그간 구술사 방법론을 활용해온

자들이 놓치고 있으나, 진심으로 관심을 기울여야 할 일은 왜, 어떤 상황에서 착오나 오류가 발생하는가이다.

[17] 심인성 기억상실증은 과거의 모든 기억이 아니라 심리적으로 충격을 받았던 사건만 잊는 경우가 일반적이라고 한다. 심인성 기억상실증은 해리성 장애의 일종이기도 한데, 해리성 장애(dissocialtive disorders)는 어린 시절에 당한 성폭행이나 신체적, 성적 학대를 비롯한 정신적 외상(trauma)이나 과도한 스트레스 때문에 발생한다고 한다. 강현식, 『꼭 알고 싶은 심리학의 모든 것』, 원앤원북스, 2010, 96쪽; 존 앨른, 권정혜 외 옮김, 『트라우마의 치유』, 학지사, 2010, 287쪽.

한국 현대사 연구의 주제를 보면, 구술사 방법과 고통스럽지 않은 역사적 사실과 만나지 않기란 쉽지 않은 문제이다. 특히 일제 강점기와 분단, 전쟁 등을 보면 그렇다. 그간 내가 주로 연구해온 이산가족(월남, 월북), 탈북자, 납북자, 한국전쟁기 한국군 위안부, 1905년의 멕시코 한인 이주자 후예, 조선족, 재일동포, 남파공작원, 북파공작원, 피학살자 유족, 노동자, 분단 접경지역민, 민주화운동을 포함한 사회운동가 등 어떤 주제이건 개인들은 거시구조로부터 자유롭지 않았다. 뿐만 아니라 척박한 현실에서 개인들의 삶은 한편으로는 고난을 이겨나가는 소영웅적인 삶이기도 하지만, 그 이면을 들여다보면 여전히 해소되지 않고 위로받지 못한 과거의 문제가 현실적 문제와 함께 얽혀 있음을 깨닫게 된다.

나로서는 아직 내가 만난 사람 중에 해리성 장애나 심인성 기억상실증을 앓고 있는 사람들이 얼마나 되었는지 알 수 없다. 간혹 한국전쟁기 부분에 대해 결코 기억할 수 없다고 말하는 사람들을 만나기도 한다. 어떨 때는 대답하기를 '회피'한다고 간주하여 재차 질문을 했을 때 화를 내는 노인들도 있었다. 부분적 기억상실증에 대해서는 다 파악할 수 없었으나, 회피하려고 작정했던 구술자로 하여금 구술사 방법론은 놀랍도록 진실과 직면하게 한다.

몇 명의 구술자에게서 공통적으로 발견하게 되는 몇 가지 사실은 나이 문제와 학력 문제 등이었다. 여러 남성 노인들은 한국전쟁기 군 입대(정규군이나 비정규군, 즉 군 징용자)를 기피하기 위해 여러 가지 방법을 모색했던 것으로 보인다. 그 방법 중의 하나는 1950년대 초반 주민등록이 되어 있지 않던 사정을 이용하여 나이 조작 방법, 소위 '고무줄 나이' 방법이었다. 나이 조작의 문제는 군 기피를 의미하고, 국가의 명령에 순종하지 않는 것을 의미한다. 평범한 민중으로서는 실제의 나이를 말한다는 것은 군대의 문제뿐만 아니라, 국가에 대한 공포까지 드러내는 문제가 되었던 것이다. 또한 그들이 국가로부터의 공포를 극복하는 방법은 국가의 수많은 정책에 가급적이면 순종하거나 국가 기관(심지어 말단 동사무소, 면사무소 직원)과의 갈등을 일으키지 않고 사는 것이었다. 그야말로 사회적 존재로서 숨죽이며 사는 것이다. 그러한 구술자와 만나 구술을 통해 생애사를 회고하는 과정에서 우리는 종종 사람들의 무의식과 만나게 된다. 구술자 역시 얼마간은 긴장을 하여 조작된 나이에 의해 재구성된 삶을 회고하려 했겠으나, 장시간에 걸쳐 생애사가 노출되다 보면 그런 긴장을 유지하는 일은 쉽지 않은 문제로, 개인 스스로 기억을 얼마나 통제하는가를 발견하게 된다. 생애담을 회고하는 과정에서 자신의 조작된 나이가 노출될 때 대개는 당황하고, 웃으며 변명을 하거나, 간혹 화를 내기도 했다. 나이와 관련해서 진실을 털어놔서 시원하다고 말하는 사람은 별로 보지 못했다.

나이만큼 많이 위증하는 주제 중 하나는 학력 문제이다. 학력 인플레가 심한 한국 사회에서 학력만큼 사람들에게 콤플렉스를 주는 문제는 많지 않은 듯하다. 학력 문제는 하층민들보다는 중간층이나 고위층일수록 더 심한 듯하다. 1970년대 민주화운동을 했던 한 여성지도자 A는 자신의 구술기록에 대해 실명 공개를 허용했었다. 간단한 인적 사항 중 학력 변수도 기재하여 논문이 발표된 후 연락이 와서 분노의 목소리를 내었다. 왜 학력을 가감 없이 그대로 내보냈냐는 것이었다. 나는 A가 "초등학교 학력밖에 없더라도 민주화운동을 하고, 수백 명의 조직원들을 동원할 수 있던 탁월한 능력"을 가진 것을 강조하고 싶었다. 그러나 A에게는 수십 년이 지난 과거의 일이지만 자신의 학력이 드러나는 것을 참을 수 없었던 것으로 보인다. 학력 트라우마라고나 할까. 이런 경험을 가진 사람이 A만의 일은 아니다.

학력 문제 못지않게 사람들이 잊고 싶어 하는 것은 가족 내력이다.

과거 일제 강점기에는 말할 것도 없고, 1950년대에도 우리 사회에는 축첩이 상당히 많았다.[18] 실제 조사 과정에서 적지 않은 사람들이 축첩 가족 관계 속에서 살고 있음을 발견하게 된다. 근대적 가족 관계 속에서 자랐던 글쓴이는 구술자의 가족 관계를 조사할 때 근대적 일부일처제의 틀에 맞춰 그림을 그리게 된다. 그러다 보니, 구술자의 실제 가족 관계의 아귀가 맞지 않음을 발견하는 경우가 종종 있다. 구술자에게 처음 말했던 형제자매 관계와 실제 형제자매 관계가 맞지 않다고 운을 떼면 어색한 미소를 흘리며, 사실은 자신이나 다른 형제자매의 어머니가 '둘째(부인)'라고 말한다. 개인들의 불편한 가족사를 건드릴 수밖에 없는 상황은 가부장적 사회구조와 긴밀히 연관되어 있어서 피하기 어려운 진실이다. 이렇듯 개인의 세세한 삶 하나하나에는 거시적 구조가 침투되어 불편한 사회적 관계와 기억을 만들어 내었다.

개인의 관계 속에서 불편한 가부장적 성문화는 성과 관련된 기억을 말하는 데에도 작동되고 있다. 특히 이러한 기억의 구술하기에는 젠더적으로 작동(gendered oral performance)되는 경향과 자기와 타자의 경험 말하기의 분리 경향이 뚜렷하다. 한국의 가부장적 성문화 속에서 남성의 부부관계를 벗어난 성행위를 말하기는 부끄럽고 불편하기는 하지만 금기시되지 않았다. 그러나 대부분의 여성에게는 부부관계를 벗어난 성행위는 그것이 설령 성폭력의 결과일지라도 결코 허용되어 있지 않은 듯하다. 구체적으로 식민주의와 국가에 의한 성폭력 문제라 할 수 있는 일본군위안부 조사에서는 말할 것도 없고, 한국전쟁기 '한국군위안부'를 조사하는 과정에서도 금단의 영역을 만나게 된다. 이런 불편한 진실에 대

---

18 축첩의 규모는 전혀 제대로 밝혀진 바가 없다. 1957년 정부 통계에서 서자의 수가 발표된 바 있는데, 1956년 5,898명, 1957년 4,551명 정도의 서자가 호적계출되었다고 한다. 이러한 수치를 바탕으로 볼 때, 첩이나 내연의 처가 2만여 명으로 추론해 볼 수 있다고 한다. 이임하, 「간통쌍벌죄(姦通雙罰罪)의 제정 및 적용과정에 나타난 여성관」, 『사총』 제56집, 고려대학교 역사연구소, 2003, 126쪽.

해서도 남성들의 말하기는 어렵지만 가능한데, 여성들의 말하기는 '생략표'와 '눈물', '분노'로 얼룩져 있다. 또한 남의 경험을 말하는 데는 비밀스럽지만 허용되어 있으나 자신의 경험에는 말하기가 억압되어 있다. 심지어 자신의 경험을 타인의 경험처럼 말하는 방식도 작동한다.

한국 현대사에서 불편한 기억은 여기서 그치지 않는다. 분단과 전쟁과 관련된 한국 사회의 금단의 영토 속 기억과 부딪칠 때의 사람들의 지독하게 불편한 태도를 만나게 된다. 반공주의가 침윤되어 있는 한국 사회에서 반공 콤플렉스에 가장 예민한 층인 60~80대의 노인층에게 있어 사회주의 단체 및 활동과의 연관성을 인정하는 것은 사회적 죽음을 의미하는 것으로 보인다. 1990년대 이전까지 레드 콤플렉스로부터 자유로웠던 사람들로서는 비전향장기수 출신자 정도가 아닐까 싶다. 해방 후 남한 내 사회주의적 열풍[19]은 청소년으로부터 장년층까지, 사회 각 부문에 걸쳐 확산되어 있다고 볼 수 있다. 해방시기 민족주의적 입장을 견지했던 소극적인 의과대학 여대생이었던 고 류춘도 씨가 『잊히지 않는 사람들』(시집)(사람생각, 1999)로부터 『벙어리새』(회상기)(당대, 2005)를 내놨을 때 그의 책에 등장하는 많은 친구에게서 비난을 받고 외면을 당한 경우도 있었다고 증언했다.

나의 구술 과정에서도 이러한 일은 비일비재했다. 1996년부터 1997년에 걸친 강원도 속초와 전라북도 김제 지역 조사과정에서 부딪혔던 문제들은 말할 것도 없다. 2000년대 들어서도 이러한 일은 비일비재했다. 2007년 강화지역 조사에서도 여러 차례 엉뚱한 일을 겪었다. 어떤 연유에서 사회주의 계통의 단체에 협조하다가 우익청년들(?)에 의해 죽은 아

---

19 그 열풍에 대해서는 여러 가지로 해석될 수 있을 것으로 본다. 일제 말기까지 항일
운동의 명맥을 이었던 사람들은 사회주의 계열이었으므로 해방 후 민중에게서
신뢰를 받은 사람들이 사회주의자들이라는 사실, 해방 후 토지(농지)개혁 등 민중
의 열망을 주장한 그룹들이 사회주의자였다는 사실, 친일민족반역자에 대한 전
민중적 거부감 등이 작동했던 것으로 보인다.

버지를 좌익들에 의해 죽임을 당했다고 거짓말을 했던 그 아들은 장시간 구술을 하던 중에 아버지의 죽음의 진실을 무의식중에 토로하게 되었다. 그날 그 자리에서는 원만하게 구술이 마무리되었다. 그러나 그는 끝내 나를 간첩으로 면사무소에 신고했다. 또 (우익에 의한) 아버지의 무고한 죽음에 대한 소문을 듣고 찾아갔던 어떤 집에서는 대문에도 들이지 않은 채 돌려보내는 경우도 있었다.

그렇다면 구술이 말할 수 있는 기억은 어디까지인가? 구술 연구자들은 구술 과정에서 만났던 수많은 기억을 만나게 된다. 그 기억 속에서는 역사적 증언 자료, 개인의 빛나는 역사도 조우하게 되지만, 고통에 찬 기억들, 수많은 '말줄임표'와 '몸짓', 추측으로만 표현되는 알 수 없는 기억 저편의 기억, 망각과 합리화, 거짓말 등으로 얼룩진 기억도 조우한다.

20여 년 구술연행 작업을 하는 과정에서 기억의 목소리인 말을 듣기보다 마음의 소리, 움직임에 먼저 반응하고 있음을 느끼게 된다. 즉 '망각'의 움직임이다. 그 움직임에는 현재까지 진행되고 있는 고통, 트라우마의 흔적이 담겨 있다.

4. 한국 현대사와 구술사, 트라우마[20]

한국 현대사에서 사회적으로나 개인적으로 가장 깊은 상처를 입힌 사건은 일제 강점기와 한국전쟁이라고 할 수 있다. 일제 강점기의 경우에는 일본제국주의와 친일민족반역자라는 구조적이면서도 실감 나는 상대가 있기 때문에 문제의 원인을 보기에는 어렵지만 불가능하지는 않다.

---

[20] 김귀옥, 앞의 글, 101~104쪽.

그러나 한국전쟁과 관련된 상처와 고통의 원인을 직시하는 것은 대단히 어렵고, 경우에 따라서 불가능하기도 한 것 같다.

구술사 조사 과정을 회고해 보면, 구술사 방법론을 통해 한국전쟁과 민중의 기억을 드러내겠다고 생각한 것은 참 순진하거나 무식하여 용감했다고 판단된다. 한국전쟁을 경유하는 과정에서 민중의 반공적 경험의 허구성을 드러낸다거나 전후 '절박한 생존의 이유'로 반공을 수용하는 것을 구술사로 드러내는 데에는 어느 정도 성공하지 않았나 생각한다. 그러나 그러한 기억에 달라붙어 있는 트라우마를 만나게 되리라고는 생각하지 못했다. 이 점은 그 밖의 모든 구술사 연구 과정에서도 그러했다.

한국전쟁과 고통, 또는 트라우마와 관련된 제대로 된 연구서는 아직도 없다.[21] 2000년대 중반 오수성과 전남대학교 심리건강연구소팀들이 진실·화해를위한과거사정리위원회의 용역과제로『심리적 피해현황 조사보고서: 조사의 신뢰성 제고와 치료 및 재활 측면의 화해방안 모색』을 발표한 바 있다. 아직 본격적인 연구는 아니지만, 한국전쟁과 트라우마라는 주제를 포함한 첫 보고서가 되지 않을까 싶다. 이 보고서에서는 진화위 신청자 중 권위주의 통치기 반민주적 행위의 피해자/한국전쟁 민간인 집단희생 유족/의문사 사건의 3개 피해그룹, 527명에 대한 조사를 시행했다. 그 결과 한국전쟁 당시 미군 관련 민간인 피해자의 외상 후 스트레스장애(PTSD, Post Traumatic Stress Disorder)가 5·18 피해자보다 더 높이 나타났다.[22] 이 문제에 관련해서는 더 많은 연구가 필요하다.

---

[21] 직접 연관이 있는 연구는 아니지만 정신분열증과 냉전 상황이 연관된 조사로는 다음을 볼 수 있다. 이병윤과 민병근의 연구인 "한국인 정신분열증 환자의 망상에 관한 연구"(1962)에 따르면 1956년부터 1961년까지 피해망상증 환자 가운데 피해망상의 대상으로 수사기관이 제일 많았고 다음으로 빨갱이가 많았다고 하여 단서적 수준에서 분단이 우리 사회에 끼친 트라우마 문제의 단면을 볼 수 있다. 이병윤·민병근, 「한국인 정신분열증 환자의 망상에 관한 연구」, 『신경정신의학』 제1권 제1호, 대한신경정신의학회, 1962, 40쪽.

[22] 전남대학교 심리건강연구소, 『심리적 피해현황 조사보고서: 조사의 신뢰성 제고

아무튼 20여 년 구술생애사를 주업으로 삼아 오면서 가장 참기 어려운 때는 구술자들의 고통의 경험이 나의 고통처럼 생생하게 다가올 때이다. 어떨 때는 그러한 과거에 내가 서 있다는 착각, 즉 플래시백(flash back) 현상[23]에 빠질 때 두려움을 느끼거나 간혹 두려움에 밤잠을 깨는 일이 한두 번이 아니었다. 종종 그들은 그런 고통을 겪고서 어떻게 미치지 않고 살아갈까 하는 자문을 떠올리곤 한다. 개인적으로 최근 심리학계의 트라우마 연구는 많은 지적 자극을 주고 있는데, 반면 연구 결과는 많은 생각을 하게 한다. 왜냐면 측정되는 수치는 수면 위에 떠 있는 의식이어서 불편한 질문에 대해 '정답'이 나오기 쉽다는 걸 알고 있기 때문이다.

한편 구술생애사의 경우에도 인터뷰에 간혹 노출된 사람들은 정답을 알고 있을 가능성이 커서 면접자가 원하는 대답을 잘할 수 있고, 인터뷰에 노출된 적이 없는 사람은 타자에 대한 불신이 커서 진실에 접근하기가 어렵다고 느낀다. 다만 장시간 구술을 하는 동안 구술자의 의식의 줄기를 찾아가던 중 접하게 되는 불연속면 또는 간극을 만나게 될 때 구술자에게 던지는 질문에 대해 대부분의 구술자는 질문을 쫓아 말하게 되고, 그러나 보다 은연중에 '사실'로서 기억되는 억압되어 있던 부분을 드러내게 되는 것을 번번이 경험해 왔다.

그럼에도 불구하고 스스로 던지는 자문은 구술생애사는 과연 트라우마, 심연의 고통에 접근할 수 있을까 하는 것이다. 구술사의 장점 중 하나로서 좋은 구술조사는 구술자로 하여금 해방감을 줄 수 있다고 하고 또 그렇게 믿어 왔지만, 과연 그러한 것인가를 종종 의심한다.

와 치료 및 재활 측면의 화해방안 모색』, 진실·화해를위한과거사정리위원회·심리건강연구소, 2007, 131쪽.

23 플래시백 현상은 고통스러운 사건을 다시 체험하는 느낌으로서 과거가 현재 속으로 끊임없이 침습(intrusion)하는 것이며, 악몽으로 나타날 수도 있고, 때로는 현실 속에서도 외상을 떠올리는 단서에 노출되면 그러한 상태를 겪을 수도 있다. 존 앨른, 앞의 책, 139쪽.

1990년대 연구뿐만 아니라, 2000년대 구술 조사에서도 구술사 조사에서 몇 번의 위기를 겪었다.

첫째 구술자 B(1933년생, 여)의 일화를 살펴보자. 한국전쟁기 강화군 일대는 빈번한 교전 지역이었고, 수많은 민간인 학살사건이 있었다.[24] 강화도 교동에 살았던 B는 최근 농촌 노인들이 그렇듯이 자식들은 모두 도시에 나가 살고, 그는 일 년간 먹고 살 식량을 생산할 토지를 임대하여 소작료를 받아먹고 살고 있다. 그와 인터뷰를 하던 처음에는 그의 동네 친구들이 구경이나 나온 듯 너덧 사람이 함께 인터뷰에 참여했다. 거의 놀이터 분위기였다. 그러나 친구들이 점심식사를 하러 자리를 뜨자 얘기의 질이 달라지는 것을 느꼈다. 집안의 슬픈 경험, 가정사가 나왔다. 전쟁 얘기가 한참 진행된 후 끝날 무렵에 최근 '과거사정리를위한진실과화해위원회'가 생겼으니 집안에 억울하게 죽은 사람이 있으면 신고하시라고 말하자, 그는 눈을 반짝이며, "사실은 내 동생이 아랫녘에 끌려가 억울하게 죽었다"고 털어놓았다. 몇 마디를 더 나누고는 그와 헤어졌는데 그날 저녁, 다음날 그는 계속 나를 찾아다니며 "비밀로 해 달라"거나 "내가 잠을 자지 못했다"고 했다. 노인네의 얼굴이 수척해진 것 같았다. 할머니를 어머니인 듯 안아드리며 손을 잡아 드리는 수밖에 없었다. 일 년 후에 다시 방문해서도 그분께 인사를 가서 다시금 안심시켜 드리는 일을 반복했다.

둘째 C의 일화이다. C(1933년생, 남)는 고생 끝에 성실한 태도를 인정받아 동네일을 많이 맡아보았던 사람이다. 그는 어려서부터 가난하여 밥도 제대로 못 먹던 이야기나 부모가 고생하던 이야기에 눈물겨워 하며 구술했다. 구술 도중 연좌제의 해악에 대해서 자신이 감시를 해봤으니 잘 알지만 얼마나 나쁜 것인가를 강조했다가, 과거에 좌경 경력이 있는

---

24 최태육, 「강화군 민간인학살」, 『전쟁과 국가폭력』, 선인, 2012, 134쪽.

동네 사람이 지금도 의심스럽다는 말을 하곤 했다. 구술을 시작하기 전부터 술에 취해서 그렇거니 생각하면서 얘기를 들었는데, 한국전쟁 당시 아버지의 족적에 대해 언급이 전혀 없다가 문득 비밀스럽게 "아버지가 강화에 나가 죽었다"고 말했다. "단지 빨갱이들이 짐을 실어달라고 해서 할 수 없이 일을 했을 뿐인데……."를 몇 차례 강조했다. 아무튼 그날은 구술을 잘 마쳤다. 그런데 며칠 후 면사무소를 방문했더니, 면장이 내게 "간첩신고가 들어왔다"고 전해주었다.

셋째, D(1950, 남)의 일화이다. D의 큰아버지가 월북을 했고, 동네 유지였던 할아버지는 한국전쟁 때 부역혐의자로 찍혀 동네 사람들과 함께 죽임을 당했다. 그로 인해 그의 아버지는 하류인생으로 전락하여, 술로 지새우다가 요절했다. 그 자신도 육군사관학교를 지망했으나 연좌제에 걸려 실패했다고 인식하고 있다. 아버지 살아생전에 계속 요시찰 인물로 동태를 조사받던 기억과 공포를 말하며 국가에 대한 미움도 사무친다고 했다. 그러나 그는 선거철만 되면 여당을 지지했다. 선거는 비밀선거이건만, 도둑놈이 제 발 저리는 심정의 자기검열이 발동했기 때문이 아닐까 싶다.

그 외에도 고통스러운 모습을 발견하게 될 때가 한두 번이 아니다. 자신의 이름을 쓴 기록을 자신이 있는 앞에서 모두 지워달라고 요청하는 사람도 있었고, 세 번을 약속했다가 취소하는 사람도 있었다. 심지어 자신의 집안에 발을 들여놓지 않게 하려는 시골사람─주지하듯 그래도 마당이 넓은 시골 마당에 발을 들여놓고 이야기하기란 쉽지 않음─도 있었다.

구술자가 가족의 경험에 대해 정황상 '자진 월북'이지만, '납북'이라는 말을 쓰지 않으면 안심하지 못한다거나 수많은 월남인이 군·경에 의해 '소개(疏開)'되어 피난했으나, 자진 월남한 것으로 말하는 건 생존의 논리

속에서 당연하다고 할 수 있다. 그러나 정말 그의 기억 속에서 어떤 일이 일어나고 있는 것인지, 상실증인지 기억의 왜곡인지, 사실은 두 가지가 동시에 일어난다고 말할 수 있지 않을까. 또한 해리성 기억상실증에 걸린 듯한 행동을 취하는 사람도 적잖이 있다. 즉 흔히 자신이 살아온 이야기를 책으로 쓴다면 '10권 분량'이라고 말하는 많은 사람을 만나봤지만, 불편한 이야기에 직면하면 대개 "생각이 안 나는데"라고 말하는 걸 듣게 된다. 해외에서도 그런 경험을 한다. 중국이나 일본의 이산가족을 조사했을 때 동포들 스스로 자신들의 말은 반만 믿으라고 한다. 나 자신을 못 믿기 때문이기도 하고 세상을 못 믿기 때문이기도 하지만, 더 근본적으로 기억과 망각의 원리와 함께 국가 문제도 함께 작동하고 있다고 본다. 이런 식으로 구술사가 온전한 기억에 도달하는 데 실패하는 것은, 구술자 자신이 기억을 회피하고 있기 때문이다. 그것은 전형적인 피해자의 트라우마이고 깊은 상처가 내면화되어 있는 상태[25]라고 할 수 있다.

5. 구술사와 치유의 가능성을 찾아서

구술사는 억압된 진실을 드러낸다는 점에서 진실의 해방적 효과가 있다. 쉽게 말하여 '시원하다'는 현상이라고 할 수 있다. 그러나 반드시 시원한 현상이 계속되기는 힘들다. 시원한 과정을 거쳐서 마음에 맺힌 고통이 해소되어 병이 낫고 건강을 회복하는 과정을 치유(healing)라고 할 수 있다. 트라우마의 치유는 수많은 트라우마적 현상으로부터 자유로워지는 것이며, 심리적 장벽을 극복할 수 있는 상태라고 할 수 있다. 개인적으로는 잠재적인 파괴적 정서를 극복하여 자신의 감정을 조절할 수

---

[25] 주디스 허먼, 최현정 옮김, 『트라우마: 가정폭력에서·정치적·테러까지』, 플래닛, 2007, 26~27쪽.

있으며, 사회적으로는 대인 관계에서 회피적인 태도를 극복하며, 신뢰를 갖고 일관성 있게 관계를 유지할 수 있는 상태이다.[26]

과연 구술사는 개인이나 사회적인 트라우마를 치유하는 게 가능한가? 2000년대 이후 한국에서 구술사, 문화사 연구가 진행되면서 트라우마, 치유 문제 연구도 함께 소개되고 있다. 20세기를 걸쳐 한국은 일제 강점기와 분단, 전쟁기의 국가폭력을 집단적으로 경험했고, 정전 이후에도 수많은 반공 이데올로기와 국가보안법을 포함한 피해사건이 발생했다. 뿐만 아니라 산업화 과정에서도 노동자, 민중, 여성 등 무수한 사회적 약자들의 피해사건이 발생했다. 2000년대 '민주화운동 관련자 명예회복 및 보상심의위원회'[27]나 각종 과거청산 관련 위원회들이 설립되면서 진실을 규명하며 신원을 회복하는 일도 있었다. 위 위원회에서도 '민주화운동 과정에서 상이자로 인정되는 사람'에 한하여 기지급치료비를 지급하기도 했으나, 국가에 의해 희생자들의 트라우마를 직접 치유하도록 운영하는 사업은 아직 없다.

남아프리카 공화국이나 중남미 지역에서는 국가폭력에 의한 피해자들의 외상을 치유하기 위해 트라우마 치유 활동을 하고 있으나 아시아에는 이런 곳이 없다. 아시아에서는 처음으로 2012년 10월 '광주 트라우마 센터'(센터장 강용주)가 시민들의 노력으로 세워졌다. 센터장인 의사 강용주 자신도 국가폭력에 의한 희생자이다. 그곳에서는 5·18 관련자뿐만 아니라 고문, 수감, 의문사, 열사, 반인권적 공권력 집행 등에 의한 국가폭력 피해자, 생존자, 그리고 그 가족들이 국가권력으로부터 당했던 트라우마로부터 회복되어 공동체 안에서 다시 일상적인 삶을 꾸려갈 수

---

26 존 앤른, 앞의 책, 335~336쪽.
27 민주화운동 관련자 명예회복 및 보상심의위원회는 「민주화운동 관련자 명예회복 및 보상 등에 관한 법률(민주화운동보상법, 1999년 12월 제정)」에 따라 2000년 8월에 설치되었다.

있도록 돕고 있는 중이다.[28] 아무튼 21세기에 들어서도 여전히 한반도에 냉전의 분위기가 짓누르고 있으나 지난 국가폭력을 치유하기 위한 노력도 서서히 진행되고 있다.

실제로 트라우마의 치유란 일반 외상만큼 단순하지 않다. 트라우마는 과거가 현재 속으로 끊임없이 침습하는 것이다. 외상을 겪은 사람은 고통스러운 기억과 플래시백, 악몽에 시달릴 뿐만 아니라 냉소, 원한, 불신, 소외감, 미움, 복수심, 사기 저하, 신념의 포기, 희망의 상실과 같은 현상을 보인다. 이러한 트라우마는 '외상 후 스트레스장애(PTSD)'나 해리성 장애에 모두 나타난다(존 알렌 2010 : 25, 265, 287). 트라우마가 오랜 세월이 경유할 경우에는 이러한 외상 후 스트레스장애(PTSD)의 문제는 다른 스트레스가 누적되면서, 인성이나 성격이나 왜곡된 행위 등과도 결합하여 처음의 원인을 발견하기도 어렵고, 치유하기는 더욱 어렵다.

치유를 위해서는 환자와 의사의 의식적인 노력이 함께 필요하다. 스스로 환자임을 인정하는 사람은 이미 치유받기 위한 준비가 시작되었다고 봐도 좋다. 정신과 의사들은 트라우마는 고치기 어렵긴 하지만 불가능하지는 않다고 말한다(존 알렌 2010: 284). 그들은 "외상적인 사건을 제거함으로써 PSTD를 가장 잘 예방할 수 있다. 폭력의 원천인 빈곤, 불평등, 편협함을 근절하는 것이 가장 좋은 출발"(존 알렌 2010: 284)이자 치유라고 설명한다. 사실 가장 좋은 출발이라고 말하는 빈곤이나 불평등을 근절하는 일은 말처럼 쉬운 일이 아니라 가장 어려운 일 중의 하나이다. 정신과 의사들 역시 PSTD, 외상 후 스트레스란 개인적 노력만으로 되는 일이 아니라, 사회 구조적 노력이 함께 진행되어야 함을 강조하고 있다는 점에서 사회과학적 진단·처방과 다르지 않다. 따라서 트라우마에 대한 치유 방법이 개인적 차원과 사회, 국가적 차원에도 모두 고려되어야

---

28 《뉴시스》, 2012.10.18.

할 필요가 있는 것으로 보인다.

그렇다면 구술사가 트라우마 치유에 어떤 가능성이 있을까? 구술사의 관점에서 개인적 차원의 치유를 위해서 제일 먼저 필요한 일은 연구자의 진정성 있는 연구 태도의 확립과 실천이라고 볼 수 있다. 구술자와의 신뢰 형성이 가장 시급하며, 구술자의 구술 내용이 '진짜다' 또는 '가짜다'라고 하는 것은 1차적으로 중요하지 않다. 더 중요한 것은 트라우마가 많은 구술자일수록 앞에서 봤듯이 구술한다는 일을 힘들어하고, 구술에 참여하면서도 연구자를 끊임없이 못 믿어 의심스러워하며 조금 전에 구술한 것조차도 무위로 돌리는 일을 서슴지 않는다. 그렇다고 하더라도 구술자가 구술 상황에 임한 것만으로도 일정한 치유의 과정이 시작되었다는 가능성이 있다. 대체로 많은 구술자는 자신이 구술에 참여한 것에 만족스러워하고 자긍심을 갖는 경향을 보이고 있기 때문이다. 또한 구술한 결과가 활자화되었을 때 소중히 여기는 경향도 보이기 때문에 억압된 상태가 다소 해방되었음을 짐작할 수 있다.

둘째, 구술 연구자는 구술자의 정보 보호를 지상의 사명으로 여겨야 한다.[29] 구술 연구자와 구술자의 관계는 주체 대 주체의 관계[30]이면서 대면적 관계로 이루어진다는 점에서 일반적인 문헌 연구의 대상인 문헌 자료와는 질적으로 다르다. 연구자는 연구 성과를 내는 데에 있어서 구술자에게 엄청난 신세를 지게 되고, 구술자 없이는 구술사 방법론 자체가 성립되지 않는다. 또한 구술 조사를 하는 과정에서 두 주체는 인격적 관계를 형성하게 된다. 서로를 존중해야 하며, 거짓된 관계를 갖는 것은 서로의 명예를 훼손하는 일이다. 특히 사회적 약자나 민중은 연구자로부

---

29 김귀옥, 『구술사연구』, 한울, 2014, 143쪽.
30 전통적인 심층면접법에서는 구술자에 해당하는 사람을 '피면접(대상)자'로 호칭함으로써, '타자'로서의 성격을 분명히 한다. 그러나 구술사에서는 '타자'적인 인식은 거의 부재한 편이다.

터 받는 존중을 통해 자신의 자존감을 어느 정도 회복하는 경우를 볼 수 있다.

역으로 연구자가 트라우마를 겪고 있는 구술자의 명예를 훼손하는 일은 연구 윤리상 최악의 일이라고 할 수 있다. 구술자의 명예를 지켜주는 일은 크게 보면 신뢰를 형성하는 길이며, 구술자가 구술로 인해 또다시 스트레스를 받지 않도록 하는 길이다. 또한 구술자로 하여금 구술 증언을 하고도 '안전감'[31]을 느낄 수 있도록 함으로써 치료가 되는 데 중요한 역할을 하게 된다.

셋째, 구술사 방법론은 연구자와 구술자의 호흡 맞추기와 신뢰의 형성에 따라 연구자는 구술자가 자신의 문제를 객관적으로 바라볼 수 있도록 도울 수 있다. 강박증에 걸린 사람들의 특징은 문제의 원인을 '자기 탓'으로 돌리는 경향이 크고, 다른 사람과의 관계에서 폐쇄적이다. 물론 역의 경향도 존재하여, 잘못은 무조건 남의 탓을 한다. 그런데 구술사 증언 과정에서 구술자는 문제가 자신의 불운이나 자신의 잘못 또는 타인의 탓만이 아니며, 객관적으로 자신의 문제를 조망하는 가운데 사회 구조적, 시대적 원인에서 발발하게 됨을 깨닫게 되면서 죄책감이나 불운의 악순환에서 벗어나는 데 도움을 받을 수 있다. 그러기 위해서는 연구자는 성실하면서도 풍부한 학문적인 노력을 선행하지 않으면 안 된다. 또한 구술자를 '자신과 같은 인간'으로 느끼며 연민과 연대감을 느껴야 한다.

이러한 노력은 부분적이기는 하더라도 구술자가 안고 있는 트라우마를 극복하는 데 도움을 줄 것이다. 다시 말해 구술 연구 윤리를 잘 배우고 익혀 실천한다면 그러할 가능성은 다분하다. 그렇다고 하더라도 구술

---

[31] 존 알렌은 PTSD환자가 '안전감'을 느끼는 것은 치료의 시작이 아니라, 최종 결론이라고 말할 만큼 중요한 것이다. 존 알렌, 앞의 책, 2010, 286쪽. 구술증언을 통해 구술자는 자신의 명예 회복에 도움을 받을 뿐만 아니라 중요하면서도 치명적으로 생각해온 기억을 말했더라도 안전감을 느낀다면 불안정성, 자기 부정시를 극복하는 데 도움이 될 것이다.

연구자들이 구술사 방법론을 배우는 과정에 트라우마 치유법을 전문적으로 훈련받지 않으므로 이러한 노력은 결코 쉽지 않다. 더 어려운 일은 구술사를 통한 사회적 치유의 노력이다. 보다 구체적으로 살펴보면 다음과 같다.

우선 민중의 트라우마 문제가 사회적 의제(social agenda)로 형성될 수 있도록 노력해야 한다. 흔히 연구자는 구술 조사 작업을 연구 논문이나 보고서, 구술 자료집 등을 작성하는 것을 목표로 둔다. 사회적 치유의 가능성은 사실 연구자 개인의 노력보다는 사회적 분위기와 맞물려야 가능하다. 그러나 구술사 연구가 새로운 연구 주제를 도출하거나 새로운 지식을 연상시키는 데 '대체적인 기능'을 하기 때문에 구술사를 통한 역사기록의 빈 공간을 대체할 뿐만 아니라, 민중의 고난사를 발굴해 낼 때 사회적 문제제기를 할 수 있는 '사회적 코드화'(social encoding)의 길을 모색할 수 있다. 트라우마 글쓰기와 연구 발표 활동 등은 그런 주제가 사회적 의제로 심어지도록 하는 공감대를 형성할 수 있다. 경우에 따라서는 연구 발표의 자리에 주요 구술자를 초대하여 연구 내용을 검증받을 뿐만 아니라, 구술자 자신이 연구 대중에게 자신의 경험담을 말할 기회를 제공하기도 한다.

둘째, 과거청산의 주제가 되도록 노력할 필요가 있다. 일제 강점기나 분단과 한국전쟁기의 민중의 고난은 개인의 문제가 아니라 결국 집단적인 문제이자 국가폭력과 맞물려 있다. 처음에는 연구자의 연구 성과물이 사회적 관심거리가 되지만, 의제의 확산은 구술자가 자신에게 관심을 갖도록 만드는 데 기여하게 된다. 나 역시 이산가족이나 분단과 전시 대량살상의 피해자들의 많은 사례를 연구보고서와 언론에 소개하며 그들 스스로 문제를 제기하는 데 일정 정도 도움을 주었다.

셋째, 국가에 의해 과거청산의 요구를 받아들이도록 노력할 필요가 있다. 연구자로서는 과거청산의 정당성과 필요, 정책적 대안을 제시하기 위한 노력이 필요하다. 시민사회가 공명할 수 있도록 대중매체에 호소하거나 이를 활용하고, 국가 기구가 형성될 때 과거청산의 거버넌스에서 활동하는 것도 필요하다. 가해 문제에 대한 해결 방안, 피해 문제에 대한 국가적인 사과와 위로, 희생자에 대한 명예회복, 개인적 또는 집단적 배상 문제에 대한 해결방안과 가이드라인을 제시할 필요도 있다. 나아가 법제도화하도록 주장하는 문제는 대단히 중요한 일이다. 법제도화되었을 때 피해자들은 진정한 사회적 '안전감'을 느낄 수 있다.

나아가 국가 기관에서 운영하는 트라우마치유센터 등을 통하여 트라우마 보유자들의 삶이 진정 자유로워지도록 구체적인 도움을 주어야 한다. 이러한 치유센터는 국가폭력의 피해자들뿐만 아니라 성폭력이나 각종 폭력의 피해자들도 이용할 수 있도록 문을 크게 열어두게 되면 사회적 화해와 관용심을 형성하는 데 기여하게 될 것이다.

6. 구술자의 주체 회복을 위한 구술사 연구의 길

구술 연구자는 일개 연구자일 뿐이다. 연구자에게 연구는 생계수단이자 학문적 성취와 자아정체성의 근원이다. 또한 연구자는 연구자 간의 사회적 관계를 통하여 연구자적 고독을 극복하며, 학문적 실천을 할 수 있는 터전을 갖게 된다. 일반 연구자들의 연구 지점이 여기까지라면 구술 연구자에게는 또 다른 의미가 있다. 즉 구술자라는 또 다른 주체와의 관계 지움을 통하여 여러 가지 의미가 파생하게 된다. 첫째는 구술 연구자는 구술자의 인생과 직면하게 됨으로써 그것에 대한 책임에 직면하게 된다. 구술자의 삶은 연구자 개인의 학문적 수단이나 재료가 아니다. 그런데 현실적으로 연구 성과물을 통해 그렇게 된 결과를 되돌릴 수 없다. 따라서 연구자는 구술자의 안전감, 명예 회복 및 자긍심 함양 문제 등에 대한 최고의 윤리의식을 발휘하지 않으면 안 되는 것이다. 그러한 노력은 개인적으로도 사회적으로 연관되어 있다.

다음으로 구술사가 갖는 숨은 기능이 있음을 기억해야 한다. 구술자의 생애가 연구자 의식의 한 부분이 되어 간혹 연구자의 삶에 고통으로 다가올 경우가 있다. 학문적 접근은 상관관계나 인과관계를 바탕으로 한 논리적 구성물이고, 복합적인 현실을 분석해야 하는 치열한 작업이다. 그런 과정에서 연구자가 구술자와의 관계에서 느끼는 여러 가지 형태의 고통이나 공포감을 극복하지 못할 경우가 있다. 다시 말해 구술 작업 자체가 연구자의 트라우마가 될 수 있다는 것이다. 연구자 역시 트라우마를 극복하기 위해서는 연구 작업을 성실히 수행해야 할 뿐만 아니라, 객관화하는 작업을 해야 한다. 뿐만 아니라 구술자로부터는 모든 책임을 지는 역할을 수행하되, 구술 내용으로부터 일정한 정도 거리감을 둘 필요가 있다. 경우에 따라서는 취미 활동이나 사회적 관계를 통해 연구자 이전의 인간으로서 가지고 있는 자신의 트라우마를 성찰하고 치유하기 위한 노력도 필요하다.

어떤 인생이라도 상처 없고 고통 없는 인생은 없다. 더욱이 20세기의 한반도는 일제 강점기와 분단과 전쟁의 100년을 겪으면서 개인적·사회적 한과 분노, 공포 등이 착종한 야만의 시대를 경험했다. 민중에 대해 수많은 국가폭력이 가해졌으나, 사과하지 않는 국가를 향해 책임을 물을 수도, 분노할 수도 없던 사회적 약자들은 국가폭력을 개인의 불운 탓으로 여기며 속으로만 억울함과 분노를 삭여야 했다. 이제 그러한 시대는 끝났는가? 민주화 시대를 맞아 국가폭력의 희생자들의 상처가 진정 치유되었는가? 신자유주의 시대는 또 다른 고통을 가져다주고 있다. 식민주의 시대와 냉전 시대의 트라우마는 산업화 시대와 신자유주의 시대의 트라우마와 결합하여 더 복합적인 양상을 띠고 사람들 속에 자리 잡고 있는 듯이 보인다. 더구나 2014년 4월 16일 세월호 참사의 유족과 살아남은 사람들의 고통은 아직도 계속되고 있다. 당분간 구술사 연구자들의 학문적·사회적 역할은 계속될 수밖에 없을 것 같다.

역사적 트라우마 치유를 위한 문학생산론

조정래의 『태백산맥』을 중심으로

전영의*

1. 왜 또다시 『태백산맥』인가?

일제 강점기를 거친 한국은 해방이 되어서도 미군정과 소련에 의한 신탁통치를 경험했고 결국 전쟁과 분단으로 인한 역사적 트라우마를 지니게 되었다. 이념과 계급으로 양분되어 세계전 양상을 띤 한국전쟁이 종료되지 않은 채 한반도는 63년 동안 남북 분단 상태로 놓여있다. 친일 과거사 문제가 척결되지 않은 상황에서 친일주의자들의 자본을 바탕으로 세워진 이승만 정권은 여전히 친일문제에서 자유로울 수가 없었다.

---

* 전남대학교 국어국문학과 강의교수.

친일세력들은 자신들의 경제력을 이용하여 회사를 설립하고 전쟁으로 폐허가 된 장소를 도시화된 공간으로 변형시켰다. 이러한 시대적·사회적 상황 안에서 발생한 제 문제들, 남북 간의 대립, 정치권력과 경제권력의 결탁, 이로 인해 생성된 계층 간의 차이와 차별, 민중의 민주화에 대한 염원, '빨갱이'라는 단어에서 드러나듯 자유로울 수 없는 이념의 문제 등은 앞으로도 여전히 우리가 해결해야 할 문제들이다.

한말부터 1980년도까지의 한국 현대사만 살펴보더라도 동학농민운동, 항일의병활동, 독립운동, 제주 4·3항쟁, 여·순 사건, 한국전쟁, 4·19 학생운동, 5·18 광주민주화운동 등 굵직한 사건들이 현대사를 장식하고 있다. 이런 사건들은 민중의 의식을 성장하게 만드는 계기가 될 수도 있지만 한편으로는 이들의 기억 속에 치유되지 않은 트라우마로 남을 수도 있을 것이다. 한국 현대사를 한말부터 광주민주화운동까지 대략 100년이라고 가늠해보았을 때 시대 안에서 나타난 여러 사건은 다양한 소설 텍스트로 형상화되었다. 그중에서도 여순사건 직후부터 한국전쟁 중단이라는 역사적 사실을 텍스트로 형상화한 『태백산맥』[1]은 분단문학의 한 정점을 이룬다는 점에서 하나의 가치를 갖는다. 민중성을 통해 사회의 긍정적 가치를 전달하려는 계몽성을 지닌다는 점에서도 나름의 의미를 지니고 있다. 이런 점에서 필자는 문학이 인문치유적 성격을 가지고 있다면 『태백산맥』은 이러한 의도에서 생산된 것이 아닐까? 만약에 그렇다면 역사적 트라우마를 치유할 수 있는 하나의 방법론으로서 인문치유적 가능성을 가질 수 있지 않을까? 생각해보았다. 그럼 『태백산맥』을 다시 한 번 들여다보자.

---

[1] 조정래, 『태백산맥』, 한길사, 1989. 『태백산맥』은 『현대문학』, 1983, 9월호에 처음 연재가 시작되어 1989년 10월에 완성된 대하소설로 총 4부 120장이다. 1부 〈한의 모닥불〉 1권~3권, 2부 〈민중의 불꽃〉 4~5권, 3부 〈분단과 전쟁〉 6권~7권, 4부 〈전쟁과 분단〉 8권~10권, 총 10권으로 이루어져 있다. 인용 시 권과 쪽수만 표기하기로 한다.

2. 『태백산맥』과 문학생산의 당위성

필자는 『태백산맥』이 출간될 수밖에 없는 이유를 우리나라의 시대적 배경과 광주라는 공간에서 찾아보았다. 광주는 전라도를 대표하는 도시이지만 공간적 이미지는 광주를 자유, 인권, 민주화를 상징하는 제유적 단어로 만든다. 텍스트는 한국전쟁이 시작하기 전, 이념적 이데올로기 대립의 전초전이라 할 수 있는 여순사건 직후부터 시작한다. 작가는 왜 한국전쟁이 일어나고 우리가 분단할 수밖에 없었는가를 사회의 모순된 구조 속에서 세밀하고 치밀하게 다룬다. 민족 분단이 고착화될 수밖에 없었던 한국전쟁을 작품의 중심에 놓고 해방 직후 정치·사회적 혼란, 계급 간의 모순과 대립 등을 먼저 보여준다. 조정래는 독자들에게 '이 전쟁이 우리에게 남긴 것은 무엇인지, 우리가 이 전쟁을 겪고 난 후 어떻게 대처하고 앞으로 나아가야 하는지' 화두를 던짐으로써 텍스트 생산 명분에 힘을 실었다.

『태백산맥』은 분단문학에 변곡점을 찍은 텍스트라 할 수 있다. 실제로 분단 이후 창작된 1960년대 텍스트들은 분단이라는 역사적이고도 현실적인 상황에 적극적 관심을 쏟지 못했다. 전쟁으로 인한 우리의 트라우마조차 치유되지 않은 채 1960년대는 여전히 레드 콤플렉스[2]로부터 자

---

2 레드 콤플렉스란 역대 독재정권이 제도권 교육을 통해 만들어 낸 허상적 이데올로기이다. 이들은 사회주의와 공산주의, 북한의 변형된 공산주의를 동일시하고 실체가 없는 '빨갱이'라는 붉은 괴물을 만들어 냈다. 빨갱이도 원래는 partizan이라는 러시아어에서 온 말로 비정규 유격대 또는 정당, 단체의 열렬한 지지자를 뜻한다. 한국에서는 해방 이후 사회주의, 공산주의 이념에 따라 지리산을 거점으로 인민해방을 위해 전투 활동을 벌인 비정규(민간인) 유격대를 의미한다. 독재정권은 교육을 통해 붉은 괴물에 대한 근원 모를 원시적 증오감을 사람들에게 심어 많은 이가 레드 콤플렉스를 가지게 만들고 동시에 이들을 길들였다. 보수적 언론들은 반공 이데올로기를 확대 재생산 하는 데 기여했으며, 극우 언론의 왜곡된 날조기사는 사회의 파장을 일으켰다. 언론들의 이와 같은 무책임한 행태는 레드 콤플렉스의 광기를 사회화하고 국가폭력을 심화하는 데 역할을 했다. 최영태, 「극

유로울 수 없는 상황이었다. 실존의식·휴머니즘 등을 소재로 다루고 문학의 순수성[3]을 주장하거나 세태묘사와 같은 기법표현에 관심을 두었다. 즉 이 시기 텍스트들은 이념에 대한 일체의 판단이나 비평은 하지 않은 채 현실에 머물렀다는 것이다. 그러나 4·19 이후 사람들은 현실을 직시하고 개인의 자유와 권리에 대해 고민하게 되었다. 부정한 사회를 객관적으로 바라보는 시각이 생겨나면서 이를 비판하는 목소리가 들려오고 민중 스스로 깨어나야 한다는 인식을 갖게 되었다. 5·16 군사쿠데타와 유신헌법을 거치는 동안 사람들의 자기각성은 깊어지면서 문학의 사회참여에 대한 필요성이 강하게 요구되었다. 작가들 역시 문학을 통해 현실에 참여하고자 하는 태도를 지니면서 1970년대 중반 이후부터 분단극복의 가능성을 점치고 텍스트를 통해 그 방법론을 모색하게 되었다. 비판적 인식을 가지고 분단 상황을 텍스트화하며[4] 혈연성을 바탕으로 분단 이데올로기를 넘어서서 훼손된 민족 정체성과 동질성을 회복하고자 했다. 그러나 이들이 가진 '분단상황에 대한 일방향적 시각'은 한계로 작용했다. 분단 상황이 일어나게 된 근본적 이유를 고민하기보다는 분단된 현실에서만 그 원인을 찾으려 했고 그 결과 텍스트에는 분단의 상황에 대해 안주하는 내용만이 담기게 되었다.

그런데 조정래는 분단 상황이 일어날 수밖에 없었던 상황적 문제점을 민족 내에서 먼저 찾았다. 뿌리 깊게 내려온 지주와 소작인 간의 갈등, 쌀과 토지의 소유·배분 문제, 이를 둘러싼 계급 간의 대립과 반목은 제국주의 논리와 결합해 그 심각성을 드러냈다. 작가는 조선의 해방, 미·소

우반공주의와 5·18 광주항쟁」,『역사학연구』제26집, 호남사학회, 2006, 113~139쪽 참조할 것.

3 여기서 '순수성'이란 1960년대 순수·참여논쟁에서 이른바 순수문학파들이 주장했던 자신들의 문학성향을 의미한다.

4 예로는 김원일,『어둠의 혼』; 윤흥길,『장마』; 전상국,『아베의 가족』등이 있다. 이 외에도 관련된 텍스트들은 많이 찾아볼 수 있다.

강제 주둔, 여순사건, 한국전쟁과 중단이라는 당시 역사적·사회적 상황 앞에서 분단의 문제점을 직시하고 날카롭게 비판한다. 정치사에서 몇십 년간 이어져 온 이념논쟁은 변형된 '빨갱이 논쟁'을 낳았다. 자신의 의견에 반대하거나 반목하면 '빨갱이'라는 낙인을 덧씌우는 현 사회는 과거의 문제점이 해결되지 않은 채 남아있는 모순 된 현실이라 할 수 있다. 이런 모순을 깨기 위해서라도 민중은 냉철한 시각으로 현실을 직시하고 날카롭게 비판하는 참여의 목소리를 내야 한다.

조정래는 자신의 자전 에세이에서 『태백산맥』의 생산동기를 광주민주화운동에 두고 있다고 밝히고 있다. 사태가 일어나고 얼마간의 시간이 지나 신군부가 광주의 통행금지를 푼다는 소식이 전해지자 그는 가족과 같이 광주로 내려갔다. 조정래가 보았을 때 광주의 비극은 단순히 권력을 탐하는 군부독재세력에 의해 저질러진 돌발사건이 아니었다. 이것은 분단이라는 당시 상황들을 악용해 독재를 합리화하고 국민을 억압하려는 개인의 이기심에서 나온 것이었다.[5] 그런 이유로 조정래는 광주의 비극을 텍스트화하기로 하고 그 중심에 '한국전쟁'을 놓는다.[6] 대하소설의 첫 시작은 구한말이나 일제강점기, 혹은 군부독재와 광주민주화운동이 아니라 여순사건과 한국전쟁이다. 이 점은 독자들에게 상당한 궁금증을 유발한다. 우리는 이러한 궁금증을 해결하기 위해 현대사의 흐름을 다시 한 번 되짚어 볼 필요가 있다.

이승만 정권의 부정부패와 독재로 4·19 학생운동이 일어나게 되었고

---

5   조정래, 『황홀한 글감옥』, 씨네IN북, 2009, 198~206쪽.
6   1980년 5월 광주에서 일어난 사건은 군부에 의해 자행된 대규모의 민간인 학살사건이자 민주화에 대한 민중의 낙관적 기대를 짓밟은 사건이었다. 민주화를 열망하는 광주시민은 물론이고 지식인들과 학자, 학생들에게 깊은 트라우마를 주었지만 이로 인해 우리는 반공 이데올로기를 빙자한 국가폭력에 대해 다시 한 번 생각해볼 수 있다. 민주화에 대한 현재의 실천적 요구가 민중을 민중적 주체로 만들면서 한국전쟁이라는 과거의 사건을 재고할 수 있게 만들었다는 점에서 광주의 사건은 민주화운동으로서 하나의 의미를 갖는다.

1960년대 민주화운동은 사회·문화 전반에 걸쳐 심화되었다. 1970년대는 산업화 시대로 한국사회는 경제적 도약을 하기 시작했지만 열악한 작업 환경 속에서 노동자들의 건강, 복지, 임금 등의 인권문제는 산업현장에서 도외시 되었다. 이때 전태일 분신사건이 계기가 되어 노동자들의 인권문제가 사회 표면 위로 떠올랐다. 시간이 지날수록 노동현장의 제반 문제·사회의 권력 구조와 계층구조문제에 대한 민중의 의식, 이들의 민주화에 대한 열망은 더욱 극에 달하게 되었다.

텍스트의 공간적 배경이 되는 전라도는 김제·만경평야, 호남평야에 위치해 있다. 이 지역은 한국 자본주의 발전과정에서 '총체적 수탈'[7]과 종속적 자본주의, 지역적 불균형 등을 동시에 겪었다. 이런 이유로 독재 권력층에 대한 저항이 가장 큰 지역이기도 했다.[8] 군사정권 때에는 정권 유지 혹은 정권 재창출을 위해 권력층들이 만든 지역적 대립구도의 한 축이 되었다. 이런 이유들로 인해 호남의 반대 축에 있는 일부 사람들은 여전히 반호남 정서를 갖는다.

오랜 기간 총체적 수탈을 겪은 호남은 민주화운동이 일어날 수밖에 없는 몇 가지 사회적 배경을 가지고 있었다. 1979년 유신독재체제가 무너지자 박정희 정권의 독재에 대한 그동안의 억압된 감정이 분출되었다.

---

[7] 최정기, 「광주민중항쟁의 지역적 확산과정과 주민참여기제」, 나간채 엮음, 『광주민중항쟁과 5월 운동 연구』, 전남대학교 5·18연구소, 1997, 74쪽.

[8] 호남뿐만 아니라 독재 권력층에 의해 오랜 기간 수탈과 착취를 겪었던 민중은 누적된 경험의 상처로 인해 트라우마를 가지고 있다. 『태백산맥』은 민중적 시각을 통해 계층적·사회적 모순을 짚어내고 텍스트의 결을 드러내려고 했다는 점에서 분단문학의 방점을 찍었다고 볼 수 있다. 이를 통해 독자들의 기대지평을 충족시키지만 시대와 문학 환경이 변화함에 따라 텍스트 또한 새로운 지평에 맞닥뜨린다. 독자들의 친숙한 지평과 텍스트의 새로운 지평 사이에 생기는 낯선 충돌은 독자들이 자신의 경험을 부정하거나 의식화하게 함으로써 텍스트와 심미적 거리감을 갖게 만든다. 이를 통해 독자들은 의식의 지평을 전환하거나 확장할 수 있으며 텍스트와의 소통 안에서 인문치유 효과를 가질 수 있다. 이런 점에서 『태백산맥』은 인문치유적으로 살펴볼 가치를 지닌다. 차봉희, 『수용미학』, 문학과지성사, 1988, 36쪽 참조할 것.

일명 '12·12사태'라는 신군부의 군사반란으로 인해 군정부에 대한 민중의 적대적 감정이 더해졌으며 이와 비례하여 민주화에 대한 열망은 거세지게 되었다.[9] 신군부세력은 권력 집권화를 위해 작전명 '화려한 휴가'를 발동하여 광주를 고립시키고 무고한 시민을 죽음으로 몰아넣으며 이에 반항하는 자들은 폭도로 만들었다.

이러한 역사적 사실을 볼 때 4·19와 5·16 그리고 5·18은 전혀 다른 의미를 갖는다. 4·19가 관념의 세계에서 총체성을 구성하는 데 만족한 시기였다면 5·16은 총체적 이상이 없는 상태에서 기술적 진보만을 꾀하는 오류를 범한 시기였다.[10] 그러나 발생론적 시각에서 볼 때 광주민주화운동은 구조적 조건의 제약 속에서 서로 갈등하는 행위자들의 전략적 선택[11]에 의해 아래(민중)에서부터 결정된 행위라 할 수 있다.

일반적으로 대중의 권력이나 다수의 지배를 뜻하는 민주주의는 자본주의 사회의 성장과 동일선상에서 이해된다. 아마도 자본주의 사회의 성장이 일정하게 이루어진 후에 부르주아를 중심으로 민주주의와 민주적 제도가 정착되기 때문일 것이라 그 이유를 미루어 짐작할 수 있다.[12] 그러나 한국의 정치적·사회적 상황을 고려해 볼 때 절대 권력을 거부하고 민주주의와 민주적 제도를 확립하려는 부르주아 지배계급은 찾기가 힘들다. 그러므로 광주민주화운동은 민주주의가 정착되는 과정에서 그것을 거부하는 지배계급에 대한 민중의 저항이자 항거이며, 민주주의를 수

---

9   손호철과 한정일은 광주항쟁을 전국적인 상황 속에서 '신군부의 집권을 위한 시나리오 진행과정 중의 한 단계'로 설정하여 살펴보고 있다. 손호철, 「'80년 5·18항쟁」, 『해방 50년의 한국정치』, 새길, 1995, 159~160쪽; 한정일, 「5·18 광주민주화운동」, 한국정치학회 연례학술대회 발표문, 1994, 4~17쪽.

10 임환모, 「1980년대 한국소설의 민중적 상상력-조정래의 『태백산맥』을 중심으로」, 『한국언어문학』 제73집, 한국언어문학회, 2010, 300쪽.

11 안종철, 「광주민중항쟁의 배경과 전개과정」, 나간채 엮음, 『광주민중항쟁과 5월운동 연구』, 전남대학교 5·18연구소, 1997, 22쪽.

12 이런 점에서 서구에서는 '부르주아 없는 민주주의는 없다'라고 말한다. 서경륜, 「한국 정치민주화의 사회적 기원」, 『한국정치사회의 새 흐름』, 나남, 1993, 93쪽.

립하고 정착하기 위한 민중적 주체의 집단적이고 조직적인 행위라 보는 것이 타당할 것이다. 가시적으로 볼 때 광주민주화운동은 주관적 폭력처럼 보이지만 실제로는 민주화 사회에 대한 민중의 열망과 군부의 끊임없는 권력 지향적 욕망이 대립함으로써 일어나게 된 폭발이라는 점을 우리는 상기해야 한다. 가시적 폭력을 내재하고 있는 1980년대에서 한국사회가 갖는 상징적이고 구조적인 폭력을 통찰하여 본다면 5·18 광주민주화운동은 민중의 총체적 이상과 주체적 자아의식이 집결된 민중운동이며 1980년대는 한국의 민주적 근대성을 수립한 시기라 볼 수 있다.

호남지역의 민중항쟁은 동학농민운동, 한말 의병운동, 일제와 친일지주들에 저항한 소작쟁의를 비롯하여 제주 4·3항쟁, 여·순 사건, 현대의 4·19 학생운동, 5·18 광주민주화운동까지 이어져 온다. 이런 맥락에서 살펴볼 때 5·18 광주민주화운동도 민중의 민중성과 민중의식을 결집한 운동이었으며 '운명 공동체적 집단의식을 기반으로 한 정치적 정체성을 형성했다는 점'[13]에서 의의를 갖는다. 이러한 당시의 사회적 상황 속에서 『태백산맥』이 생산되었다는 것은 어찌 보면 당연하다고도 할 수 있다. 작가는 1980년 광주의 참혹한 민간인 학살 현장 안에서 한국전쟁 때의 잔인했던 자신의 기억들과 흔적들을 충분히 떠올렸을 것이다. 다만 우리는 이러한 사회적 상황과 작가의 경험 안에서 텍스트가 생산될 수밖에 없는 이유를 미루어 짐작할 수 있을 뿐이다.

생산주체인 작가는 민중의 총체적 이상을 드러내기 위한 작가적 의무감을 가지고 있고 소비주체인 독자[14]들은 자신들의 주체적 자아의식을

---

13 최영태, 앞의 논문, 64쪽.
14 독자들은 생산된 텍스트를 구매하고 읽어나가는 소비주체이면서도 수용미학적 관점에서 볼 때 수용주체이기도 하다. 현실에 존재하는 독자와 이론상 존재하는 독자를 모두 지칭한다는 점에서 이때 '독자'의 의미는 모호하고 추상적 개념이다. 임환모·최현주, 「수용미학」, 김춘섭 외, 『문학이론의 경계와 지평』, 한국문화사, 2004, 202쪽 참조할 것.

확인받고 싶어 한다. 조정래는 '현대 자본주의 사회의 탈인간화 작용들에 대한 저항'[15]을 그 출발점으로 삼고 텍스트를 통해 이념적 이데올로기 대립을 넘어서는 인간적 가치를 실현하고자 한다. 식민과 해방, 전쟁과 분단, 산업화와 노동화는 '인권유린'이라는 비인권적 상황을 만들어낸다. 이러한 비이성적 가치 앞에서 텍스트는 인간의 고귀한 존엄성을 드러낸다. 작가는 부정적 현실 속에서도 민중의 행위에서 드러나는 민중성을 통해 사회의 긍정적 가치를 독자들에게 전달하고자 한다. 이러한 이유들은 『태백산맥』이 생산될 수밖에 없는 당위성을 지닌다.

3. 문학생산과 인문치유의 상관성

힐링(healing) 혹은 테라피(therapy)의 개념을 인문학(humanities)에 접목할 때 '인문치유'라는 새로운 개념이 생겨난다. 이미 우리 사회의 저변에서 그림, 음악, 놀이 등을 의학과 접목해 약물이나 수술이 아닌 새로운 치료방법으로써 (medical treatment cure 의료적 의미의 치료) 인문치유 연구를 하고 실제 임상실험을 통해 이를 증명하고 있다.

우리는 책을 읽거나 연극, 영화를 감상하고 TV드라마를 시청할 때 울고 웃으며 카타르시스를 느낀다. 이러한 감정·정서 순화작용들은 우리에게 어느 정도 치유의 역할을 하고 있다고 본다. 그렇지만 새삼 인문치유가 현 사회에 주목받고 있는 이유는 무엇일까? 바로 인문학적 감성 소통을 통해 단절된 개인들의 의미망을 회복하고 개인·사회·국가 간의 제반 문제들을 총체적으로 바라볼 수 있기 때문이다.

인간과 인간성에 대해 총체적으로 탐구하는 학문을 인문학이라 할 때

---

15 게오르크 루카치, 이영욱 옮김, 『역사소설론』, 거름, 1987, 454쪽.

우리는 인간의 사유와 전통, 실존의 문제에 대해 고민하게 된다. 헤브라이즘이 전부였던 기존의 중세적 세계관에서 벗어나 인간의 몸에 대한 탐구를 하게 되면서 14세기부터 16세기에는 인문학이 활기를 띠게 되었다. 르네상스와 종교개혁시대를 넘어 17세기에는 인간의 실천과 사유에 대해 고민하는 여러 사상 등이 등장하고 발전하게 되었지만 현대에 가까워질수록 인문학은 점차 이성적이고 관념적인 틀에 고착화되기 시작했다. 특히 인문학이 文·史·哲 (문학, 사학, 철학)이라는 세 개의 분과로 나누어지다 보니 인문학 연구자들마저도 인간의 이성만 연구·분석하고 감성은 도외시하는 현상이 나타났다. 인간의 정신세계에 대한 총체적이고 실재적 연구로 이루어져야 할 인문학이 인문학자들 사이에서는 점차 세부적이고 실제적 연구로만 이루어지게 된 것이다. 총체적 학문이어야 할 인문학이 분절적 학문으로 점차 변질되고 있다고 볼 때 분절된 인문학으로는 파편화된 인간세계를 치유하기 힘들 것이다. 그나마 다행인 것은 뒤늦게나마 학계에서 인문학의 위기를 깨닫고 그 총체성을 회복하기 위한 노력들을 시도하고 있다.[16]

그렇다면 인간을 총체적으로 바라보고 인간에 대한 삶의 가치를 고양할 수 있는 인문학의 치유 기능에 대해 살펴보자. 원시종합예술은 인문학의 초기 형태로 문학과 음악, 미술과 종교(제례의식)가 복합되어 발현되었다. 원시종합예술적 특성을 지닌 고대 샤머니즘의 무당(shaman)은 제정일치의 권력뿐 아니라 의사로서 심신을 치유하는 권한까지도 가지고 있다. 이는 인문학이 태생적으로 치유의 기능을 가지고 있음을 증명하는 것이다. 또 카타르시스를 통해 인간의 정서를 순화한다고 말했던 아리스토텔레스의 언급에서도 '인문치유'라는 인문학 고유의 기능을 찾아볼 수 있다. 우리는 분석화되고 파편화된 인문학의 회복을 위해 기존

---

16 전남대학교 HK에서는 감성연구가, 강원대학교 HK에서는 인문치료 연구가 활발하게 진행 중이다.

의 인문학에 관한 대상을 연구해야 할 뿐만 아니라 인간 현실의 삶에 대해 천착하고 총체적으로 이해하는 것이 필요하다. 이러한 작업을 통해 우리는 인문학의 기능을 회복할 수 있다. 민중의 응어리진 한과 슬픔, 고통과 아픔이 문학이라는 표현 도구를 이용해 형상화된다고 볼 때 문학은 이들의 트라우마를 침묵으로 증언하고 치유하는 텍스트성을 지닌다.

『태백산맥』은 한국전쟁이 시작하기 전 이념적 이데올로기 대립의 전초전이라 할 수 있는 여순사건 직후부터 시작한다. 작가는 왜 한국전쟁이 일어나고 우리가 분단될 수밖에 없었는가를 사회의 모순된 구조 속에서 세밀하고 정치하게 다룬다. 민족 분단이 고착화될 수밖에 없었던 한국전쟁을 작품의 중심에 놓고 해방 직후 정치·사회적 혼란, 계급 간의 모순과 대립을 먼저 보여준다. 정서적 교감이 중요한 인문학적 치유에서 언어라는 기호체계를 매개로 텍스트간(co-text)과 텍스트 맥락(contexts)의 소통을 중요시하는 문학 텍스트는 긴밀한 상관성을 갖는다. 이런 상관성을 바탕으로 문학생산은 인문치유의 하나의 방법이 될 수 있다.

우리가 속한 사회의 활동에는 두 가지가 있다. 바로 규범적 활동과 사변적 활동이다. 첫째, 규칙을 표현하는 규범적 활동이란 예술을 감상하거나 비평하는 것이다. 규범적 활동 안에서 행하는 비평을 '비난으로서 비평'이라 한다. 둘째, 법칙을 표현하는 사변적 활동은 사고를 통해 지식의 지평을 확장하는 것이다. 이는 일종의 과학적 활동이며 '설명으로서 비평'이다. 독자는 자신의 관점에서 작품을 바라보고, 수정되고 재검토된 규범들을 통해 자신의 목소리로 텍스트를 재구성함으로써 새롭게 해석할 수 있다. 이러한 텍스트의 재구성 과정은 규범적 활동과 사변적 활동의 어느 지점 사이에 존재하는 비평활동이지만[17] 그 속에서 독자

---

[17] 마슈레는 전자를 부정적 판단으로 보고 '비난으로서 비평'이라 말했고 후자를 긍정적 인식으로 보고 '설명으로서 비평'이라 간주했다. 피에르 마슈레, 배영달 옮김, 『문학생산이론을 위하여』, 백의, 1994, 10쪽.

들은 카타르시스를 느끼고 치유를 받을 수 있게 된다. 이때 문학비평을 하나의 문학생산활동[18]이자 인문치유의 활동으로 규정할 수 있다.

이렇듯 우리는 문학생산행위를 통해 사회현상과 사회구성원들의 행위들에 대해 말을 한다. 사회에서 감추어진 것을 드러내고, 일방향으로 되어있던 시선을 돌려 새로운 각도에서 바라본다. 문학생산이란 보이는 것에 대한 자율적 생성을 배제하지 않은 채 보이지 않는 것들을 보게 하려는 적극적인 문학적 치유의 힘이라 할 수 있다.[19] 마슈레의 이론에 따르면 '창조'란 제작·생산의 과정이 삭제된 행위이다. 기존의 경험에서 벗어나는 것이기에 갑작스럽게 나타나기도 하고 명백하게 드러나거나 불가사의한 것이 만들어지기도 한다.[20] 그러나 문학 텍스트에는 생산의 과정이 드러난다. 텍스트 안에는 텍스트가 만들어지게 된 원인과 당시 역사적·사회적 배경, 작가의식, 작품의 주제뿐만 아니라 텍스트의 형성기제가 포함되어 있으며 독자들이 텍스트를 자세히 읽어 내려가는 동안 그것의 서사층위가 드러나게 된다. 이런 텍스트 읽기를 통해 텍스트의 생산 과정을 알 수 있게 된다는 점에서 문학은 창조되는 것이 아닌 생산되는 것이다.

그렇다면 텍스트와 사회의 관계에 대해 살펴보자. 텍스트는 사회현실

---

18 독일어로 라센(Lassen)은 '말을 하는 것, 하는 대로 내버려 두는 것, 하게 하는 것'을 의미한다. 마슈레는 이런 행위를 '문학생산의 행위'라 지칭했다. 피에르 마슈레, 위의 책, 106쪽.

19 예술이란 하나의 창조적 장르이다. 예술의 하위 장르인 문학 역시 창조된다. 이때 우리는 특별히 '창작'이란 단어를 사용한다. 그렇다면 창작과 생산의 차이는 무엇일까? 마슈레는 여기서 '창조'에 대한 범위를 문학뿐만 아니라 예술 전반에 걸쳐 확장하여 사용하지만 필자의 견해로는 '창작'이란 단어가 더 적합하다고 본다. 그렇다면 마슈레의 이론에 근거하여 '문학은 창작되는 것이 아닌 생산되는 것이다.'라고 말하는 것이 올바른 표현이다.

20 마슈레는 이러한 '창조'의 특성들 때문에 창조적 작업이란 하나의 실제 과정이 아니라 기념비를 세우거나 장례식을 올리는 것과 같은 종교양식이라고 보았다. 피에르 마슈레, 앞의 책, 83쪽.

에 대한 객관적이고도 총체적인 상을 제공한다. 텍스트는 '사회 안에서 인물들이 표현하는 특수한 행위'와 '그 행위 관계 안에서 이루어지는 상호작용'이라는 실체적인 토대 안에서 생산된다. 이러한 과정을 거쳐 생산된 텍스트는 '객체의 총체성'[21]을 통해 세계를 형상화한다. 객체의 총체성이란 그것의 자립성을 뜻하는 것이 아닌 인간과 인간, 인간과 세계 상호간의 관계를 그려나감으로써 만들어지는 것을 말한다. 텍스트는 이런 총체성을 통해 그 내실을 기하게 된다. 만약 텍스트가 인간사회의 환경, 사회와의 소통을 바탕으로 하지 않고 인간 의식의 세계, 내면의 세계만 그려나간다면 독자들은 텍스트에 흥미를 잃어버릴 수 있다. 이런 텍스트들은 예술성을 상실하게 되고 문학 텍스트로서 제 기능을 발휘하지 못하게 된다. 그러므로 인물의 의식이나 심리를 그리는 소설조차도 인물이 속한 사회를 배제하지 않을뿐더러 배제할 수 없다. 다시 말하면 인물이 속한 사회나 시대가 인물의 의식 변화나 심리적 상태에 영향을 끼쳤다는 말로 환언될 수 있다는 것을 의미한다.

텍스트가 가지는 '객체의 총체성'은 발전되어 왔던 과거의 사회, 발전하고 있는 현재의 사회, 앞으로 발전되어갈 미래의 사회를 포함한다. 사회의 주체인 인간과 인간을 둘러싼 대상, 사회의 객체들의 관계를 통해 텍스트가 그려질 때 텍스트는 객체의 총체성을 가질 수 있다. 결국 인간 활동의 관계 속에서 이루어지는 우리의 사회활동들은 텍스트를 생산하는 데 중요한 기제가 되며 이런 과정 안에서 생산된 문학 텍스트는 예술적 자율성을 획득하게 된다. 텍스트에서는 사회의 의미 있는 사건들, 혹은 요소들이 소설적으로 형상화된다. 시대를 대변하는 여러 인물이 길항의 관계를 형성하면서 보여주는 모습들, 민중의 성장과정과 일시적인 패배, 가치로운 것들과 가치롭지 않은 것들, 의미 있는 것들과 무의미한

---

21 게오르그 루카치, 앞의 책, 111쪽.

것들이 씨줄과 날줄로 겹치면서 텍스트는 사회와 연관을 맺는다. 이러한 과정들을 통해 텍스트는 문학생산물로서 가치를 지니게 된다.

그동안 부당하고 폭력적인 권력에 대한 민중항쟁의 뿌리는 깊다. 동학 농민운동·한말 의병활동·민중의 소작쟁의와 같은 한말 민중의 저항은 반계급·반외세·반봉건·민족적 투쟁이었다. 이들은 세대를 거듭하며 반계급·반외세 투쟁을 계속해왔고, 70년대에 들어서 신계급주의·유신독재 체제에 대한 투쟁과 저항을 해왔다. 민중은 지배 체제의 모순으로 인해 상이한 방식으로 억압받고 소외되며, 공론의 장에서 자기 목소리를 갖지 못한 채 배제된 존재들이었다. 1960년대 이들은 조국 근대화의 역군, 산업전사로 불리면서 국가발전에 이바지했지만 개발독재 체제에서 배제당하고 자본가들의 이기심에 의해 노동력과 임금을 착취당하는 고통을 겪었다.[22] 한말부터 이어져 오던 계급적 불평등, 국민 내부의 사회적 불평등, 독재의 강압성 등을 인식한 민중은 이에 대한 비판적 인식을 가지고 저항적·민중적 주체로 성장하게 되었다. 이런 사회적 타자들이 바로 1980년대 민중이다. 그러므로 이런 현대사의 흔적들 안에서 문학생산을 위한 충분조건을 찾는다면 당연히 그 필요조건은 생산주체와 소비주체에게서 찾을 수 있다. 먼저 생산주체인 작가들은 자신들이 살아오면서 겪은 내외적 사건들을 소설의 소재로 삼는다. 사건들은 이들에게 직·간접적으로 트라우마를 생성하게 하는 원인이 되었다. 작가들은 '문학'이라는 장치를 통해 이를 직접적으로 건드리고 겉으로 드러냄으로써 오히려 그 트라우마와 대면한다.

우리는 인문학을 '인간에 대한 학문이다.' '인간의 무늬를 새기는 학문이다.' '인간과 인간다운 삶에 대해 총체적으로 사려하는 학문이다.' 등으로 개념화할 수 있다. 그렇다면 생산주체인 작가는 문학생산활동을 통

---

22 조희연, 「'급진 민주주의'의 관점에서 본 광주 5·18」, 『5·18 민중항쟁에 대한 새로운 성찰적 시선』, 한울, 2009, 237쪽 참조할 것.

해 개인 또는 사회의 트라우마와 직접 마주함으로써 '인간이란 무엇인가' '인간의 바람직한 삶과 인간이 추구하려는 가치는 무엇인가'라는 인문학의 가장 기본적인 물음에 충실해질 수 있다. 특히 사회의 현실을 재조명함으로써 독자에게 사회의 현실을 알리고자 하는 작가적 의무감에서 벗어날 수 있을 것이다.

특정한 시대나 사회적 사건을 그린 텍스트들은 소비주체인 독자들에게 인문치유적 성격을 강하게 갖는다. 사회적 사건을 경험한 소비주체들은 그 사건을 다룬 텍스트를 통해 다시 시대를 거슬러 간다. 이들은 텍스트의 인물과 감정적으로 일치되면서 카타르시스를 느끼고 이를 통해 자신의 트라우마를 해결하기도 한다. 사건을 직접적으로 경험하지 않은 소비주체들은 지면을 통해 텍스트를 관통하고 있는 사건과 마주함으로써 인물들을 이해한다. 그들의 삶 속에서 우리의 실제적 삶을 비추어보고 반성하며, 현대사회문제가 과거로부터 단절이 아닌 연결된 것임을 알게 된다. 현재 나타나고 있는 일련의 사회문제들이 과거로부터 야기된 문제라는 것을 인식한 후에는 사회의 제반 문제에 대해 좀 더 관심을 갖게 될 것이다. 소비주체인 독자들이 텍스트를 통해 과거의 문제를 외면하지 않고 관심 있게 바라볼 때 사회가 가진 상처를 다시 한 번 생각할 수 있다. 이런 점에서 문학생산과 인문치유는 충분한 상관관계를 가진다.

4.『태백산맥』의 인문치유적 성격과 가치

『태백산맥』은 이데올로기 대립 안에 내재된 쌀과 토지 소유분배문제와 이에 따른 계급 간의 대립·갈등문제를 다룬다. 실제로 봉건시대부터 이어진 봉건지주와 소작농 사이의 '쌀과 토지의 문제'는 일제강점기 일본인·친일 지주 대 조선인 소작농 사이의 갈등으로 이어졌다. 해방 후에는 식민잔재의 청산이 제대로 이루어지지 않으면서 이러한 대립과 갈등이 더욱 증폭되었다. 해방 후에는 좌·우익을 막론하고 진영 내에서 '이데올로기가 우선인가, 민족적 통일이 우선인가'에 대한 갈등이 부각되었고 이데올로기 선택에 따른 체제관 설립문제는 좌익과 우익 진영의 갈등을 더욱 부추기는 계기가 되었다. 자주적 독립인 아닌 2차 세계대전의 종결로 해방을 맞이하게 된 한국은 미·소 양국의 신탁통치라는 외세의 군사적 점령을 묵인할 수밖에 없는 상황에 처하게 되었다. 그 결과 분단 상황을 맞게 된 남북은 현재까지도 분단된 상태로 남아있다.[23]

친일지주·친일파와 같은 식민잔재의 청산은 당시 한국의 입장에서 중요한 문제였다. 계급의 불평등을 없애고 평등한 민주주의 한국사회를 만들기 위해서는 봉건사회에서부터 이어져 온 토지소유 문제를 해결해야 했다. 결국 이들 청산문제는 대한민국 건설에 중요한 부분이었다. 노덕보의 살인은 해방 후 당시 한국의 토지문제와 계급 간의 갈등을 단적으로 보여준다. 노덕보는 소작과 농지 문제로 정현동의 처남 한갑수를 벽돌로 쳐 피투성이로 만든다.(3권, 127~141쪽)

> 본 사건을 중대시하는 데는 두 가지 이유가 있습니다. 첫째는 본대
> 가 주둔하고 첫 번째로 발생한 대형 집단사건이며, 둘째는, 단순한
> 개인감정으로 유발된 사건이 아니라 토지문제로 야기된 사건이라
> 는 점입니다.(3권, 135쪽)

사건을 조사하는 과정에서 계엄사령관 심재모가 정현동에게 말하는

---

[23] 이런 과정을 볼 때 해방 후 선결과제는 '첫째, 식민잔재를 완전히 청산하는 것, 둘째, 이데올로기 선택에 따른 체제관을 설립하는 것, 셋째, 가치의 중심을 이데올로기 선택과 민족통일 중 어느 것에 놓을 것인가' 등 세 가지였다.

대목이다. 토지소유의 문제와 갈등은 단순히 가진 자와 못 가진 자 사이의 갈등만을 의미하는 것이 아니었다. 일제강점기 친일·일본인 지주와 조선인 소작농들 사이의 갈등이 이어져 온 것이었고 동시에 식민자본으로 잠식되어가는 조선의 몰락을 보여주는 현상이었다. 지배층 내부의 분열과 지주·소작인의 갈등은 봉건지주세력과 반봉건 민중세력의 대립을 불러일으켰다. 이는 다시 한말 전통사상과 근대사상의 대립, 좌우 이데올로기 대립과 같은 가치관과 체제의 갈등문제로 이어졌다.

여·순 사건은 정부의 '제주 4·3운동 진압 명령'을 여수 14연대가 거부하면서 시작되었지만 여수·벌교·순천의 좌익세력들과 주민들이 봉기에 가담하면서 삽시간에 전남 동부지역으로 퍼지게 되었다. 애초 이들 군인들이 전반적 사회개혁을 염두에 두고 정부에 반기를 든 것은 아니었다. 이들은 제주도와 전남을 같은 지역권이라고 생각했기 때문에 제주도에 대한 애향의식을 가지고 있었고 제주도민을 진압하러 가는 것 자체가 국민을 지켜야 할 군인으로서 도리를 저버리는 것이라 생각했다. 이들의 입장에서 정부의 명령은 불합리함 그 자체였다.[24] 그런데 시간이 지나면서 지역주민들의 자발적 참여로 여·순 사건은 민중봉기적 의미를 가진 민중운동으로 전환·확산되었다. 이를 볼 때 여·순 사건은 이념을 빌미로 정부가 주도한 민간인 학살사건[25]이다. 좌우익 이념대립의 문제라는 점에서 한국전쟁의 전초전 성격도 갖는다. 그러나 결과적으로 볼 때 좌우익 이념대립과 지주·소작인이라는 계급적 대립이 결합된 복합적 성격이라는 점에서 민중항쟁으로서 의의를 갖는다.

---

24 김득중, 『'빨갱이'의 탄생: 여순사건과 반공국가의 형성』, 선인, 2009, 81쪽 참조.
25 특히 『태백산맥』의 무대가 되는 벌교는 여·순사건 때 인명피해가 컸던 곳이다. 지주계급의 폭력과 갈취가 많았고 소작료 문제로 지주와 소작인들의 갈등이 첨예화되었다. 남로당이 '무상몰수·무상분배'를 주장하자 이들은 열렬한 지지를 보냈다. 이런 이유로 벌교에서는 '빨갱이를 소탕한다'는 명목아래 민간인 학살이 심하게 이루어졌다.

여·순 사건 이후 한국전쟁 때 나타난 공비소탕과 보도연맹소탕작전은 민간인 학살사건이다. 그리고 30년이 지난 1980년, 광주에서 일어난 사건들 역시 국가폭력으로 인해 발생한 참혹한 민간인 학살사건이라는 점에서 세 사건은 긴밀한 상관관계를 갖는다. 특히 광주민주화운동은 권력 지향적 욕망을 지닌 군부가 빨갱이라는 낙인을 찍은 '광주시민들을 절멸하고자 하는 목적'을 지니고 행한 민간인 학살사건으로 국가의 폭력성을 적나라하게 보여준 사건이었다. 그러나 이 과정 안에서 민중은 절멸된 것이 아니라 오히려 민중적 주체로 성장했다. 이런 점들을 고려해 볼 때 광주민주화운동은 앞선 사건들과는 다른 특이성을 갖는다.

한말부터 꾸준히 이어져 온 민중의 적극적 행위는 이들의 의식을 성장시키는 계기가 되었다. 국가의 폭력이 강해질수록 풀뿌리 같은 민중은 민중적 주체로서 적극성을 띄었다. 그럼에도 4·3제주항쟁, 여·순 사건, 한국전쟁, 4·19학생운동, 5·18광주민주화운동 등은 온전히 해결되지 않은 채 민중의 의식 속에 트라우마로 남아있다.[26]

과거의 기억과 경험을 바탕으로 '지나간 사실과 사건들의 가치'를 규명하고 재정립할 때 우리는 그것을 역사라 부를 수 있다. 최근 한국사 교과서 국정화 문제나 일베와 같은 무리가 온라인상에서 역사를 왜곡하고 있는 현실을 고려해 볼 때 역사를 바로 세우는 것은 상당히 중요하다. 현재의 시공간 안에서 발생하는 정치적·사회적 문제들을 해결하기 위해서는 과거의 사건들을 재조명하고 그 안에 방법을 찾아야 한다. 『태백산맥』은 여순사건과 한국전쟁이라는 실제 역사적 사건을 토대로 하여 민중성의 원리를 실현하고 있다.[27] 이때 텍스트는 역사소설이자 사회소설

---

26 조희연·정호기, 『5·18 민중항쟁에 대한 새로운 성찰적 시선』, 한울 아카데미, 2009; 김득중, 앞의 책; 최호근, 『제노사이드: 학살과 은폐의 역사』, 책세상, 2005. 이외에도 제주 4·3항쟁, 여·순 사건, 5·18 광주민주화운동과 그 트라우마에 관한 연구논문, 저서 등은 많이 찾아볼 수 있다.

27 전영의, 「조정래 『태백산맥』의 서사담론 연구」, 전남대학교 박사학위논문, 2012,

로서 가치를 갖는다. 먼저 여·순 사건과 한국전쟁, 휴전과 분단 등 역사
적 사실들을 바탕으로 현대의 시각에서 과거의 사건을 재조명한다. 이때
텍스트는 역사소설이다. 둘째, 인물들을 통해 사회의 모순과 불합리함을
깨닫고 사회를 변혁시키고자 한다. 텍스트 안에서 현대사회에 대한 올바
른 인식과 가치를 찾을 수 있다는 점에서 사회소설이라고도 볼 수 있
다.[28] 우리는 이러한 역사소설이나 사회소설 등을 읽음으로써 운명공동
체 안에서 자신의 존재가치를 찾기도 하고 삶의 의미를 발견하기도 한다.
이러한 텍스트들은 과거와 현재의 사건을 연결 짓는 교량 역할을 하면서
독자로 하여금 우리 사회의 문제점을 생각해보고 주체적 사고와 실존의
식 등을 확립할 수 있게 만든다.

> 혁명이 성취된 시상이 저 하늘 겉을랑가? 근디 보리풀때죽도 못
> 끓이는 철에 하늘만 저리 징허게 시퍼렇고, 배골는 인민덜이 저
> 하늘을 쳐다보먼 더 배만 고플 것 아니라고,(9권, 19쪽)

계속되는 빨치산 투쟁 안에서 소년대장 조원제의 내적독백은 단순한
읊조림이 아니다. 오랜 시간 억눌리고 핍박받은 민중의 목소리가 투영되
어 있다. 그동안 들끓었으면서도 말을 할 수 없었던 돌들의 목소리는 인
물들을 통해 독자들에게 전해진다. 우리는 이들의 목소리에서 한국사회
의 중층적 모순구조, 전쟁과 분단의 트라우마, 1980년 오월 민주화를 외
치던 민중적 주체들의 목소리를 들을 수 있다. 역사적 상처를 직접 겪었
든 겪지 않았든 독자들은 텍스트를 읽어나가면서 인물들의 모습에 자신
을 투영하고 자신들의 처지를 대변하는 듯한 이들의 고백에 후련함을,
그리고 함성에 카타르시스를 느낄 수 있을 것이다. 일반적으로 개인들

140쪽 참조할 것.
28 전영의, 위의 논문, 140쪽.

각자 역사적 사건의 트라우마들을 극복하기 위해 여러 노력을 할 수도 있지만 우리는 이런 인물들의 목소리 안에서 치유를 받을 수도 있다. 그렇다면 바로 이것이 『태백산맥』이 갖는 인문치유의 역할일 것이다. 민중성과 민중의식을 형상화한 『태백산맥』은 계몽적 텍스트라는 한계를 가지고 있으면서도 역사의 기록 속에 제외되었던 민중의 목소리가 담겨있기에 인문치유적 힘을 발휘할 수 있는 것이다. 『태백산맥』이 역사·사회소설로서 텍스트 자체가 가지고 있는 계몽성, 대립을 지형도화한 서사성, 정치적 금기로부터 탈피 등을 통해 분단 문학의 방점을 찍은 대하소설이라는 것은 이미 잘 알려진 사실이다. 그러나 이런 인문학적 치유방법을 통해 하나의 인문치유적 텍스트가 될 수 있다는 것도 확인할 수 있다. 텍스트에는 지배계급과 피지배계급, 좌익과 우익이라는 이데올로기 대립 안에서 혼재되고 이질화된 목소리가 담겨있다. 역사의 이면에 존재하는 민중의 고통스러운 목소리들이 텍스트 밖으로 넘쳐 나와 우리의 아픔을 다시 돌아보게 한다는 점에서 『태백산맥』은 이미 문학으로서 치유적 기능을 충분히 하고 있다고 볼 수 있다.

5. 치유의 공동체를 꿈꾸며

가족 간의 존속살인이나 묻지마 범죄가 심심치 않게 일어나고 있는 현대사회에서 우리는 더 이상 충격을 받거나 놀라지 않는다. 그만큼 흉악한 범죄에 익숙해져 버렸다는 것이기도 하고, 과거와 달리 사회가 더욱 이기적이고 냉정해졌다는 것을 의미하기도 한다. 독일의 메르켈 총리는 난민문제가 더 이상 우리와 관련이 없는 문제가 아닌 지구상의 문제라고 역설하지만 미국 대통령 당선자는 후보 시절에 멕시칸 장벽을 세우자고 하고 이슬람인에 대한 혐오 발언을 일삼았다. 가족이나 사회구성원 간의 감정적 단절은 개인들을 외롭게 만들고 군중 속에 고독을 느끼게 한다. 이럴 때일수록 우리는 인문학적 감성 소통을 통해 단절된 개인들의 의미망을 회복하고 개인, 사회, 국가 간의 제반 문제들을 총체적으로 바라보아야 한다. 문학을 생산한다는 것은 사회의 보이는 것에 대한 자율적 생성을 배제하지 않은 채 보이지 않는 것을 보게 하려는 적극적인 문학적 치유의 힘을 가진다. 이때 인문학 역시 치유의 성격을 가지게 되므로 문학생산과 인문치유는 밀접한 상관성을 가진다고 할 수 있다.

여전히 우리 사회는 여러 문제를 가지고 있다. 좌우익 이데올로기 대립은 변질되어 빨갱이 논쟁으로 변했고 정치적 시각이 다르면 상대를 빨갱이라고 낙인찍으며 마녀사냥을 한다. 이는 다시 여성혐오, 노인혐오, 빈곤층 혐오, 인종혐오로까지 이어지고 있다. 이럴 때일수록 문학은 생산되어야 하며 우리는 문학을 통해 치유하고 화합의 공동체를 만들어나가야 할 것이다.

▌참고문헌 ▌

고통의 연대와 통합서사의 사회적 담론화 모형

김종군

1차자료

〈강도몽유록〉, 국어국문학회 편,『원문 한문소설선』, 대제각, 1982.

『인조실록』

이긍익,『연려실기술』

논문 및 단행본

강명옥,「조선민족의 피줄의 공통성을 부인하는 사대매국행위」,『민족문화유산』, 2009년 1호.

김귀옥,「구술사와 치유: 트라우마 치유의 가능성을 모색하며」,『통일인문학논총』제55집, 건국대학교 인문학연구원, 2013.

김정녀,「병자호란의 책임 논쟁과 기억의 서사: 인조의 기억과 '대항기억'으로서의〈강도몽유록〉」,『한국학연구』제35집, 고려대학교 한국학연구소, 2010.

김정녀,『조선후기 몽유록의 구도와 전개』, 보고사, 2005.

김종곤,「기억과 망각의 정치, 고통의 연대적 공감: 전상국의 소설〈아베의 가족〉,〈남이섬〉,〈지뢰밭〉을 통해 본 통합서사」,『통일인문학』제61집, 건국대학교 인문학연구원, 2015.

김종군,「〈만파식적〉설화의 다시읽기를 통한 통합의 의미 탐색」,『온지논총』제27집, 온지학회, 2011.

김종군,「구술생애담 담론화를 통한 구술 치유 방안」,『문학치료연구』제26집, 한국문학치료학회, 2013.

김종군,「통합서사의 개념과 통합을 위한 문화사적 장치」,『통일인문학』제61집, 건국대학교 인문학연구원, 2015.

김종군,「한국전쟁 체험담 구술에서 찾는 분단 트라우마 극복 방안」,『문학치료연구』제27집, 한국문학치료학회, 2013.

김종군·정진아, 『고난의 행군시기 탈북자 이야기』, 박이정, 2012.

김지혜, 「전란 배경 고전소설에 나타난 여성의 상처와 통합을 위한 서사기법: 〈최척전〉을 중심으로」, 『민족문화논총』 제59집, 영남대학교 민족문화연구소, 2015.

신동흔 외, 『도시전승설화자료집성』 2, 민속원, 2009.

신동흔 외, 『시집살이 이야기 집성』 7, 박이정, 2013.

이병수, 「분단 트라우마의 유형과 치유 방향」. 『통일인문학논총』 제52집, 건국대학교 인문학연구원, 2011.

전상국, 〈아베의 가족〉, 『제3세대 한국문학』 11, 삼성출판사, 1987.

정충권, 「〈江都夢遊錄〉에 나타난 역사적 상처와 형상화 방식」, 『한국문학논총』 제45집, 한국문학회, 2007.

조혜란, 「〈강도몽유록〉 연구」, 『고소설연구』 제11집, 한국고소설학회, 2001.

공감 능력을 통한 남북한 주민 간의 심리적 통합 방안 탐색

이범웅

고상두, 「독일 기민당과 사민당의 통일 기여도에 관한 비교평가」, 『2014 한국정치학회 국제학술회의 자료집: 한반도 평화통일, 어떻게 만들 것인가?』, 한국정치학회, 2014.

김근식, 「남북관계의 제도화를 위한 근본적 접근: 포괄적 평화」, 『2014 한국정치학회 국제학술회의 자료집: 한반도 평화통일, 어떻게 만들 것인가?』, 한국정치학회, 2014.

김태현, 「남북한 관계의 '이상'과 '현실': 현실주의 국제정치이론의 입장에서 본 남북한 관계」, 『2000년도 한국정치학회 추계학술회의 자료집』, 한국정치학회, 2000.

로먼 크르즈나릭, 김병화 옮김, 『공감하는 능력』, 더 퀘스트, 2014.

리처드 보이애치스·애니 맥키, 전준희 옮김, 『공감 리더십』, 에코의 서재, 2007.

막스 셸러, 이을상 옮김, 『공감의 본질과 형식』, 지식을 만드는 지식, 2013.

박성희, 『공감』, 이너북스, 2014.

박성희, 『공감과 친사회 행동』, 문음사, 1997.

박영호, 「남북관계와 신뢰구축 이론」, 『2014 한국정치학회 국제학술회의 자료집: 한반도 평화통일, 어떻게 만들 것인가?』, 한국정치학회, 2014.

애덤 스미스, 박세일·민경국 옮김, 『도덕 감정론』, 비봉출판사, 2014.

이효원, 「남북관계 제도화 방안: 법제도를 중심으로」, 『2014 한국정치학회 국제학술회의 자료집: 한반도 평화통일, 어떻게 만들 것인가?』, 한국정치학회, 2014.

제레미 리프킨, 이경남 옮김, 『공감의 시대』, 민음사, 2010.

김무영, "우리 사회 '공감' 물결 넘치길", 《대전일보》, 2014.11.6.

김병연, "북한 경제 어디로 가나", 《중앙일보》, 2014.6.11.

김병연, "점진적인 통일이 좋은 통일", 《중앙일보》, 2014.9.11.

김병연, "통일은 돈이 아닌 공감에서 시작된다", 《중앙일보》, 2014.8.14.

두산백과사전 http://terms.naver.com/entry.nhn?docId=1073993&cid=40942&categoryId= 31531

박솔리, "모두가 행복해지는 공감 연습, '상대방의 마음을 헤아리는 지혜'", [한국일보], 2014.11.25.

염돈재, "독일 통일 교훈 올바로 이해한 드레스덴 연설", 《조선일보》, 2014.4.5.

이영숙, "좋은 성품문화로 접근하는 통일교육의 방향", 《경기신문》, 2014.5.28.

이재준, "장마당(시장경제) 무너지면 98%가 굶어죽을 것…국제사회, 처참한 탈북자들에 관심을", 《조선일보》, 2014.11.1.

이종석, "한·미의 대북정책, 안녕한가?", 《중앙일보》, 2014.9.30.

이지수, "망하지 않을 한국, 무너지지 않을 김정은 정권", 《중앙일보》, 2014.5.4.

이훈범, "갠 날 돛을 고치지 않으면 통일은 대박 아닌 쪽박", 《중앙일보》, 2014.2.28.

장달중, "통일 대박은 이익인 동시에 숭고한 의무다", 《중앙일보》, 2014.3.8.

장대익, "거울 뉴런과 공감 본능"

차학봉, "한반도 통일에 대한 일본의 불안", 《조선일보》, 2014.1.20.

형이상학적 죄로서 무병(巫病): 현기영의 〈목마른 신들〉 읽기

이재승

1차자료

현기영, 『마지막 테우리』, 창비, 2006.

현기영, 『순이삼촌』, 동아출판사, 1995.

논문 및 단행본

구스타프 라드브루흐, 최종고 옮김, 『법철학』, 삼영사, 2002.

권창규, 「어떤 죽음을, 어떻게 슬퍼할 것 인가: 세월호에 대해, 세월호로부터」, 『진보평론』 제61호, 메이데이, 2014.

김종곤, 「세월호 트라우마와 죽은 자와의 연대」, 『진보평론』 제61호, 메이데이, 2014.

김춘진, 「라틴아메리카 현대소설의 문제의식과 자기발견」, 『외국문학연구』 제8호, 한국외국어대학교외국문학연구소, 2001.

나카자와 신이치, 김옥희 옮김, 『곰에서 왕으로』, 동아시아, 2003.

니콜로 마키아벨리, 강정인·안선재 옮김, 『로마사논고』, 한길사, 2003.

마이클 샌델, 김명철 옮김, 『정의란 무엇인가』, 와이즈베리, 2014.

슬라보예 지젝, 이현우·김희진·정일권 옮김, 『폭력이란 무엇인가: 폭력에 대한 6가지 삐딱한 성찰』, 난장이, 2011.

아이리스 영, 허라금 외 옮김, 『정치적 책임에 관하여』, 이후, 2011.

알랭 바디우, 이종영 옮김, 『윤리학』, 동문선, 2001

에리히 프롬, 문국주 옮김, 『불복종에 관하여』, 범우사, 1996.

음영철, 「역사적 트라우마의 치료과정: 현기영의 〈순이삼촌〉을 중심으로」, 『한국콘텐츠학회논문지』 제13권 제11호, 한국콘텐츠학회, 2013.

이재승, 「국가범죄와 야스퍼스의 책임론」, 『사회와 역사』 제101호, 한국사회사학회, 2014.

이재승,「화해의 문법: 시민정치의 관점에서」,『민주법학』제46호, 민주주의
　　법학연구회, 2011.

이재승,『국가범죄』, 앨피, 2010.

임마누엘 칸트, 이한구 옮김,『영원한 평화를 위하여』, 서광사, 1992.

임승휘,『절대왕정의 탄생』, 살림, 2004.

정원옥,「국가폭력에 의한 의문사 사건과 애도의 정치」, 중앙대학교 박사학
　　위논문, 2014.

조르조 아감벤, 정문영 옮김,『아우슈비츠의 남은 자들』, 새물결, 2012.

주디스 버틀러, 양효실 옮김,『불확실한 삶』, 경성대학교 출판부, 2008.

주디스 허먼, 최현정 역,『트라우마』, 열린책들, 2012.

지그문트 프로이트, 윤희기・박찬부 옮김,『정신분석학의 근본개념』, 열린책
　　들, 2014.

지그문트 프로이트, 이윤기 옮김,『종교의 기원』, 열린책들, 2004.

칼 야스퍼스, 이재승 옮김,『죄의 문제: 시민의 정치적 책임』, 앨피, 2014.

프리모 레비, 이산하 옮김,『살아남은 자의 아픔』, 노마드북스, 2011.

프리모 레비, 이현경 옮김,『이것이 인간인가』, 돌베개, 2010.

하상복,『죽은 자의 정치학: 프랑스 미국 한국 국립묘지의 탄생과 진화』,
　　모티브북, 2014.

분단국가주의와 저항적 주체 형성: 류연산의 〈인생숲〉을 바탕으로

김종곤

1차자료

류연산, 〈인생숲〉,『황야에 묻힌 사랑』, 한국학술정보, 2007.

논문 및 단행본

김 석,『에크리』, 살림, 2013.

김 석,『프로이트&라캉』, 김영사, 2013.

김도민, 「세월호 참사와 분단폭력을 넘어서」, 『세월호 이후의 사회과학』, 그린비, 2016.

김은정, 「전쟁기 문학을 통한 정체성의 재구성: 북한문학에 나타난 마산·충북양민학살을 중심으로」, 『비평문학』 제52집, 한국비평문학회, 2014.

김호웅, 「"6·25"전쟁과 남북분단에 대한 성찰과 문학적 서사」, 『통일인문학논총』 제51집, 건국대학교 인문학연구원, 2011.

김호웅, 「류연산 소설의 사회비판성과 인도주의」, 『통일인문학논총』 제55집, 건국대학교 인문학연구원, 2013.

김호웅·김관웅, 「전환기 조선족사회와 문학의 새로운 풍경」, 『한중인문학연구』 제37집, 한중인문학회, 2012.

김효신, 「단테의 시와 정치적 이상」, 『이탈리아어문학』 제46집, 한국이탈리아어문학회, 2015.

단테 알리기에리, 한형곤 옮김, 『신곡』, 서해문집, 2005.

도미야마 이치로, 임성모 옮김, 『전장의 기억』, 이산, 2002.

로베르트 웅거, 이재승 옮김, 『주체의 각성』, 앨피, 2012.

미셸 드기, 「고양의 언술」, 『숭고에 대하여』, 문학과지성사, 2005.

박상진, 『단테 신곡 연구: 고전의 보편성과 타자의 감수성』, 아카넷, 2011.

슬라보예 지젝, 이수련 옮김, 『이데올로기라는 숭고한 대상』, 2003.

알랭 바디우, 현성환 옮김, 『사도 바울』. 새물결, 2008.

양정심, 「제주 4·3 특별법과 양민학살 담론, 그것을 뛰어넘어」, 『역사연구』 제7호, 역사학연구소, 2000.

엠마누엘 레비나스, 강영안 옮김, 『시간과 타자』, 문예출판사, 2004.

오상순, 「20세기 말 조선족 소설에 나타난 비극성」, 『현대문학의 연구』 제24호, 한국문학연구학회, 2004.

이명곤, 「단테의 『신곡』에 나타나는 비-그리스도적 사유와 단테의 휴머니즘」, 『철학논총』 제73집 제3권, 새한철학회, 2013.

이재승, 「제주4·3사건진상조사보고서에 대한 평가」, 『민주법학』 제25호, 민주주의법학연구회, 2004.

이혜선·김영미, 「1990년대 이후 중국조선족 소설의 전개 양상과 특성」, 『한어문교육』 제31집, 한국언어문학교육학회, 2014.

임경순, 「'중국 조선족' 소설의 분단 현실 인식과 방향 연구」, 『한중인문학연구』 제37집, 한중인문학회, 2012.

임유경, 「디아스포라의 정치학: 최근 중국-조선족 문학비평을 중심으로」, 『한국문학의 연구』 제36집, 한국문학연구학회, 2008.

자크 랑시에르, 오윤성 옮김, 『감성의 분할』, 도서출판b, 2012.

잭 바바렛 엮음, 박형신 옮김, 『감정과 사회학』, 이학사, 2010.

전정옥, 「78년 이후 조선족 소설의 변모 양상」, 『국제한인문학연구』 제8호, 국제한인문학회, 2011.

지그문트 바우만·레오니다스 돈스키스, 최호영 옮김, 『도덕적 불감증』, 책읽는수요일, 2015.

질 들뢰즈·펠릭스 가타리, 김재인 옮김, 『안티 오이디푸스』, 2014.

프리모 레비, 이산하 편역, 『살아남은 자의 아픔』, 노마드북스, 2011.

한순미, 「고통, 말할 수 없는 것: 역사적 기억에 대해 문학은 말할 수 있는가」, 『호남문화연구』 제45호, 호남학연구원, 2009.

주변부의 역사 기억과 망각을 위한 제의: 임철우의 소설에서 역사적 트라우마를 서사화하는 방식과 그 심층적 의미

한순미

1차자료

김정한, 「인간단지」, 『김정한전집 4』, 작가마을, 2008.

임철우, 소설집 『아버지의 땅』, 문학과지성사, 1984.

임철우, 소설집 『그리운 남쪽』, 문학과지성사, 1985.

임철우, 장편 『붉은 산, 흰 새』, 문학과지성사, 1990.

임철우, 장편 『그 섬에 가고 싶다』, 살림, 1991.

임철우, 장편 『봄날 1-5』, 문학과지성사, 1997.

임철우, 장편 『백년여관』, 한겨레신문사, 2004.

임철우, 「나의 문학적 고뇌와 광주」, 『역사비평』, 2000여름.

임철우·황종연 대담, 「역사적 악몽과 인간의 신화」, 『문학과사회』, 1998여름.

논문 및 단행본

공종구, 「임철우 소설의 트라우마: 광주 서사체」, 『현대문학이론연구』 제11
    권, 현대문학이론학회, 1999.

국립소록도병원, 『소록도 80년사』, 1996.

김동윤·전흥남, 「"여순사건"과 "4·3사건" 관련 소설의 담론화 연구」, 『현대
    문학이론연구』 제20권, 현대문학이론학회, 2003.

김동윤·전흥남, 「4·3문학의 향방과 하위주체의 형상화 문제」, 『기억의 현장
    과 재현의 언어』, 각, 2006.

김득중, 『빨갱이의 탄생: 여순사건과 반공 국가의 형성』, 선인, 2009.

김병익, 「연민 혹은 감싸안는 시선」, 『달빛 밝기』, 문학과지성사, 1987.

김영목, 「기억과 망각 사이의 역사 드라마와 과거 구성」, 『기억과 망각: 문
    학과 문화학의 교차점』, 책세상, 2003.

김영찬, 「망각과 기억의 정치: 임철우 장편소설 『백년여관』(한겨레신문사,
    2004)에 담긴 역사적 트라우마를 중심으로」, 『문화예술』 통권 제306
    호, 한국문화예술진흥원, 2005.

김 현, 「아름다운 무서운 세계」, 『아버지의 땅』, 문학과지성사, 1984.

롤랑 바르트, 김웅권 옮김, 『밝은 방』, 동문선, 2006.

리처드 커니, 이지영 옮김, 『이방인·신·괴물: 타자성 개념에 대한 도전적
    고찰』, 개마고원, 2004.

박정석, 「전장의 공간에서 '주변인'으로서의 전쟁체험」, 표인주 외 공저,
    『전쟁과 사람들: 아래로부터의 한국전쟁연구』, 한울, 2003.

빅터 터너, 이기우·김익두 옮김, 『제의에서 연극으로』, 현대미학사, 1996.

서동욱, 『차이와 타자』, 문학과지성사, 2001.

서울대학교사회발전연구소, 『한센인 인권 실태조사』(국가인권위원회 인권
    상황실태조사 연구용역보고서), 국가인권위원회, 2005.

신형기, 『이야기된 역사』, 삼인, 2005.

아서 클라인만 외, 안종설 옮김, 『사회적 고통』, 그린비, 2002.

양진오, 『임철우의 『봄날』을 읽는다』, 열림원, 2003.

오생근, 「단절된 세계와 고통의 언어」, 『그리운 남쪽』, 문학과지성사, 1985.

왕 철, 「소설과 역사적 상상력: 임철우와 현기영의 소설에 나타난 5·18과

4·3의 의미」, 『민주주의와 인권』 제2권 제2호, 전남대학교 5·18연구
소, 2002.

전흥남·이대규, 「'남도작가'의 소설에 나타난 고향탐색과 공간화 전략」, 『어
문연구』 제52집, 어문연구학회, 2006.

정근식, 「사회적 타자의 자전문학과 몸: 심승의 "나문학"을 중심으로」, 『현
대문학이론연구』 제23권, 현대문학이론학회, 2004.

정호웅, 「기록자와 창조자의 자리: 임철우의 '봄날'론」, 『작가세계』, 세계사,
1998

제주4·3연구소 편, 『이제사 말햄수다』(4·3증언자료집1), 한울, 1989.

조르조 아감벤, 박진우 옮김, 『호모 사케르: 주권 권력과 벌거벗은 생명』,
새물결, 2008.

지그문트 프로이트, 「두려운 낯설음」, 정장진 옮김, 『창조적인 작가와 몽
상』, 열린책들, 1997.

질베르 뒤랑, 유평근 옮김, 『신화비평과 신화분석: 심층사회학을 위하여』,
살림, 1998.

키스터 다니엘, 『삶의 드라마: 굿의 종교적 상상력 연구』, 서강대학교출판
부, 1997.

한순미, 「고통, 말할 수 없는 것: 역사적 기억에 대해 문학은 말할 수 있는
가」, 『호남문화연구』 제45호, 전남대학교호남학연구원, 2009

한순미, 「나환과 소문, 소록도의 기억: 나환 인식과 규율체제 형성에 관한
언술 분석적 접근」, 『지방사와 지방문화』 제13권 제1호, 역사문화학
회, 2010.

한순미, 「나환의 기억과 서사적 욕망: 맥락과 징후」, 『국어국문학』 제155집,
국어국문학회, 2010.

《동아일보》, 1984.5.4.

서사적 상상력과 통일교육

박재인

강동완·김현정, 「체험인지형 지역통일교육 활성화 방안: 부산, 경남지역 사례를 중심으로」, 『정치정보연구』 제18집, 한국정치정보학회, 2015.

강진웅, 「한국사회의 종족적 민족주의와 다문화 통일교육」, 『교육문화연구』 제21집 제3호, 인하대학교 교육연구소, 2015.

고경민, 「제4장 박근혜 정부의 통일담론과 통일교육 활성화 방향」, 『통일전략』 제15권 제3호, 한국통일전략학회, 2015.

권혁범, 「내 몸속의 반공주의 회로와 권력」, 『우리 안의 파시즘』, 삼인, 2000.

김국현, 「통일 이후 청소년을 위한 반편견교육에 대한 연구」, 『도덕윤리교육연구』 제3집, 청람도덕윤리교육학회, 2003.

김성민, 『소통, 치유, 통합의 통일인문학』, 선인, 2009.

김종군, 「구술생애담 담론화를 통한 구술 치유 방안: 『고난의 행군시기 탈북자 이야기』를 중심으로」, 『문학치료연구』 제26집, 한국문학치료학회, 2013.

김종군, 「전쟁 체험 재구성 방식과 구술 치유 문제」, 『통일인문학논총』 제56집, 건국대학교 인문학연구원, 2013.

김종군, 「한국전쟁 체험담 구술에서 찾는 분단 트라우마 극복 방안」, 『문학치료연구』 제27집, 한국문학치료학회, 2013.

김창현, 「청소년들의 통일안보 현장체험학습의 효과에 관한 연구」, 『정책개발연구』 제14권 제1호, 한국정책개발학회, 2014.

남경우, 「문학치료 연극 활동을 통한 청소년 통일교육」, 통일인문학연구단 학문후속세대 학술심포지엄 '통일인문학의 실천적 적용' 자료집, 2015.

마사 누스바움 저, 우석영 역, 『공부를 넘어 교육으로』, 궁리, 2012.

마이클 J. 툴란, 『서사론: 비평언어학 서설』, 형설출판사, 1993.

박광기, 「새로운 학교 통일교육의 방향성 제고: 통일교육에서 통합교육으로」, 『시민교육연구』 제39권 제3호, 한국사회과교육학회, 2007.

박보영, 「청소년 통일교육의 활성화를 위한 관점 전환의 필요성: 학습자의 체험을 중심으로 한 자기주도학습으로」, 『교육의 이론과 실천』 제15집 제2호, 2010.

박재인, 「문해력이 부진한 아동의 서사능력에 대한 문학치료적 고찰」, 『겨레어문학』 제43집, 겨레어문학회, 2009.

박찬석, 「남남갈등 해소를 위한 통일교육의 구현 방안」, 『도덕윤리과교육연구』 제39호, 한국도덕윤리과교육학회, 2013.

박찬석, 「도덕과 통일교육 내용의 인성 창의성 교육 적용, 『도덕윤리과교육연구』 제41호, 한국도덕윤리과교육학회, 2013.

방진하, 「매킨타이어 '서사적 자아'(narrative self) 개념의 교육적 의미 탐색」, 『교육철학연구』 제36권 제2호, 한국교육철학학회, 2014.

성민정, 「교육연극의 이론적 기초와 실천적 적용에 관한 연구」, 『모드니 예술』 제4집, 한국문화예술교육학회, 2011.

안승대, 「그람시(Gramsci) 사상을 통한 통일교육의 새로운 방향성 정립을 위한 연구」, 『동아인문학』 제30집, 동아인문학회, 2015.

안승대, 「분단 구조와 분단 의식 극복을 위한 통일교육의 과제」, 『통일인문학논총』 제54집, 건국대학교 인문학연구원, 2012.

알래스데어 매킨타이어, 이진우 옮김, 『덕의 상실』, 문예출판사, 1997.

오기성, 「통일교육의 창의·인성교육적 접근」, 『평화학연구』 제14집 제3호, 한국평화연구학회, 2013.

우평균, 「21세기 통일교육의 방향성: 현행 체제에 대한 평가와 지향」, 『평화학연구』 제12집 제3호, 한국평화통일학회, 2011.

이원봉, 「글쓰기 교육을 통한 대학에서의 인성교육 가능성 모색: 매킨타이어의 서사적 정체성 개념을 중심으로」, 『작문연구』 제27권, 한국작문학회, 2015.

이인정, 「남북통일과 시민성 세대갈등 통합과 교육적 과제」, 『도덕윤리과교육연구』 제41호, 한국도덕윤리과교육학회, 2012.

임옥희, 「서사적 상상력: 인문학적 페미니즘의 가능성」, 『탈경계인문학』 제13집, 이화여자대학교 이화인문과학원, 2012.

장성호, 「통일 미래를 위한 청소년 통일교육의 방향: 통일 한국의 미래상과 통일 준비 필요성을 중심으로」, 『사회과학연구』 제26권 제4호, 충남대학교 사회과학연구소, 2015.

전형권, 「청소년의 통일무관심과 통일교육의 새로운 접근법: 중학교 통일교육을 중심으로」, 『인문사회과학연구』 제13집, 호남대학교 인문사회과학연구소, 2005.

정운채, 「문학치료학의 학문적 특성과 인문학의 새로운 전망」, 『겨레어문학』 제39집, 겨레어문학회, 2007.

정운채, 「영화창작의 문학치료적 성격」, 『문학치료연구』 제2집, 한국문학치료학회, 2005.

정운채, 「우리 민족의 정체성과 통일서사」, 『통일인문학논총』 제47집, 건국대학교 인문학연구원, 2009.

정운채, 「자기서사의 변화 과정과 공감 및 감동의 원리로서의 서사의 공명」, 『문학치료연구』 제25집, 한국문학치료학회, 2012.

정운채, 「정몽주의 암살과 복권에 대한 서사적 이해: 분단서사와 통일서사의 역사적 실체 규명을 위하여」, 『통일인문학논총』 제53집, 건국대학교 인문학연구원, 2012.

정운채, 「질투에 대한 영화창작치료의 실제」, 『고전문학과교육』 제13집, 한국고전문학교육학회, 2007.

정진아 외, 『통일문화콘텐츠 희囍스토리』, 패러다임북, 2015.

정하윤, 「남북한 통일 이후 사회통합과 민주시민교육의 방향」, 『한국민주시민학회보』 제13집 제2호, 한국민주시민교육학회, 2012.

조정아 외, 「알기 쉬운 통일교육Ⅲ」, 『통일연구원 기타간행물』 2013년 12호, 통일연구원, 2013.

조혜영, 「사회통합적 측면에서의 통일교육 내용구성에 대한 연구」, 『윤리교육연구』 제10집, 한국윤리교육학회, 2006.

주디스 허먼, 『트라우마: 가정폭력에서 정치적 테러까지』, 플래닛, 2007.

찬석, 「현대 청소년 교육의 현실적 과제와 미래지향적 정향: 남남갈등 극복을 중심으로」, 『청소년과 효문화』 제7권, 한국청소년문화학회, 2006.

추병완, 「통일교육에서의 간문화 역량 개발」, 『윤리교육연구』 제33집, 한국윤리교육학회, 2014.

통일인문학연구단,『분단체제를 넘어선 치유의 통합서사』, 도서출판 선인, 2015.

함규진,「민주주의의 심화와 통일교육」,『정치정보연구』제18집, 한국정치 정보학회, 2015.

황은덕,「민주 시민과 서사적 상상력」,『오늘의 문예비평』, 오늘의 문예비 평, 2010.

말과 역사, 그리고 치유:
트라우마 치유의 가능성과 구술사 방법을 성찰하며

김귀옥

강현식,『꼭 알고 싶은 심리학의 모든 것』, 원앤원북스, 2010.

고본권,『잊혀질 권리』, 한국방송통신대학교출판부, 2011.

광주매일正史5·18특별취재반,『正史5·18』, 사회평론, 1995.

김경학 외,『전쟁과 기억』, 한울, 2005.

김귀옥,「지역 조사와 구술사 방법론」,『한국사회과학』제22권 제2호, 서울 대학교사회과학연구원, 2000.

김귀옥,「한국 구술사 연구 현황, 쟁점과 과제」,『사회와 역사』제71호, 한국 사회사학회, 2006.

김귀옥,「한국전쟁과 이산가족: 지역에서의 이산가족의 기억과 고통」,『동 아시아의 전쟁과 사회』, 한울, 2009.

김귀옥,「한국학 발전을 위한 구술사 연구의 쟁점과 과제: 구술사 연구동향 과 쟁점」,『기록인IN』제20호, 국가기록원, 2012.

김귀옥,「정착촌 월남인의 생활경험과 정체성: 속초 '아바이마을'과 김제 '용지농원'을 중심으로」, 서울대학교 박사학위논문, 1999.

김귀옥,『구술사연구』, 한울, 2014.

김성례,「한국 무속에 나타난 여성체험: 구술생애사의 서사분석」,『한국여 성학』제7호, 한국여성학회, 1991.

대이닐 L. 샥터, 박미자 옮김, 2006,『기억의 일곱 가지 죄악』, 한승, 2006.

류춘도, 『벙어리새』, 당대, 2005.

박종희·권영미, 「트랜스포메이션 경제시대에 있어서 힐링의 관광 상품화 가능성에 대한 연구」, 『한국관광·레저학회』 제21권 제2호, 한국관광·레저학회, 2009.

쇼나 러셀·매기 캐리, 최민수 옮김, 『이야기 치료, 궁금증의 문을 열다』, 시그마프레스, 2010.

월터 옹, 이기우·임명진 옮김, 『구술문화와 문자문화』, 문예출판사, 1997.

윤택림, 「치유를 위한 자기서사: 한 실향민 여성 구술생애사와 자서전 비교분석」, 『구술사연구』 제2권 제2호, 한국구술사학회, 2011.

윤택림·함한희, 『새로운 역사쓰기를 위한 구술사 연구방법론』, 아르케, 2006.

이병윤·민병근, 「한국인 정신분열증 환자의 망상에 관한 연구」, 『신경정신의학』 제1권 제1호, 대한신경정신의학회, 1962.

이임하, 「간통쌍벌죄(姦通雙罰罪)의 제정 및 적용과정에 나타난 여성관」, 『사총』 제56집, 고려대학교 역사연구소, 2003.

전남대학교 심리건강연구소, 『심리적 피해현황 조사보고서: 조사의 신뢰성 제고와 치료 및 재활 측면의 화해방안 모색』, 진실·화해를위한과거사정리위원회·심리건강연구소, 2007.

전남사회운동협의회·황석영 기록, 『죽음을 넘어 시대의 어둠을 넘어: 광주 5월 민중항쟁의 기록1, 2』. 풀빛, 1985.

정근식 편, 진주 채록, 『고통의 역사: 원폭의 기억과 증언』, 선인, 2005.

정진홍, 「'힐링 현상'과 관련하여 생각하고 싶은 것: 인문학 또는 종교학적인 자리에서」, 『현실과 철학』 제94호, 철학문화연구소, 2012.

제주4·3연구소, 『이제사 말햄수다 1,2』, 한울, 1989.

존 앨른, 권정혜 외 옮김, 『트라우마의 치유』, 학지사, 2010.

주디스 허먼, 최현정 옮김, 『트라우마: 가정폭력에서·정치적·테러까지』, 플래닛, 2007.

최태육, 「강화군 민간인학살」, 『전쟁과 국가폭력』, 선인, 2012.

학국구술사학회 편, 『구술사로 읽는 한국전쟁』, 휴머니스트, 2011.

한국구술사연구회, 『구술사 방법과 사례』, 선인, 2005.

John D. Brewer, *Ethnography*, Buckingham: Open University Press, 2000.

김귀옥, "'힐링' 없는 힐링의 사회", 《프레시안》, 2012.9.14.
《경향신문》, 1991.8.15.
《뉴시스》, 2012.10.18.
《동아일보》, 1995.10.27.

역사적 트라우마 치유를 위한 문학생산론:
조정래의 『태백산맥』을 중심으로

전영의

1차자료
조정래, 『태백산맥』, 한길사, 1989.

논문 및 단행본
게오르크 루카치, 이영욱 옮김, 『역사소설론』, 거름, 1987.
김득중, 『'빨갱이'의 탄생: 여순사건과 반공국가의 형성』, 선인, 2009.
김춘섭 외, 『문학이론의 경계와 지평』, 한국문화사, 2004.
나간채 엮음, 『광주민중항쟁과 5월운동 연구』, 전남대학교 5·18연구소, 1997.
서경륭, 『한국정치사회의 새 흐름』, 나남, 1993.
손호철, 『해방 50년의 한국정치』, 새길, 1995.
임환모, 「1980년대 한국소설의 민중적 상상력: 조정래의 『태백산맥』을 중심으로」, 『한국언어문학』 제73집, 한국언어문학회, 2010.
전영의, 「『태백산맥』의 탈식민성 연구」, 『한국언어문학』 제76집, 한국언어문학회, 2011.
전영의, 「조정래 『태백산맥』의 서사담론 연구」, 전남대학교 박사학위논문, 2012.
전영의, 「조정래 대하소설의 서사담론 연구」, 제27회 한중인문학회 발표문,

한중인문학회, 2011.

조정래,『황홀한 글감옥』, 씨에IN북, 2009.

조희연,『5·18 민중항쟁에 대한 새로운 성찰적 시선』, 한울, 2009.

차봉희,『수용미학』, 문학과지성사, 1988.

최영태,「극우반공주의와 5·18 광주항쟁」,『역사학연구』제26집, 호남사학
회, 2006.

최호근,『제노사이드: 학살과 은폐의 역사』, 책세상, 2005.

피에르 마슈레, 배영달 옮김,『문학생산이론을 위하여』, 백의, 1994.

한정일,「5·18 광주민주화운동」, 한국정치학회 연례학술대회 발표문, 1994.

┃찾아보기┃

▌논문 출처 ▌

김종군의 「고통의 연대와 통합서사의 사회적 담론화 모형」은 『문학치료연구』 제40집(한국문학치료학회, 2016)에 실린 「〈강도몽유록〉을 통한 고통의 연대와 통합서사의 사회적 담론화 모형」을 수정·보완한 것이다.

이범웅의 「공감 능력을 통한 남북한 주민 간의 심리적 통합 방안 탐색」은 『초등도덕교육』 제50권(한국초등도덕교육학회, 2015)에 실린 글이다.

이재승의 「형이상학적 죄로서 무병: 현기영의 〈목마른 신들〉 읽기」는 문학카페 유랑극장이 기획한 문학행상 제주편(2014.5.10. 제주벤처마루)에서 필자가 진행했던 강연록을 수정하여 『민주법학』 제57호(민주주의법학연구회, 2015)에 게재한 글이다.

한순미의 「주변부의 역사 기억과 망각을 위한 제의: 임철우의 소설에서 역사적 트라우마를 서사화하는 방식과 그 심층적 의미」는 『한국민족문화』 제38호(부산대 한국민족문화연구소, 2010)에 실린 글을 수정한 것이다.

김종곤의 「분단국가주의, 고통 그리고 그에 맞선 주체 형성: 류연산의 〈인생숲〉을 바탕으로」는 『어문논총』 제68집(한국문학언어학회, 2016)에 실린 글을 수정·보완한 것이다.

박재인의 「서사적 상상력과 통일교육」은 『통일문제연구』 제28권 제1호(평화문제연구소, 2016)에 실린 글을 수정·보완한 것이다.

김귀옥의 「구술사와 치유: 트라우마 치유의 가능성과 방법을 성찰하며」는 건국대학교 통일인문학 콜로키움에서 발표(2012년 10월 26일)된 글과 『통일인문학논총』 제55집(건국대학교 인문학연구원, 2013)에 실린 글을 바탕으로 재집필된 것이다.

전영의의 「역사적 트라우마 치유를 위한 문학생산론: 조정래의 『태백산맥』을 중심으로」는 『한어문교육』 제27집(한어문교육학회, 2012)에 게재된 논문을 쉽게 풀이하는 방향으로 수정 보완한 것이다.

▌저자 소개 ▌

김종군 건국대학교 통일인문학연구단 HK교수

김종군은 국문학을 전공했으며, 현재 건국대학교 통일인문학연구단 HK교수로 있다. 연구 관심분야는 남북한 문학분야의 통합, 코리언의 민속문화 통합, 역사적 트라우마와 치유 방안 등이다. 주요 논문으로 「통합서사의 개념과 통합을 위한 문화사적 장치」, 「북한의 현대 이야기문학 창작 원리 연구」, 「탈북민 구술을 통해 본 북한 민속의례의 변화와 계승」 등이 있으며, 저서로는 『고전문학을 바라보는 북한의 시각』(3권), 『고난의 행군시기 탈북 자 이야기』 등이 있다.

이범웅 공주교육대학교 윤리교육과 교수

이범웅은 북한 및 통일교육과 도덕교육론을 전공했으며 현재 공주교육대학교 윤리교육과 교수로 있다. 「공동체주의의 통합적 기능에 관한 복합체계론적 연구」로 박사학위를 받았다. 연구 관심분야는 통일교육 및 북한 이해교육이며, 공감과 감사 그리고 행복을 도덕교육과 접목시키려는 데 있다. 주요 저서로는 『지구촌생태계 위기와 환경윤리교육』, 『국가 정책과 체계과학』, 『21세기 북한학 특강』, 『도덕과 교육의 이론』, 『도덕과 교육의 실제』, 『도덕·윤리과 교육의 학제적 접근』, 『통일시대의 북한학』, 『21세기 북한학 특강』, 『초등 교사를 위한 도덕과 교육 원론의 원론』 등이 있으며, 역서로는 『효과적인 수업관찰』, 『넥 스트: 좋은 사회로의 길』, 『사이버 윤리』, 『마르크스의 생태학』 등이 있다.

이재승 건국대학교 법학전문대학원 교수

이재승은 서울대학교에서 법철학을 전공하였으며 현재 건국대학교 법학전문대학원에서 법철학, 법사상사, 인권법을 가르친다. 국가폭력의 청산과 인권문제를 주로 연구해왔으며 『국가범죄』를 저술하였다. 역서로는 로베르트 웅거의 『주체의 각성』과 칼 야스퍼스의 『죄의 문제』가 있다. 최근에는 화해와 애도의 정치, 사회민주주의의 혁신을 연구한다.

한순미 조선대학교 자유전공학부 교수

한순미는 전남대학교에서 「이청준 소설의 언어 인식 연구」로 박사학위를 받았고 현재 조선대학교 자유전공학부 조교수로 지내고 있다. 관심분야는 구술과 증언문학 속의 한센 병, 5·18 광주 민주화운동 등 역사적 트라우마, 지역문학 연구 등이다. 주요 논저로는 「한센인의 삶과 역사, 그 증언 (불)가능성」, 「고독의 위치: 폭력과 저항의 유착(流着)」, 「나무-몸-시체: 5·18 전후의 역사 폭력을 생각하는 삼각 운동」, 『미적 근대의 주변부: 추 방당한 자들의 귀환』 등이 있다.

김종곤 건국대학교 통일인문학연구단 HK연구교수

김종곤은 사회심리철학을 전공했으며 현재 건국대 통일인문학연구단 HK연구교수로 있다. 「역사적 트라우마에 대한 철학적 재구성」으로 박사학위를 받았다. 연구 관심분야는 코리언의 역사적 트라우마와 그 치유방법론 등이며 주요 논문으로는 「분단국가주의에 맞선 주체로서 '문학가': 류연산의 〈인생숲〉을 바탕으로」, 「기억과 망각의 정치, 고통의 연대적 공감: 전상국의 소설 〈아베의 가족〉, 〈남이섬〉, 〈지뢰밭〉을 통해 본 통합서사」, 「재일 조선인의 역사적 트라우마가 지닌사후적 의미작용의 양상」, 「남북분단 구조를 통해 바라본 '탈북 트라우마'」 등이 있다.

박재인 건국대학교 통일인문학연구단 HK연구교수

박재인은 문학치료학(고전문학)을 전공했으며 현재 건국대 통일인문학연구단 HK연구교수로 있다. 「한중일 조왕서사를 통해 본 가정 내 책임과 욕망의 조정 원리와 그 문학치료학적 의미」로 박사학위를 받았다. 현재 문학치료학 방법론으로 통일교육 및 역사적 트라우마 치유에 대한 연구를 진행하고 있다. 주요 논저로『청소년을 위한 통일인문학: 소통·치유·통합의 통일 이야기』, 「낯선 고국에 대한 막연한 동경과 이산 트라우마의 단면: 고향을 떠나 영주귀국한 사할린 한인C의 생애담을 중심으로」, 「탈북여성의 부모밀치기서사 성향과 죄의식」 등이 있다.

김귀옥 한성대학교 교양교직학부 교수

김귀옥은 역사사회학을 전공했으며 현재 한성대 교양학부 교수로 있다. 「한국전쟁 시기 월남인의 정착촌 형성 연구: 속초 '아바이마을'과 김제 '용지농원'을 중심으로」으로 박사학위를 받았다. 주요 관심사는 분단과 전쟁, 통일과 평화, 이산가족과 여성, 분단을 넘는 사람들, 디아스포라(diaspora) 공동체, 노동 등에 걸쳐있으며, 관련 연구를 위해 현지조사(fieldwork research)와 구술사 방법론을 통해 사람들의 기억 속에 묻혀있는 기록을 발굴, 정리하는 일을 수행하고 있다. 주요 저서로는『구술사연구』, 『월남민의 생활경험과 정체성: 밑으로부터의 월남민 연구』, 『이산가족, '반공전사'도, '빨갱이'도 아닌…: 이산가족 문제를 보는 새로운 시각』, 『우리가 큰바위얼굴이다』, 『동아시아의 전쟁과 사회』(공저), 『구술사로 읽는 한국전쟁』(교신저자), 『전쟁의 기억 냉전의 구술』(공저) 등 다수가 있다.

전영의 전남대학교 국어국문학과 강의교수

전영의는 국어국문학을 전공했으며 현재 전남대학교 인문대학 국어국문학과 강의교수로 있다. 「조정래『태백산맥』의 서사담론 연구」로 박사학위를 받았으며 연구관심분야는 한국현대소설비평, 한·중 근현대소설 비교비평이다. 주요논문으로는 「한중 근대도시의 타자공간과 욕망의 표상」, 「모던 상하이의 욕망과 파사주 프로젝트」, 「조정래『한강』에 나타난 기억의 의미변주와 공간의 상관성 연구」, 「조정래『한강』에 나타난 국가폭력과 공간의 주체성 연구」, 「한중 근현대 소설텍스트에 나타난 국가폭력과 공간의 주체성 연구: 『한강』과『형제』를 중심으로」, 「위화의『형제』에 나타난 광기와 공간의 주체성 연구」, 「『허수아비춤』의 자본주의 권력과 공간의 의미망」, 「조정래『허수아비춤』에 나타난 근대권력과 주체성 연구」, 「조정래의『태백산맥』에 나타난 문학의 정치성 연구」, 「역사적 트라우마 치유를 위한 문학생산론: 조정래의 〈태백산맥〉을 중심으로」, 「조정래 대하소설에 나타난 서사구조연구」, 「『한강』의 이데올로기와 공간의 역학」, 「『태백산맥』의 탈식민성 연구」, 「『아리랑』의 탈식민성 연구」, 「『아리랑』의 오리엔탈리즘과 디아스포라」, 「이청준의 「석화촌」에 나타난 원형성과 속신의 코드」 등이 있다.

IHU
The Institute of the Humanities for Unification
통일인문학연구단

통일 문제에 대한 인문학적 성찰과 지혜를 모으고자 '소통·치유·통합의 통일인문학'을 표방하며 건국대학교 인문학연구원에서 출범한 연구기관이다.

2009년 한국연구재단의 '인문한국(HK)지원사업'에 선정되면서 연구 체계를 본격화하였으며, 2012년 1단계 평가에서는 '전국 최우수 연구소'로 선정되었다.

통일인문학은 사람 중심의 인문정신을 바탕으로 한반도의 통일 문제를 진단하고 그 해법을 찾고자 하는 새로운 학문 영역으로서, '체제의 통일'을 넘어 '사람의 통일'로, 분단과 대결의 시대에서 통일과 평화의 시대로 나아가기 위한 인문학적 성찰과 지혜를 모으고자 한다.

'소통·치유·통합'의 아젠다를 통해 새로운 통일 패러다임을 모색하고 있는 통일인문학연구단은 앞으로도 분단 극복과 한민족 통합의 인문적 비전을 제시하기 위한 학문 연구와 사회 활동을 활발하게 펼쳐 나갈 것이다.

022 포스트 통일, 민족적 연대를 꿈꾸다 _ 한국문화사
023 전통의 변주와 연대: 분단 코리언의 생활세계 _ 한국문화사
024 분단 트라우마 치유를 위한 고통의 공감과 연대 _ 한국문화사

통일인문학 아카이브총서

001 학해 _ 민속원
002 조선복식고 _ 민속원
003 역사철학 _ 민속원
004 조선민속탈놀이 연구 _ 민속원
005 조선 구전문학 개요(고대~중세) _ 민속원
006 조선 연극사 개요 _ 민속원
007 조선 민간극 _ 민속원
008 조선의 민속놀이 _ 민속원
009 조선 구전문학 연구 _ 민속원
010 철학강론 _ 민속원
201 북한 생활문화 연구목록 _ 선인
202 코리언 디아스포라 연구목록 _ 선인
203 북한 애니메이션(아동영화)의 특성과 작품정보 _ 선인

통일인문학 구술총서

001 고난의 행군시기 탈북자 이야기 _ 박이정
002 탈북청소년의 한국살이 이야기 _ 경진출판

통일인문학 번역총서

001 조선신가유편(이북 땅의 무가1) _ 박이정

통일인문학 치유총서

001 탈북민의 적응과 치유이야기 _ 경진출판

기획도서

석학 통일인문학을 말하다 _ 선인
한반도 시계: 미·중의 그랜드 아시아전략과 한반도 _ 선인
북한의 언어: 소통과 불통 사이의 남북언어 _ 에스에이치미디어
북한의 정치와 문학: 통제와 자율 사이의 줄타기 _ 경진출판
북한의 언어: 소통과 불통 사이의 남북언어(재출간) _ 경진출판
통일인문학: 인문학으로 분단의 장벽을 넘다 _ 알렙

건국대학교 통일인문학연구단 연구총서 024
분단 트라우마 치유를 위한
고통의 공감과 연대

1판 1쇄 발행 2016년 12월 30일

기   획 건국대학교 통일인문학연구단
지 은 이 김종군·이범웅·이재승·한순미·김종곤·박재인·김귀옥·전영의
편   집 이 지 은
펴 낸 이 김 진 수
펴 낸 곳 **한국문화사**
등   록 1991년 11월 9일 제2-1276호
주   소 서울특별시 성동구 광나루로 130 서울숲IT캐슬 1310호
전   화 02-464-7708
전   송 02-499-0846
이 메 일 hkm7708@hanmail.net
홈페이지 www.hankookmunhwasa.co.kr

ISBN 978-89-6817-449-0 94900
세트 978-89-6817-379-0 94900

이 도서의 국립중앙도서관 출판예정도서목록(CIP)은
서지정보유통지원시스템 홈페이지(http://seoji.nl.go.kr)와 국가자료공동목록시스템(http://www.nl.go.kr/kolisnet)에서
이용하실 수 있습니다.(CIP제어번호: CIP2016032237)

이 책은 2009년 정부(교육과학기술부)의 재원으로 한국연구재단의 지원을 받아 제작되었습니다.
(NRF-2009-361-A00008)